儒 学 评 论

第十三辑

中国人民大学孔子研究院　编

罗安宪　主编

社会科学文献出版社

SSAP

SOCIAL SCIENCES ACADEMIC PRESS (CHINA)

编辑委员会

目　录

1

儒学与人类命运共同体

儒学的理想世界观

崔英辰

摘　要：本文意在考察儒学所构想的理想社会是何种的共同体。通过比对儒家对管理社会共同体的两种方法，即"政与刑"和"德与礼"的看法，首先可知，儒家所追求的"理想社会"，是社会的成员各自根据先天的道德情感节制自己的欲求，自律地遵守共同体的秩序，积极地去实践共同体的善的"道德共同体"。要建立这一"理想社会"，需要统治者具有道德的感化力、节制自身无限的自私欲望的力量，和能将有限的价值资源平均分配的力量。而实现这一"理想社会"，则要有普遍的先天性的道德情感作为基础。因"耻""好善恶恶"等道德情感普遍存在于人类内心之中，只要依顺这一情感而行动，共同体自然就能够得到维持和发展。在这一共同体中，能够教化百姓认识到自己本来所具有的普遍道德心，使之觉醒的修身者，即明德之人，是安民、新民的主体，也即道德共同体运营的主体。又通过对《中庸》《易传》思想的分析可知，构建一"万物并育而不相害"的生命共同体，使天地之间的所有生命体可以"各正性命"，万物调和，乃是儒教所追求的最终极的理想社会。

关键词：儒学　共同体　理想社会　世界观

作　者：崔英辰，韩国成均馆大学教授。

绪　论

在《论语·微子》篇中记录了这样一个故事：孔子一行路遇长沮和桀溺在耕田，便向他们打听渡口的位置，他们取笑孔子周游天下的行为说："滔滔者，天下皆是也，而谁以易之？且而与其从辟人之士也，岂若从辟世之士哉？"子路将此话转达给孔子，孔子怃然说道："鸟兽不可与同群，吾非斯人之徒与而谁与？天下有道，丘不与易也。"①

一边要辛辛苦苦周旋于当权者的矛盾之间，一边还要忍受隐士们的嘲笑，孔子终其一生一心想要开创的新世界到底是个什么样的世界呢？嘲笑孔子的隐士们所向往的世外桃源又是什么样子的呢？

春秋战国时代（前770～前221），各诸侯国为了各自的利益和势力展开了激烈的对峙，并通过武力进行肆意的吞并。② 但是由于这个时期社会的根本秩序崩溃，新的秩序又没有形成，反而使思想和言论有了极大的自由。《庄子·天下篇》中记述道："天下大乱，圣贤不明，道德不一，天下多得一察焉以自好……天下之人，各为其所欲焉以自为方"③，诸子百家从各自的观点出发构想出各自的理想世界，并系统地论述了其理论和政策。

《老子》第八十章中记述了老子所构想的理想世界：

> 小国寡民，使有什佰之器而不用，使民重死而不远徙。虽有舟舆，无所乘之，虽有甲兵，无所陈之，使人复结绳而用之。甘其食，美其服，安其居，乐其俗。邻国相望，鸡犬之声相闻，民至老死不相往来。④

老子的理想是构建小规模的原始共同体，在这里无须使用器物，也没有战争，是一个自给自足的共同体。他批判人为的社会制度和道德规定，认为这些是使社会混乱的主犯，主张"无为的政治"，相信"为无为，则无不为"⑤。

与道家持相反立场的学派是法家。《管子》道："明主者，一度量，立表仪而坚守之，故令下而民从，法者天下之程序也，万事之仪表也"⑥，主张实

---

① 《论语·微子》："长沮、桀溺耦而耕，孔子过之，使子路问津焉。长沮曰：'夫执舆者为谁？'子路曰：'为孔丘。'曰：'是也。'曰：'是也。'曰：'是知津矣。'问于桀溺。桀溺曰：'子为谁？'曰：'为仲由。'曰：'是鲁孔丘之徒与？'对曰：'然。'曰：'滔滔者天下皆是也，而谁以易之？且而与其从辟人之士也，岂若从辟世之士哉？'耰而不辍。子路行以告。夫子怃然曰：'鸟兽不可与同群，吾非斯人之徒与而谁与？天下有道，丘不与易也。'"

② 春秋时代，通过1200多次的战争，诸侯国从最初的100～108个减少到后期的13个。参见李春植《中国史序说》，教保文库，2005，第85页。

③ 《庄子·天下篇》。

④ 《老子》（王弼本）第八十章。

⑤ 《老子》（王弼本）第三章。

⑥ 《管子·明法解》。

行强有力的法律统治。

通过对比道家和法家的主张来考察儒教所构想的理想社会，这即是本论文的主题。研究此主题是因为在现在的东亚汉字文化圈中，儒教式的思维和价值观至今还在起着非常重要的作用，因此"儒教的理想社会论"是 21 世纪人类所必须探索的理念中不可或缺的理论之一。

《大学》《中庸》是在儒家经典《论语》《孟子》《礼记》的基础上编撰而成的，记录了儒教区别于其他学派的独特的人类观、历史观，并记录以此为基础的一系列关于理想世界的言论。本论文试图通过对这些记录及朱子等学者的注释分析，重建儒教的理想社会论。①

一 社会运营的两种方法和自律的道德共同体

就像孔子早就看出了"人与人是相互依赖的存在"，我们既构成了这个共同体，又同时作为这个共同体的一员而存在着。但是因为构成共同体的成员有各自的价值观和不同的利害关系，当欲求相互冲突时，就会导致共同体的解散。所以为了维持共同体，万众一心，取得长足的发展，就需要共同体的成员遵守法则和服从领导。在儒家的经典中统治者使被统治者服从的方式有两种：一种是以领导者所具有的力量使之服从，即"以力服人"；一种是以德感化使之服从，即"以德服人"。这一点可以从《论语·为政》中得到确认：

> 子曰，道之以政，齐之以刑，民免而无耻。道之以德，齐之以礼，有耻且格。②

孔子指出治理社会有两种方法，一是"政和刑"，一是"德和礼"。法制禁令是强制百姓遵守的共同体法则，违抗法令的共同体成员则被施以暴力进行惩罚，即用暴力统治共同体成员。孔子认为用这种方法进行统治，最大的问题就是很容易使百姓不知道"耻"，羞耻之心被麻痹以后，百姓虽然由于刑

---

① 关于文献的注释和分析主要以《论语集注大全》《孟子集注大全》《大学章句大全》《中庸章句大全》中朱子学者们的注释为中心。本文是站在"思想体系"的角度分析，并没有"思想史学"的观点，有可能引起阳明学派和考证学派等其他学派对本论旨的批判。

② 《论语·为政》。

罚的威慑不去做坏事，但并不是没有了做坏事的心。①因为法和刑没有办法感化人心，要想领导和维持社会就需要更加强有力的法令和刑罚，长此以往就会导致社会陷入一个暴力手段的恶循环中。② 与之相对应的是以德和礼来进行统治的方法。孔子认为用这种方法来运营共同体时，即使共同体成员有不好的行为，只要受到善的感化，自己就会感到"耻"。对于其原因，宋代的朱子学者黄勉斋做了如下的解释：

> 义理人心所同得。故善之当为，不善之可恶，皆人心所同然者。教之以德礼，则示之以所同得者，故恶不善而进于善，有不待勉而从。若徒以政刑强之，彼但知君上之令，不得不从，初不知吾心所有之理，尚不知不善之可恶，又安能进于善耶。③

"德"是人类普遍所具有的先验性道德心④，是引文中所说的"善之当为，不善之可恶"之心的具体化，而礼则是指类似于"吉礼，凶礼，军礼，宾礼，嘉礼"的五礼⑤。这是为了维持共同体内部事物的阶级秩序而传承下来的制度，其根据是人类产生的行为法则。如果用德和礼来统治世界的话，共同体的成员违反了社会的法律时，其"好善恶恶的先天性道德情感"就会发动，从而感到羞耻。⑥ 百姓从统治者的德中受到感发，在有不善之行时就会感到羞耻。⑦

在这里需要注意的是，百姓所感受到的"耻"这一道德情感⑧是"有不

---

① 朱子曰："政，谓法制禁令也。齐，所以一之也。道之而不从者，有刑以一之也。免而无耻，谓苟免刑罚，而无所羞愧。盖虽不敢为恶，而为恶之心，未尝亡也。"见（明）胡广等撰《四书集注大全》。

② 朱子曰："道齐之以政刑，则不能化其心，而但使之少革，到得政刑少弛，依旧又不知耻矣。"见（明）胡广等撰《四书集注大全》。

③ 见（明）胡广等撰《四书集注大全》。

④ 《大学》第一章，小注："玉溪卢氏曰：明德只是本心"。见（明）胡广等撰《四书集注大全》。

⑤ 朱子曰："礼者，吉凶军宾嘉五礼，须令他一齐如此，所以贤者俯而就，不肖者企而及也。"见（明）胡广等撰《四书集注大全》。

⑥ 朱子曰："先之以明德，则有固有之心者，必观感而化。"见（明）胡广等撰《四书集注大全》。

⑦ 朱子曰："民耻于不善，此观感于德之功。"见（明）胡广等撰《四书集注大全》。

⑧ 在西方传统的伦理学中一般对情感的道德性机能持否定态度，而对于 Hume "善恶的区分并不是来自理性而是来自道德感（moral sentiment）"（D. Hume, *A Treatise of Hman Nature*, Oxford University Press, 1955）的这一主张，韩国元老伦理学者金泰吉批判道："使得确立道德价值的普遍尺度这一课题变得更加困难"（金泰吉：《伦理学》，博英社，1963，第73页）。（转下页注）

待勉（共同体的法令）而从”的，从这种层面上来说，我们很有必要来考察一下《论语》的这一章节：

> 为政以德，譬如北辰，居其所，而众星共之。①

朱子将此文解释为："为政以德，则无为而天下归之。"② 而且他引用范氏的解释说："为政以德，则不动而化，不言而信，……所务者至寡，而能服众。"③ 即当统治者用德来统治时，就会像北斗星一样，虽然在自己的位置上不动，但是所有的星都会以它为中心，统治者即使没有人为的法令和强制性的力量，百姓们也会受到感化，民心也会自然而然地向着统治者。朱子对此做了以下的说明：

> 德修于己，而人自感化，不待作为而天下自归之，不见其有为之迹耳。④

这可以说是"以德为无为政治"，孔子在称颂其最理想的君主舜时说：

> 无为而治者，其舜也与。夫何为哉，恭己正南面而已矣。⑤

"无为"并不是说没有任何行动⑥，而是强调无须制定那些强制性的法令和刑罚手段。现实政治中并不可能完完全全地排除"法令和刑罚"的手段，朱子认为"法令"是统治的道具，"刑罚"是对统治的一种补充，并且他还

(接上页注⑧)延世大学教授朴政淳也对 Michael Slote 的情感主义的道德伦理学进行了批判，认为："如果依靠我们主观的感情去进行道德的是非判断，那么如何确立我们判断感情对错的客观性标准？难道我们的感情不是有很多时候都会出现'偏向'的吗？"（黄璟植：《德伦理的现代意义》，2012，Acanet，第 226 页）。但是 Dylan Evans 却主张"感情是 21 世纪的热点话题"（Dylan Evans: *Emotion*, Oxford University Press, 2001, 〈Preface〉），从亚里士多德到亚当·斯密都强调感情在引发道德行为时起到根本性的作用（黄璟植：《德伦理的现代意义》，第 64 页）。他将情感分为"基本情感"（basic emotion）和"高级的认知情感"（higher cognitive emotion），并且特别关注后者的道德性机能（黄璟植：《德伦理的现代意义》，第 7、29 页）。本论文将联系上述伦理学者的观点，论证情感的道德性机能在儒学思想的体系中也是十分重要的。

① 《论语·为政》。
② 《论语·为政》朱子注，见（明）胡广等撰《四书集注大全》。
③ 《论语·为政》朱子注，见（明）胡广等撰《四书集注大全》。
④ 《论语·为政》朱子注，见（明）胡广等撰《四书集注大全》。
⑤ 《论语·卫灵公》。
⑥ 参见（明）胡广等撰《四书集注大全》，《论语·为政》小注。

认为"法令""刑罚"和"德""礼"是本末关系，不可偏废。① 前者是一种使民不去犯罪的消极治理手段，而后者是教化人民自律地去做出道德的行为，是一种积极的统治手段。当时的君主只用前者去统治百姓而不去用后者，所以孔子对后者进行了强调。②

众所周知，春秋战国时代诸侯们为了各自称霸的野心，都加强推行富国强兵的政策，而为了敛聚可推行这一政策的资金，他们不惜制定成文法来压榨百姓。③ 当时的百姓沦落成了统治的工具，这与孔子所主张的"以民为政治目的"的"为民"理念是完全背道而驰的，因此受到了孔子强烈的批判。特别是对于物理性的暴力，孔子更是深恶痛绝。他强调，不管目的是多么的美好，都不可以使用暴力④。

综合以上的讨论，我们可以得出，儒家所追求的"理想社会"就是社会的成员各自根据先天的道德情感节制自己的欲求，自律地遵守共同体的秩序，积极地去实践共同体的善，即所谓的"道德共同体"。为了建设这样的一个共同体，孔子认为虽然维持百姓生命的"足食、足兵"是必需的，但是比起这些更重要的是"信"。⑤ 从这种层面上来看，要建立"理想社会"就需要统治者有道德的感化力⑥，有节制自身无限的自私欲望的力量，有能将有限的价值资源平均分配的力量⑦。

---

① 《论语·为政》朱子注曰："愚谓政者，为治之具。刑者，辅治之法。德礼则所以出治之本，而德又礼之本也，此其相为终始，虽不可以偏废。然政刑，能使民远罪而已，德礼之效，则有以使民日迁善，而不自知。"见（明）胡广等撰《四书集注大全》。

② 《论语·为政》朱子注曰："有德礼则政刑在其中，不可专道政刑做不好底，但不得专用政刑尔。圣人之意，只为当时专用政刑治民，不用德礼，所以有此言。圣人为天下，何曾废政刑来。"见（明）胡广等撰《四书集注大全》。

③ 中国最早的成文法出现在郑国，公元前536年由子产制定的，23年后晋国也制定并颁布了成文法。两国的成文法都是为了更加有效地实施税法而制定的。（安炳周：《儒教的民本思想》，成均馆大学校，大东文化研究院，1987，第88页）老子也曾说："人之饥也，以其取食税之多也，是以饥。"控诉了苛税的危害。

④ 《论语·颜渊》："季康子问政于孔子曰：'如杀无道，以就有道，何如？'孔子对曰：'子为政，焉用杀？子欲善而民善矣。君子之德风，小人之德草。草上之风必偃。'"

⑤ 《论语·颜渊》："子贡问政。子曰：'足食，足兵，民信之矣。'子贡曰：'必不得已而去，于斯三者何先？'曰：'去兵。'子贡曰：'必不得已而去，于斯二者何先？'曰：'去食。自古皆有死，民无信不立。'"

⑥ 《论语·为政》小注："新安陈氏曰：以躬行之德率民，民观感兴起于下，化民之大本已立。"见（明）胡广等撰《四书集注大全》。

⑦ 《论语·季氏》："丘也闻有国有家者，不患寡而患不均，不患贫而患不安，盖均无贫，和无寡，安无倾。"

二 情感的普遍性和共同体的运营主体：
"絜矩之道" 和 "明明德于天下"

1. 作为判断标准的道德情感

要想实现如前所述的儒教的 "理想社会"，最重要的是要先证明 "耻" "好善恶恶" 等道德情感是普遍存在于人类内心之中的，因为情感是会随着个人和情况的变化而变化的一种心理现象。我们首先来分析一下《大学》第十章中的一句：

> 好人之所恶，恶人之所好，是谓拂人之性，灾必逮夫身。①

此文是一种对执政者的警示文，即如果违背百姓的 "好恶"，就会有灾难降临。这与 "诗云 '乐只君子，民之父母。' 民之所好好之，民之所恶恶之，此之谓民之父母。"② 一句可以一起来理解③。这里的 "民" 都是指共同体的成员，两句都说明了在共同体中有一个大多数成员普遍喜爱或厌恶的标准，即 "道德正当性"，这一前提隐含在了这两句之中。④因此统治者是不是要受到上天惩罚的恶人，是否能受到像尊敬和爱戴父母一样的感情，其标准都在于民的 "好恶"。统治者的 "好恶" 与百姓一致时，就是取得了普遍性（公），就是善；反之就是私，就是恶。朱子以此为基础规定 "好善而恶恶，人之性也"⑤，追根溯源，这种思想其实在《诗经》中早已有所体现：

> 天生烝民，有物有则，民之秉彝，好是懿德。⑥

人类在出生时就有一些先天所赋予的属性，这个属性就是 "好是懿德"。

---

① 《大学》第十章。
② 《大学》第十七章。
③ "好、恶" 根据情况可以具体分为类似于 "喜悦、快乐" "愤怒、伤心" 的这种相对应的情感。因此它可以说是优于其他情感的上层的概括性情感。金明锡：《试论孔子的伦理性情感观》，《东洋哲学研究》第59辑，2009，第315~319页。
④ 也就是以 "民心即天心" 这一儒教的传统思想为基础。崔英辰：《儒教国家论中统治主体和客体的问题》，《东洋哲学研究》第53辑，2008，第165页。
⑤ 《大学》第十章朱子注，见（明）胡广等撰《四书集注大全》。
⑥ 《诗经·大雅·烝民》。

此处所说的"懿"是一个包含所有以善为首的价值语言概念。此句我们可以解释为人类先天性就具有价值指向的情感，即具有道德情感。

孟子以此诗为典据主张"人类的情是善的"①，而这个情感具体来说就是"四端"，恻隐之心、羞恶之心等情感由于是仁、礼的发现，所以是纯善无恶的②，因此他认为应该用这种普遍的先天性道德情感来施政③。

茶山也是以此诗为典据主张"人类的本性就是嗜好"，即"性嗜好说"④。他将性分为两种，一种是"好善恶恶"的"天命之性"，一种是"嗜甘恶苦"的"气质之性"。⑤朱子在"好善恶恶即为人性"中所说的本性就是茶山所说的天命之性。《大学》中统治者在违反了人类对善追求的本性时，作为惩罚，就会有灾难降临。

《大学》第十章中主张，应将"指向有价值的情感，拒绝反价值的情感（好善恶恶之情）"作为道德判断和行为的标准。

> 所恶于上，毋以使下，所恶于下，毋以事上，……此之谓絜矩
> 之道。⑥

---

① 《孟子·告子上》："乃若其情，则可以善矣，乃所谓善也。"

② 16世纪朝鲜性理学的"四端七情论辩"可以说是对道德情感的形而上的根据进行学术性构建的时期，退溪所主张的"四端理之发"是对情（四端中包含了"辞让之心"的意志，"是非之心"的智慧）的纯善无恶从理气论的层面上进行论证的命题。崔英辰：《韩国哲学史》，新文社，2009，第155~163页。

③ 《孟子·公孙丑上》："以不忍人之心，行不忍人之政，治天下，可运于掌上。"

④ 茶山《中庸自箴·天命之谓性》："箴曰：人方以灵明之全体为性，其必以嗜好为性者，何也？人有恒言曰我性嗜脍炙，曰我性恶蛙败，曰我性好丝竹，曰我性恶蛙声，人固以嗜好为性也。故孟子论性善之理，辄以嗜好明之，见告子尽心孔子引秉彝好德之诗，以证人性。舍嗜好而言性者，非洙泗之旧也。"

⑤ "气质之性，既以嗜好而得名，则天命之性，亦当以嗜好求之。气质之性，嗜甘而恶苦，嗜香而恶臭，天命之性，嗜善而恶恶，嗜义而恶贪，嗜好之名虽同，乃其所嗜好不同，何得驱之于告子乎？不唯是也。孔子原以嗜好言性。诗云：民之秉彝，好是懿德，孔子曰：为此诗者，其知道乎！秉彝非性，好德非嗜好乎？孟子原以嗜好言性。孟子谓：口之于味同所嗜，耳之于声同所听，目之于色同所美，广引易牙、师旷、子都之等，以明心之于义同所嗜，乃曰：理义之悦我心，犹刍豢之悦我口。斯则明引彼性之嗜好，以证此性之嗜好，所谓气质之性、天命之性，非皆以嗜好得名者乎？"（见《梅氏书平·阎氏古文疏证抄》），类似的将嗜好分为两种，与性理学中将人类的欲求分为本能性的（人心）和道德性的（道心）是相类似的。参见崔英辰《韩国哲学史》，新文社，2009，第396页。

⑥ 《大学》第十章。"矩"本为曲尺，在此文中延伸为判定行为与判断正当与否的尺度（《大学》第十章朱子注曰："矩者制方之器，俗呼曲尺，此借以为喻。"见明朝胡广等撰《四书集注大全》）。而作为标准一意使用的"絜"字在这里是判断（度）的意思。"絜矩"是用尺子测量长度的意思，这里是用普遍的标准进行价值判断。

需要注意的是引文中所述的"所恶于上"的情感，成了如何对待"下"的行为判断标准（矩）。① 这与《论语》中所说的"己所不欲，勿施于人"一句有异曲同工之处。胡云峰认为"人心同有此天则，学者即吾心之所欲，以为施于人之则，故曰絜矩"②。这句话中暗含了一个前提，即"恶"与"不欲"作为同一种情感，都是人类普遍所具有的情感。

朱子认为如果统治者以情感为标准来做判断和行动的话，个人的欲求得到满足，就会"天下平"。③ 因为每个人都先天具有道德情感，这种统治使人有感而发，诱导人们自律地去实践道德行为。④ 卢玉溪曾断言"明德至善，吾心本然之则也。以此齐家，絜矩于家也。以此治国，絜矩于国也。以此平天下，絜矩于天下也。絜矩之道，即明明德于天下之道也。"⑤ 这也正是此章言絜矩之道是"平天下之要道"的原因。⑥

2. 共同体运营的主体

综合以上论述，我们可以知道儒教的基本立场就是，人类先天就具有"好善恶恶的道德情感"，因此只要顺着这个情感来行动的话，共同体自然而然地就能够得到维持和发展。这也就是前面我们所说到的"有耻且格"。但是当执政者用法令、刑罚等强制性的手段统治而导致人民的道德情感麻痹时，共同体的自律性就会崩塌。那么执政者为什么会厌恶"民之所好"，施行"民之所恶"的政治呢？《大学》云，"唯仁人，放流之，迸诸四夷，不与同中国，此谓唯仁人，为能爱人，能恶人"⑦。仁者的统治克服了私欲，即通过"克己复礼"达到仁境界的人才能公平地做到与百姓的好

---

① 《大学》第十章朱子注曰："如不欲上之无礼于我，则必以此度下之心，而亦不敢以此无礼使之。不欲下之不忠于我，则必以此度上之心，而亦不敢以此不忠事之。至于前后左右，无不皆然，则身之所处，上下四旁，长短广狭，彼此如一而无不方矣。彼同有是心而兴起焉者，又岂有一夫之不获哉！"见（明）胡广等撰《四书集注大全》。

② 参见《大学》第十章朱子小注，见（明）胡广等撰《四书集注大全》。

③ 《大学》第十章朱子小注："君子必当因其所同，推以度物，使彼我之间，各得分愿，则上下四旁均齐方正，而天下平矣。"见（明）胡广等撰《四书集注大全》。

④ 《大学》第十章："上老老而民兴孝，上长长而民兴弟，上恤孤而民不倍，是以君子有絜矩之道也。"朱子小注："新安陈氏曰：有此絜矩之道以处之，则始焉兴起其孝弟不倍之心者，今果得以遂其心矣。"见（明）胡广等撰《四书集注大全》。

⑤ 参见《大学》第十章朱子小注，见（明）胡广等撰《四书集注大全》。

⑥ 《大学》第十章朱子小注："此平天下之要道也，故章内之意，皆自此而推之。"见（明）胡广等撰《四书集注大全》。

⑦ 《大学》第十章。

恶相同（公好恶）①。相反，受到气禀之拘而掩蔽于人欲的统治者，其判断不清，很容易丧失公正性。② 这也是《论语》中强调要想达到政治的最根本目的"安民"，必须要以"修己"作为前提的原因。

众所周知，《大学》中认为修己的方法是"明明德"，安民的方法是"新民"。而其具体的条目被划分为八个阶段，明德和新民的主体是"大人"③，大人首先要恢复自身先天性的道德心，并在此基础上教化国家和家庭。这里需要注意的一点是我们所熟知的八条目中的最后一个阶段"平天下"④，在《大学》中则被表述为"明明德于天下"。那么"明明德于天下"与"平天下"有什么差异呢？陈新安在指出"本当云欲平天下者，先治其国，今乃以明明德于天下言之"⑤ 后，做出了如下解释：

> 盖以明德乃人已所同得，明明德者，明己之明德，体也。明明德于天下者，新天下之民，使之皆明其明德，如此则天下无不平矣，用也。⑥

许东阳也提出过同样的问题，他说："不曰欲平天下先治其国，而曰明明德者，是要见新民，是明德中事，又见新民，不过使人各明其德而已。"⑦ 从他们的注释中我们可以感受到，他们也是担心"平天下"这一表述会被理解为统治主体用其主导权单方面地去统治教化百姓，即误认为百姓是单纯的被教化的对象。他们想要强调的是，《大学》中所展示给我们的理想世界，是一个由共同体成员们自发地去恢复自己先天所具有的道德心而构筑成的社会。执政者应该通过自己身先士卒的模范作用去感化百姓的道德情感。⑧ 这一点我

---

① 《大学》第十章朱子小注："北溪陈氏曰：此能公其好恶而能絜矩者也。"见（明）胡广等撰《四书集注大全》。
② 《大学》第一章朱子小注："明德者，人之所得乎天而虚灵不昧，以具众理而应万事者也。但为气禀所拘，人欲所蔽，则有时而昏。"见（明）胡广等撰《四书集注大全》。
③ 《大学》第一章："大学之道，在明明德，在亲民，在止于至善。"朱子认为《大学》是大人之学，他在《大学章句序》中说道："自天子之元子、众子，以至公、卿、大夫、元士之适子，与凡民之俊秀，皆入大学"见（明）胡广等撰《四书集注大全》，大人就是指在大学中接受教育的统治精英。
④ "平天下"这一表述在第一章中出现过一次，第十章中出现过一次。
⑤ 参见《大学》第一章小注，见（明）胡广等撰《四书集注大全》。
⑥ 参见《大学》第一章小注，见（明）胡广等撰《四书集注大全》。
⑦ 参见《大学》第一章小注，见（明）胡广等撰《四书集注大全》。
⑧ 《大学》第十章朱子注："能使人兴起者，圣人之教化也。能遂其兴起之心者，圣人之政事也。"见（明）胡广等撰《四书集注大全》。

们也可以从《大学》第十章的第一句"所谓平天下，在治其国者，上老老而民兴孝，上长长而民兴弟，上恤孤而民不倍，是以君子有絜矩之道也"①中再次得到确认。朱子在对此句注释时用"天下平"这一主动性的表述代替了"平天下"这一被动性的表述，② 这就是"无为的政治"。

以上的观点我们还可以再从《大学》的这一句看出：

> 自天子以至于庶人，壹是皆以修身为本。③

"修身"是"明明德"的最后一个阶段，就像朱子所注释的"正心以上皆所以修身也，齐家以下则举此而措之耳"，是一个主体能力完备到可以"新民"的阶段。"庶人亦以修身为本"就可以解释为，被看作政治客体的百姓也可以成为政治的主体。其根据黄勉斋做出了如下的说明：

> 天子庶人，贵贱不同，然均之为人，则不可以不修身。④

在中国古代，国家由"天子－诸侯－卿－大夫－士－庶人"六种身份阶层的人构成⑤，各阶层的人虽然贵贱不同，但是在本质上却都是平等的人，这一点从本论文之前的讨论中也有所体现，就是说所有的人都先天性地具有同样的道德本性和情感。正是因为每个人都具有平等的道德性，所以不管是谁都既有作为主体进行修身的权利，同时又有修身的义务。这也是为什么朱子在注释《尚书·尧典》的"百姓昭明，协和万邦"⑥ 一句时说"昭明，皆自能明其德也"⑦ 的重要原因，也即说明了作为被统治者的人民也具有自律修养的可能性。

类似的观点我们还可以从朱子对《大学》"新民"条中所引用《诗经·康诰》的"作新民"一句的注释中看出来。朱子注曰："言振起其自新之民

---

① 《大学》第十章。
② 《大学》第十章朱子注："君子必当因其所同，推以度物，使彼我之间，各得分愿，则上下四旁均齐方正，而天下平矣。"见（明）胡广等撰《四书集注大全》。
③ 《大学》第一章。
④ 参见《大学》第一章小注，见（明）胡广等撰《四书集注大全》。
⑤ 李春植：《中国史序说》，教保文库，2005，第85页。
⑥ 《尚书·尧典》。
⑦ 《尚书·尧典》，朱子注。

也"①，这里朱子所关注的百姓并不是单纯的由于"大人"的教化而更"新"的客体，而是可以进行自我更"新"的主体。百姓自我更新的契机是善心②，而"大人"的任务是教化百姓认识到自己本来所具有的普遍道德心，使之觉醒。③ 因此，修身者，也就是明德之人，是"安民－新民"的主体，也是道德共同体运营的主体。

三　从道德共同体到生命共同体：从"天下平"到"天地位万物育"

与《大学》八条目类似的文章也出现在《中庸》第二十二章中：

> 唯天下至诚，为能尽其性，能尽其性则能尽人之性，能尽人之性则能尽物之性，能尽物之性则可以赞天地之化育，可以赞天地之化育，则可以与天地参矣。④

"唯天下至诚，为能尽其性"这一句相当于大学的"明明德（从格物到修身）"，"能尽人之性"一句则相当于"新民（从齐家到明明德于天下）"，但是后面的"能尽物之性"和"可以赞天地之化育，则可以与天地参矣"，在八条目中则找不到与之相对应的内容。如果说《大学》的"天下"只限于人类世界，那么《中庸》的"天地"就扩大到了自然界的领域。对此句，朱子分成以下三个阶段进行了区分：

> 尽己之性，如在君臣则义，在父子则亲之类。尽人之性，如黎民于变时雍。尽物之性，如鸟兽鱼鳖咸若。⑤

如引文所示，《中庸》将自然也作为其探求的对象，这一点从《中庸》

---

① 参见《大学》第一章小注，见（明）胡广等撰《四书集注大全》。
② 《大学》第一章小注："东阳许氏曰：第二节章句以新民为自新之民，盖民心皆有此善，才善心发见，便是自新之机。"见（明）胡广等撰《四书集注大全》。
③ 《大学》第一章小注："云峰胡氏曰：前言顾諟，是时时提撕警觉其在我者，此所谓作，是时时提撕警觉其在民者也。"见（明）胡广等撰《四书集注大全》。
④ 《中庸》第二十二章。
⑤ 《中庸》第二十二章朱子注，见（明）胡广等撰《四书集注大全》。

首章"天地位焉，万物育焉"①一句也可以看出。它作为一个只有圣人才可以到达的境界，可以说是儒教所追求的最终极的境界。②那么什么是"天地位"呢？它的具体内容是什么呢？我们不妨在《周易·说卦传》中找找答案。

> 天地定位，山泽通气，雷风相薄，水火不相射，八卦相错。③

"天地定位而合德"④，这其中"泽气之升于山，为云为雨，是山通泽之气，山之泉脉，流于泽，为泉为水，是泽通山之气"⑤。雷与风相互碰撞又相互感应；水与火本来是相克关系，但却又相互调和，不为所害。"雷以动之，风以散之，雨以润之，日以烜之，艮以止之，兑以说之，乾以君之，坤以藏之。"⑥"天、地、山、泽、水、火"就是这样一边各尽其责，一边又有机地相互合作，相互作用，使生命生生不息。

像这样将"天地之大德曰生"看作自然的本质性功能是儒教的最基本观点⑦，因此性理学者认为《周易·复卦》中的"天地之心"就是"天地生物之心"⑧。由于人类先天地就具有"天地生物之心"⑨，所以自然也就具有了对生命万物的"好生之德"⑩，这也是人类为什么会对他人有"不忍人之心"的原因⑪。这种心在《孟子·梁惠王上》中延伸作用到了牛这一自然生物的身上。众所周知，此章记述了齐宣王实在不忍心看到即将被屠宰的牛因为恐惧而害怕颤抖的样子而将其救下的场面。但是由于牛是衅钟祭礼的牺牲物，为了救牛而废止这一传统的祭礼又是不可能的，因此齐宣王命人用羊来代替。

---

① 《中庸》第一章。
② 《中庸》第一章朱子注："此学问之极功，圣人之能事。"见（明）胡广等撰《四书集注大全》。
③ 《周易·说卦传》。
④ 孔颖达：《周易折中》卷十七。
⑤ 朱子：《周易传义大全》，小注。
⑥ 《周易·说卦传》。
⑦ 《周易·系词传下》，《颐卦·象传》："天地养万物"。
⑧ 《周易·系词传下》，《复卦·象传》，参见朱子与程伊川的注释。
⑨ 朱子《周易折中·复卦·象传》小注："天地以生生为德，元亨利贞，乃天地生物之心也。"
⑩ 《孟子·公孙丑上》"不忍人之心"章新安陈氏小注："天地之大德曰生，人得天地之德曰好生，好生之德，即所谓得天地生物之心以为心也。"见（明）胡广等撰《四书集注大全》。
⑪ 《孟子·公孙丑上》"不忍人之心"章朱子注："天地以生物为心，而所生之物，各因各得夫天地生物之心，以为心，所以人皆有不忍人之心也。"见（明）胡广等撰《四书集注大全》。

孟子问齐宣王以羊易牛的理由，王自己也说不出所以然，孟子就解释道："是乃仁术也，见牛未见羊也。君子之于禽兽也，见其生，不忍见其死；闻其声，不忍食其肉。是以君子远庖也。"①

从这里我们可以看出，不仅对人，对于其他即将死在我们面前的"自然物"，我们也会产生"不忍人之心"②，即"不忍人之心"扩大为"不忍物之心"，是好生之德的一种体现。③"好生之德""恻隐之心"就是"好善恶恶"之心，是人类先天具有的道德性情感。

人类实践"好生之德"，参与"天地生物"之事，这是儒教的基本立场，也就是《中庸》中所说的"赞天地之化育"。我们可以从朱子下面的注释中对此有一个具体的理解。

> 人在天地间，虽只是一理，然天人所为，各自有分。人做得底，却有天做不得底。如天能生物，而耕必用人。水能润物，而灌必用人。火能爨物，而爨必用人。财成辅相皆人，非赞而何。④

在这里我们尤其要注意"财成辅相"一词，这是对《周易·泰卦·象传》中"财成天地之道，辅相天地之宜，以左右民"⑤ 一句的缩写，意思是去掉多余的，补充不足的，从而达道"无过不及"的中庸状态。⑥ 例如洪水发生时，为了不使之泛滥而建筑堤坝；干旱时，为了防止其不足而修筑水库，通过这样的方法来保护农作物的生命。这就是儒教传统的"代天理物"思想。对此思想朱子在下面的引文中做了很好的解释：

> 盖人生天地之间，禀天地之气，其体则天地之体，其心则天地之心，以理而言，是其有二物哉。故凡天下之事，虽若人之所为，而其所以为之者，莫非天地之所为也。又况圣人纯于义理，而无人欲之私，则其所以代

---

① 《孟子·梁惠王上》。

② 这是将自然作为了道德关怀的对象的看法。从这里向外延伸，在 18 世纪朝鲜性理学界曾经发生了一场关于自然物道德性问题的激烈论争，即湖洛论争的"人物性同异论"。

③ 崔英辰：《从周易看人与自然的关系》，《东洋哲学》第 13 辑，2000，第 19～21 页。

④ 《中庸》第二十二章朱子注，见（明）胡广等撰《四书集注大全》。

⑤ 《周易·泰卦·象传》。

⑥ 《周易·泰卦·象传》，朱子注："财成以制其过，辅相以辅其不及"。

天而理物者，乃以天地之心，而赞天地之化，尤不见其有彼此之间也。①

引文以"天人本为一"的思想为基础，人类拥有"天地生物之心"，以此来帮助和完成"天地化生万物"之事。

这就是为什么人类不会无故残害生命的原因，也体现了人与其他生命的共存。② 春不伐木，钓而不网，弋不射宿③，因此天地之间的所有生命体可以"各正性命"，万物调和，这就是儒教所追求的最终极的理想社会。④

四　结论

儒教的理想政治在经营共同体时是以成员的自律性为核心机制的，亦可称为"无为"的政治，这可以说是与道家的"无为"是相同的，但是儒教式的"无为"政治是根据"德和礼"等道德机制而产生作用的，因此区别于道家消极看待道德规则的政治思想。另外，儒教的理论虽然与法家通过强制性的法律与刑罚来统治共同体成员的理论相冲突，但同时也要看到，儒教还是承认在现实中作为最基础教化工具的法律和刑罚的，这一点从朱子将《中庸》的"教"规定为"礼乐行政"的注释中可窥一斑。⑤

通过以上探讨我们又可以看到，儒教的理想社会论是以"执其两端，用其中于民"⑥ 的中庸理论为基础的，这就正如伐木不会选在生机盎然的春天，捕鱼不会用细密的渔网将鱼苗一同捕捞，而打猎也不会围住四方不给猎物逃生的机会一样。

用现代的观点来看，百姓的道德情感受限于能否被统治者（圣人、君子、大人）的教化而感化，而以人为标准去规定自然界事物的本性也在逐渐受到

---

① 朱子：《中庸或问》。
② 《中庸》第二十二章小注："（双峰饶氏）问知何尽物之性。曰：如仲冬斩阳木，仲夏斩阴木，獭祭鱼然后，渔人入泽梁，豺祭兽然后，田猎之类，皆是也。"见（明）胡广等撰《四书集注大全》。
③ 崔英辰：《从周易看人与自然的关系》，《东洋哲学》第13辑，2000，第21页。
④ 《周易·乾卦·象传》："乾道变化，各正性命，保合大和，乃利贞"；《中庸》第三十章："万物并育而不相害"。
⑤ 朱子为《中庸》第一章"修道之谓教"的"教"注释道："若礼乐刑政之属是也。"见（明）胡广等撰《四书集注大全》。
⑥ 《中庸》第六章："执其两端，用其中于民。"

批判。① 但是无论怎样，这些都在启示着我们，在摸索"为民－为物的共同体"的道路上，不应该让统治阶级继续恣意妄为地压迫被统治阶级，更加要阻止人类对自然界不断地破坏，建立一个和谐共存的理想社会。

---

① 《中庸》第二十二章朱子注："性只一般，人物气禀不同，人虽禀得气浊，本善之性终在，有可开通之理，是以圣人有教化去开通他，使复其善物禀气偏，无道理使开通，只是处之各当其理。且随他所明处使之，他所明处，亦只是这个善，圣人便用他善底，如马悍者，用鞭策方乘得。此亦教化，是随他天理流行发见处使之也。"见（明）胡广等撰《四书集注大全》。

儒学与中国文化精神

从"更化"看中国文化的革新精神

——以"调均"思想为例

李宗桂

摘　要： 革新精神是中国优秀传统文化的重要方面，而"更化"思想传统则是革新精神的重要载体和具体表现。董仲舒的"更化"思想，是儒家"更化"思想的重要代表。而董仲舒的"调均"思想，则是其"更化"思想的典型反映，也是其在守成中革新的思想传统的集中体现。儒家"均平"思想是传统文化中"均平"思想的主流，"调均"是儒家"均平"思想的主调。先秦诸多思想家政治家都有"均平"的思想，而儒家最为系统深刻。董仲舒的"调均"思想使得"均平"思想儒学化，是儒家"均平"思想的创造性发展。更化、调均、善治，推行并体现仁政德治，是董仲舒政治思想的逻辑和归宿。"调均"思想体现了儒家的公平观，对于防止和反对贫富两极分化、践行中道、实现和谐具有积极的思想意义。"调均"是中国文化的优秀传统，是古典革新精神的体现，是增强文化自信的重要思想资源。

关键词： 均平　调均　儒学化　革新精神　公平　现代价值

作　者： 李宗桂，中山大学哲学系教授。

中国传统文化中有着深厚的革新精神和革新传统，这种革新精神往往体现为"在守成中创新"的价值取向和思维格局。其间，儒家"均平"的思想传统是其重要表现，也是其重要载体。而儒家"均平"思想的主调，则是"调均"，即调节以致均衡。这种以"调均"为主调的"均平"思想，通过创造性转化而谋求突破性发展的革新精神，不仅在历史上影响深刻，对于塑造民族文化心理、促进经济社会发展产生了巨大作用，而且对于今天建设公平、正义、和谐的社会，弘扬传统文化的革新精神，都具有重要的启迪意义。

一　先秦的"均平"思想

一般认为，均平思想是儒家最早提出，具体例证是《论语》记载的那段著名的话："不患寡而患不均，不患贫而患不安。"（《论语·季氏》）其实，在先秦时期，诸多思想家政治家都有均平的思想，均平思想并不是儒家的专利。

从文献来看，最早直接提出"均贫富"命题并以之为目标的均平思想，来自《晏子春秋》。① 作为齐国名相的晏婴，认为贫富不均会导致社会矛盾的加深乃至恶化，统治者从民间获取财富，应当适度，应当权衡不同群体的财富情况而决定。他说："其取财也，权有无，均贫富，不以养嗜欲。"（《晏子春秋·内篇谏上》）社会人士的财富，不能太多也不能太少，且应"正德以幅之"。统治者不能罔顾民生，要"知其贫富，勿使冻馁"，这样"则民亲矣"（《晏子春秋·内篇谏上》），民众才能拥戴你。如果统治者"藏财而不用，凶也。……昧财之失守，委而不以分人者，百姓必进而自分也"（《晏子春秋·内篇谏下》）。晏婴作为统治阶层的重要人物，清醒地认识到调节均衡不同阶层人士财富的重要性，其重要的指导原则，便是根据不同阶层的不同情况，调均财富，防止两极过于分化，防止富人纵欲无度而穷人铤而走险。在这个意义上讲，晏婴的"均贫富"思想，是从社会财富的合理调节和社会秩序的稳定相结合而出发的。值得注意的是，在晏婴这里，明确出现了"均贫富"的表述，这是古代文献里第一次出现的"均贫富"。

同为记载春秋时期历史的《国语》一书，也表达了均平的思想："夫惠本而后民归之志，民和而后神降之福。若布德于民而平均其政事，君子务治而小人务力，动不违时，器不过用，财用不匮，莫不能使共祀。"（《国语·鲁语上》）。这里的"平均"，是指统治者实行惠民的德政，就能使不同阶层的人士都能享受到其治国安民行政措施的好处，从而实现"君子务治""小人务力"的各安其分的协调状态。

作为先秦时期与儒家同为"显学"的墨家，其均平思想十分突出。墨家

---

① 《晏子春秋》和《论语》都产生于战国初期，但晏婴比孔子年长，《晏子春秋》是直接记载，《论语》是间接记载，故可认为晏婴的论说在前。

忧民之三患:"饥者不得食,寒者不得衣,劳者不得息"(《墨子·非乐上》),他们崇尚兼爱,要以兼易别,平等待人,"视人之国若视其国,视人之家若视其家,视人之身若视其身"(《墨子·兼爱中》),要"使饥者得食,寒者得衣,劳者得息"(《墨子·非命下》)。他们尚贤尚同,最终要达到"刑政治,万民和,国家富,财用足,百姓皆得暖衣饱食,便宁无忧"(《墨子·天志中》)的理想治世。墨家理想中的古代圣王,是明天鬼之所欲、避天鬼之所憎,兴天下之利、除天下之害,祭祀恭敬、听狱公正,"分财不敢不均"(《墨子·尚同中》)。墨家这些思想,显然具有明显的均平倾向,以及通过均平而使社会和谐的目的。

道家虽然没有明确的均平思想,但是《庄子》中关于"盗亦有道"的著名故事,对于分赃合理("分均"),也是肯定的。在《庄子》看来,大盗"妄意室中之藏,圣也;入先,勇也;出后,义也;知可否,知也;分均,仁也。五者不备而能成大盗者,天下未之有也"(《庄子·胠箧》)。这固然是调侃儒家的仁智勇理念,但不可否认其对于"分均"是持肯定态度。这里的"分均",显然不是平均分配,而是要以是否具备先入之勇、后出之义的行为作为标准,使得分配合理。

有趣的是,主张强权政治、崇尚"气力"的法家思想集大成者韩非,居然明确提出了"均贫富"的理念。他说:"故明主之治国也,适其时事以致财物,论其税赋以均贫富,厚其爵禄以尽贤能,重其刑罚以禁奸邪,使民以力得富,以事致贵,以过受罪,以功致赏而不念慈惠之赐,此帝王之政也。"(《韩非子·六反》)在韩非心目中,通过调均税赋而协调不同阶层的贫富关系,是帝王治国安邦的必要条件。韩非认为,"均贫富"是"帝王之政"需要关注的重要方面。尽管韩非并不是从整个经济社会发展的角度考虑"均贫富",但能够从税赋的角度提出"均贫富",其积极意义是显而易见的。

与前述情况形成映照的是,儒家的均平思想不仅明确系统,而且前后继承、绵延甚久,影响巨大。孔子是儒家系统中第一个明确提出并阐释"均平"理念的思想家。孔子对弟子说:"闻有国有家者,不患寡而患不均,不患贫而患不安。盖均无贫,和无寡,安无倾"(《论语·季氏》)。孔子在这里是从行政管理的角度谈论均平问题的。有国、有家者,在社会治理中要能够有"不患寡而患不均,不患贫而患不安"的意识,否则社会就不安稳。这里的几个关键词需要注意。寡,自然是少;均,指均衡,亦即合理、协调,而非多年来不少人所说的"平均"①，贫，是指穷；安，是指安定、安稳，不躁动，心理平衡。不患寡而患不均，是说不担心东西少而担心分配不均，这里的均是均衡、公平之意。不患贫而患不安，是说不担心人穷而担心人的思想不安稳。这里的安，是安稳、安宁、安定，与不满、动荡、躁动、不平相对。事实上，孔子后面的话已经逻辑地诠释了相关意义。均无贫，意为如果分配均衡就不会有贫穷之感；和无寡，意为如果和谐（协调、中和）就不会有短缺之感；安无倾，意为安定（安稳、安宁）就不会有愤懑甚至造反之心，不会出现政权倾覆的危机。可见，孔子这里的意思，本质上是要实行调均政策，调节均衡社会财富的分配，使大家感到合理，没有怨气，避免社会戾气弥漫，避免仇官仇富心态的出现，从而避免社会危机的总爆发。

孔子之后，孟子所讲的井田制、以制民之产为重心的仁政思想，荀子所讲的"天下莫不平均"（《荀子·王霸》）的主张，都是儒家均平思想的具体表现。孟子认为："夫仁政必自经界始。经界不正，井地不均，谷禄不平。"（《孟子·滕文公上》）这里的"均"，显然不是平均，不是齐一，而是合理、均衡。孟子不仅关注均，而且重视平。他说："尧舜之道，不以仁政不能平治天下。""人人亲其亲、长其长而天下平。"（《孟子·离娄上》）《孟子·尽心下》曰："君子之守，修其身而天下平。""君子平其政。"（《孟子·离娄上》）荀子重视平，他的平主要是从政治行为方面讲的。他认为："公平者，职之衡也。"（《荀子·王制》）行政公平，是为政者履行职责的标准。他还说："君人者，欲安，则莫若平政爱民矣。""刑政平，百姓和，国俗节，则兵劲城固，敌国案自詘也。"（《荀子·王制》）"修礼以齐朝，正法以齐官，平政以齐民。"（《荀子·富国》）"刑政平而百姓归之。"（《荀子·致士》）荀子认为："出若入若，天下莫不平均，莫不治辨。"（《荀子·王霸》）"以礼分施，均遍而不偏。"（《荀子·君道》）这里的"均遍"，是指普遍公平，亦即按照礼的原则治国理政，则没有人会感到不公不平。

概而言之，先秦时期关于均平的思想已经流行，不仅儒家大力申论，而且其他派别的思想家政治家也在大力提倡。有论者指出：春秋战国时期各家各派在政治思想和学术思想方面颇为不同，但在主张均平、崇尚平均方面，

---

① 《中国儒学百科全书》的《均平说》条，就解释为"平均"，见中国孔子基金会编《中国儒学百科全书》，中国大百科全书出版社，1997，第 183 页。杨伯峻也解释为"平均"，见氏著《论语译注》，中华书局，1980，第 173～174 页。

却有惊人的一致性，① 可谓中肯之论。究其原因，在于春秋战国时期社会长期动荡，社会阶层剧烈分化，资源占有的两极分化极其严重，深刻影响到社会发展和阶层之间甚至同一阶层之间的关系协调，故进步的思想家和明智的政治家都力倡均平。当然，从思想发展的脉络看，先秦讲论均平思想的，儒家最系统最深刻，具有前后相继的连续性。

二　均平思想的儒学化：董仲舒的调均思想

如同战国百家争鸣中儒家虽为显学而毕竟只是争鸣中的一家一样，儒家的均平思想在先秦时期虽然系统深刻但毕竟也只是其中的一种声音而已。真正使这种声音持久不衰、产生深刻而久远的社会影响，成为中华民族文化的一种基因的，是汉代以董仲舒为代表的儒家的努力。质言之，促成"均平"思想真正成为儒家的、儒学的，并借助儒学官学地位的确立而成为主流思想的，其推动者、完成者，是西汉"为儒者宗"的董仲舒。

董仲舒针对暴秦速亡的历史教训，主张"更化"；反对贫富两极过度分化，主张在仁政德治的框架中实行"调均"。而所谓"更化"，就是革新。

董仲舒在对汉武帝的策问中，针对当时的政治情势提出了一系列改变旧有政治文教制度的主张。他特别重视秦朝灭亡的教训，认为秦王朝之所以短命，根本原因在于其"捐弃礼义而恶闻之，其心欲尽灭先王之道"，以乱济乱，致使社会乱象丛生。他说："今汉继秦之后，如朽木粪墙矣。虽欲善治之，亡可奈何。法出而奸生，令下而诈起，如以汤止沸，抱薪救火，愈甚亡益也。窃譬之琴瑟不调，甚者必解而更张之，乃可鼓也；为政而不行，甚者必变而更化之，乃可理也。当更张而不更张，虽有良工不能善调也；当更化而不更化，虽有大贤不能善治也。故汉得天下以来，常欲善治而至今不可善治者，失之于当更化而不更化也。…… 今临政而愿治七十余岁矣，不如退而更化。"（《汉书·董仲舒传》）从这种认识出发，董仲舒提出了从经济到文教政治的更化主张："限民名田，以赡不足，塞并兼之路，盐铁皆归于民；去奴婢，除专杀之威；薄赋敛，省徭役，以宽民力；然后可善治也。"（《汉书·食货志》）董仲舒还提出礼法合用（德主刑辅）的治国方略，以仁义礼智信五

<hr />

① 李振宏：《中国古代均平文化论纲》，《学术月刊》2006 年第 2 期。

常之道教化民众，建议实行罢黜百家、独尊儒术的思想文化方针，倡议建设由郡国负责人察举属吏的制度，提出设立学校以养士的设想，要求禁止官吏兼营商业，等等，都是其"更化"主张的具体内容。显然，董仲舒这些"更化"方略导引下的治国理政、人文教化的思想，无论是相对于秦王朝的暴虐无道，还是相对于汉代立国以来的治国理政实践，都是具有很强革新精神的创造性转化、创新性发展的新思想、新精神、新方略。

在董仲舒的"更化"思想中，"调均"是颇具特色而又十分重要的方面。董仲舒在其《春秋繁露·度制》中说："孔子曰：'不患贫而患不均。'故有所积重，则有所空虚矣。大富则骄，大贫则忧。忧则为盗，骄则为暴，此众人之情也。圣者则于众人之情，见乱之所从生，故其制人道而差上下也：使富者足以示贵而不至于骄，贫者足以养生而不至于忧。以此为度而调均之，是以财不匮而上下相安，故易治也。今世弃其度制，而各从所欲，欲无所穷，而欲得自恣，其势无极。大人病不足于上，而小民羸瘠于下，则富者愈贪利而不肯为义，贫者日犯禁而不可得止，是世之所难治也。"董仲舒在这里不仅提出了要"调均"，更提出了明确的调均的标准和原则，相对于先秦孔孟荀的均平思想，是一个进步。值得注意的是，董仲舒这里引用的"孔子曰"后面的话，与《论语》记载的孔子原话不同。《论语·季氏》记载的是"不患寡而患不均"，董仲舒把"寡"变成了"贫"。一字之差，反映了董仲舒直面当时贫富严重分化、要求调节均衡、防止社会矛盾过于尖锐而导致社会动荡、变"难治"为"易治""善治"的愿望。董仲舒之所以提出要"调均"，是鉴于贫富严重分化，影响社会安定和经济发展。这个思想，不仅在当时具有积极的意义，而且在整个中国古代史上都具有重要的价值，这从后世严重的土地兼并导致不断的社会动荡可以得出反证。

董仲舒的调均，属于他"更化"思想的重要组成部分。在他看来，"更化则可善治，善治则灾害日去，福禄日来。《诗》云：'宜民宜人，受禄于人。'为政而宜于民者，固当受禄于天。夫仁、谊、礼、知、信五常之道，王者所当修饬也；五者修饬，故受天之佑，而享鬼神之灵，德施于方外，延及群生也"（《汉书·董仲舒传》）。要想实现"善治"，就要实行"更化"。"更化"的价值支撑，是仁、义、礼、智、信"五常之道"。为政者由仁心生发出的政治，便是仁政。而仁政的重要表现和现实结果，是各安其分各得其所，上下左右和谐共处。因此，社会群体不能出现"大富"和"大贫"这样截然相反的两极，否则，前者会骄矜暴虐，后者会忧愁恐惧愤懑不平，最终导致铤而走险。在第三次对武帝的策问中，董仲舒提出："夫天亦有所分予，予之齿者去其角，傅其翼者两其足，是所受大者不得取小也。古之所予禄者，不食于力，不动于末，是亦受大者不得取小，与天同意者也。夫已受大，又取小，天不能足，而况人乎！此民之所以嚣嚣苦不足也。身宠而载高位，家温而食厚禄，因乘富贵之资力，以与民争利于下，民安能如之哉！是故众其奴婢，多其牛羊，广其田宅，博其产业，畜其积委，务此而亡已，以迫蹴民，民日削月浸，浸以大穷。富者奢侈羡溢，贫者穷急愁苦；穷急愁苦而不上救，则民不乐生；民不乐生，尚不避死，安能避罪！此刑罚之所以蕃而奸邪不可胜者也。故受禄之家，食禄而已，不与民争业，然后利可均布，而民可家足。此上天之理，而亦太古之道，天子之所宜法以为制，大夫之所当循以为行也。"（《汉书·董仲舒传》）受大而不取小，食禄之家不与民争利，各安其分，使得利可均布、民可家足，这是"上天之理""太古之道"。同样的思想，董仲舒在《春秋繁露·度制》里也有申论。他主张"君子仕则不稼，田则不渔"。"已有大者，不得有小者。"当官就不种田，种田就不打渔。已经获得大利者，不得再取小利。通过这些主张的落实，实现其"调均"的价值目标。董仲舒这种调均思想，是对先秦儒家均平思想的创造性发展。有学者认为董仲舒用调均贫富去诠释孔子的"均平"思想，对于汉唐士大夫理解和贯彻"均平"思想，具有巨大的影响。① 我觉得是符合实际的。

　　更化、调均、善治，推行并体现仁政德治，这就是董仲舒调均思想的内在逻辑。这个思维逻辑和治国理政的理念，体现了董仲舒所生活的那个时代的要求，反映了儒学在新的历史时期通过创新而获得进一步发展的生命力所在。从根本上讲，董仲舒的调均思想，是创造性地继承并发展了先秦孔孟荀儒家的均平思想，将其提升到社会协调发展、民众生活安定心态平衡、国家长治久安的战略高度。因此，董仲舒的调均思想，虽然是从经济入手并着重解决经济问题的思想，但并不仅仅是一种经济观念，更是一种强调公平的施政理念。② 这种调均思想，并不是很长时间里不少人认定的所谓"平均主义"（无论是相对平均

---

① 参见陈明光《"调均贫富"与"斟酌贫富"——从孔子的"患不均"到唐代的"均平"思想》，载《历史研究》1999 年第 2 期。

② 汉代孔安国这样解释《论语·季氏》中孔子关于均平思想的那段话："国，诸侯；家，卿大夫。不患土地人民之寡少，忧政理之不均平，忧不能安民耳。民安则国富。"可见汉儒已经是从施政理念及其效果的公平合理来论，并不单纯将其解释为经济上的均平。

主义还是绝对平均主义），而本质上是一种通过调节均衡以达到人们按其身份享受应有的相对公平待遇的中正和谐的思想。

从儒家思想文化发展的逻辑路径考察，从文化价值体系建构的战略层面衡量，我们可以说，董仲舒的调均思想使得先秦儒家的均平思想得以儒学化。这里所谓儒学化，是指均平思想被纳入儒学价值系统，以礼治为核心，以五常特别是仁道为原则，成为基本的价值观念，成为儒学以民为本思想的重要构成。董仲舒的调均思想，成为儒家天下大同思想、贵和尚中思想、以民为本思想的载体。历时性地考察，先秦时期从孔子到孟子再到荀子的"均平"说，当然属于儒学范畴，但孔孟荀的论说都还没有将其提高到基本治国理念和基本价值观念的层面，故还不算"儒学化"。这里所谓儒学化，是指调均作为一种基本的治国理政的理念，作为仁政思想、大同追求和中道原则的体现，而纳入作为一个价值系统的儒学体系之中，或者说承载着并体现了儒学的基本价值观念。①

有学者关注到一个颇为重要的思想现象，就是西魏苏绰辅佐宇文泰治国时，在其作为治国大政的"六条诏书"中提出了"均赋役"。在关于"均赋役"的诏文中，他如此解释孔子的"均无贫"："夫平均者，不舍豪强而征贫弱，不纵奸巧而困愚拙，此之谓均也。故圣人曰：'盖均无贫。'"该学者认为"这应该是自先秦以来首次最为明确地对'均平'思想赋予区别贫富以相对平均赋役负担的内涵"②，未免过誉，但这条解释颇具思想深度，倒是应当承认的。该学者通过一系列史料的考辨，对唐代均平思想做了颇有力度的阐释，认为"唐朝'均平'思想的经济内容，在土地占有方面继承了董仲舒的'调均贫富'思想"③，可见董仲舒调均思想的历史影响，也可见先秦儒家"均平"思想被董仲舒"调均"化、儒学化以后，所发生的重要作用。

---

① 班固《汉书·艺文志》把《晏子春秋》列为儒家著作，并不准确。其实晏婴年长于孔子，其去世是公元前500年，孔子去世时已是公元前479年，把《晏子春秋》列为儒家著作在时序上就有问题。而且，《晏子春秋》里面的若干思想，显然与儒家距离甚大。笔者推测，班固撰写《汉书》的时代，儒学独尊的形势已经形成，而调均是一代儒宗董仲舒所倡导的，且是重要的社会趋势，《晏子春秋》主张"权有无，均贫富"，与汉代新儒学的价值观相契合，故班固将其列为儒家著作。

② 陈明光：《"调均贫富"与"斟酌贫富"——从孔子的"患不均"到唐代的"均平"思想》，《历史研究》1999年第2期。

③ 陈明光：《"调均贫富"与"斟酌贫富"——从孔子的"患不均"到唐代的"均平"思想》，《历史研究》1999年第2期。

三 "更化"方略下"调均"思想的历史作用和现代价值

从秦汉以后的中国社会发展来看，调均思想经过长期的濡染、传播和自觉不自觉的实践，逐渐形成了一种思想传统，成为中华民族传统文化的合理内核，属于传统文化的优秀成分。[①] 而这种思想传统的形成和作用的发挥，是与在守成中创新的革新精神分不开的，是蓬勃发展、蒸蒸日上的西汉时期在革新精神方面的重要体现。

从统治者治国理政的层面看，调均的思想传统对于反对和防止贫富两极分化、实现和谐、践行中道具有积极的思想意义。封建王朝有时也实行调均的政策，这主要表现为均田、限田措施，北魏的均田制以及相应的租调制，北宋王安石变法实行的方田均税法等，都是具体的表现。从下层民众反抗剥削压迫、要求相对平均平等的层面看，调均的思想传统往往成为发动民众、激励民众的思想武器。农民起义运动中的"冲天太保均平大将军"（黄巢），"天补平均大将军"（王仙芝），"吾疾贫富不均，今为汝均之""均贫富"（王小波），"等贵贱均贫富"（钟相、杨么），"均田"（李自成）之类，典型地反映了下层民众对于调均思想文化传统的理解，是发自内心的价值认同。太平天国的《天朝田亩制度》，鼓吹"有田同耕，有饭同食，有衣同穿，有钱同使，无处不均匀，无人不饱暖"，"人人不受私，物物归上主"。孙中山领导的民主革命，要求"平均地权"，主张"天下为公"，追求"大同"世界。这些，都和调均的思想传统有着天然的文化血缘关系。从文化传统构建的层面看，从西汉董仲舒力主的调均，到北宋张载的民胞物与（《西铭》）和苏东坡的"以君子长者之道待天下"（《刑赏忠厚之至论》），无不浸透着调均思想的精神。

综合而言，儒家以"更化"为治国理政方略的调均思想，在历史上产生了重要的作用。其一，丰富了儒家仁爱思想仁政理念的内涵。其二，彰显了儒家中和理想的价值，以及中庸的原则、方法及其意义。其三，在承认差别的同时强调相对均衡，如不均衡则进行调节，反映了儒家重视整体和谐的社会理想。其四，体现了儒家的公平观，促进了社会公平意识的增长。当然，

---

① 参见李宗桂《试论中国优秀传统文化的内涵》，《学术研究》2013 年第 11 期。

应当承认，儒家调均思想在后来的社会发展进程中，一度被农民起义领袖利用，演化出带有绝对平均主义色彩的等贵贱、均贫富思想，成为后来"你有我有全都有"的民粹主义思想，从而使得儒家调均思想在社会实践中落空，演变成追求绝对平均主义的乌托邦，成为社会进步的一种阻力。太平天国的实践及其《资政新篇》的空想，便是明证。从事中国政治史研究的学者白钢认为："孔老夫子'不患贫而患不均'的思想主张，在漫长的中国历史上，尤其是在思想界，曾经产生过莫大的影响。历代一些地主阶级的开明政治家所提出的'均田'、'均赋'主张，与孔老夫子'不患寡而患不均'有着直接的承续关系，自不待言。就是宋代以后，起义农民每每作为战斗纲领的'均贫富'、'均田免粮'，恐怕也与孔子的这句话不无历史联系。"① 从总体上看，调均的思想文化传统，在历史上起的是正面作用，值得充分肯定并给予创造性继承。

儒家调均思想作为中华文化的优秀成分之一，在现代社会的发展中具有重要的价值。这种价值首先表现为它有利于我们理性认识中华优秀传统文化。中华传统文化能够绵延数千年，自有其独特的存在价值。在全球化时代，中华传统文化是中国特色社会主义的重要印记，是中国模式中国道路的重要价值支撑，也是社会主义核心价值观的重要精神滋养。而之所以如此，就是因为中华传统文化有其固有的优秀成分、优秀传统。现在成为人们共识的讲仁爱、重民本、守诚信、崇正义、尚和合、求大同，是中华优秀传统文化的主流，而调均的思想传统则是这些主流价值观的若干方面的综合性表现。要调均，就得有仁爱精神，就得有安民养民的理念，就得有正义思想，就得有和谐合作、整合一体的思想，还得有中道原则和方法。否则，调均在理论上就无法确立，在实践中就无法操作。在这种意义上，调均思想传统是在诸多优秀文化的支撑下，对分配问题的正义期盼和合理解决。同时，它也是在对诸多优秀文化价值观的涵摄、整合的基础上形成的新的优秀文化，并经过长期的发展而成为传统。因此，我们可以说，中华优秀传统文化绵长深厚，在中华民族的发展历程中，多元并举，异彩纷呈，成为内在的精微的动力，调均的优秀思想文化传统，是其中的重要方面。从文化重构的层面看，理性认识

---

① 白钢：《"不患寡而患不均"与平均主义》，白钢：《中国农民问题研究》，人民出版社，1993，第232页。

调均的思想文化传统，对于我们提升文化自觉的意识，增强民族文化自信心，有着重要的价值。我们今天讲文化自信，讲中华文化的伟大复兴，离不开对包括调均思想传统在内的中华优秀传统文化的价值的合理阐发和创造性继承。

调均的思想文化传统，对于我们现今防止和解决两极分化，化解矛盾，构建和谐社会，具有重要的思想文化资源价值。在建设现代化国家的时候，在市场经济导向的今天，提倡并鼓励竞争，不同地区、不同群体、不同个人都各擅所长，为美好生活的实现而努力奋斗，甚至让一部分人一部分地区先富起来、先发展起来，显然具有很强的正当性。但是，由于不同地区、不同群体、不同个人的差异，包括历史文化传统的影响，改革开放前计划经济时代国家政策的区别性对待，改革开放后实行梯度发展战略而出现的政策优惠与否的差异，乃至自然条件等方面的限制等，使得不同地区不同群体不同个人的发展程度逐渐呈现出明显的差异，有的甚至发展到了两极严重分化的程度，社会矛盾日益凸显，仇官仇富情绪滋生，已经到了必须严肃采取切实措施正确处理的时候。诚然，近年来各级政府已经采取了一系列措施来解决问题，但问题仍然很多。我们可以而且应当从调均的优秀文化传统中汲取思想智慧，从顶层设计入手，从分配制度上、施政理念上、价值观念上，以调节均衡为目标，为社会的和谐发展和人民的安居乐业创造新的有利条件。

调均的思想文化传统，是我们在市场经济条件下既承认不同社会主体的地位和收入差异，又注意均衡发展、重视公平正义的有益鉴戒。我们今天的社会，物质丰富程度远远高于历史上任何一个时期，但社会上却弥漫着少有的怨气和乖戾之气。这种情况的出现，固然有诸多原因，但人们对社会不公的普遍不满，是带有根本性的因素。某些特权人士特权利益集团的存在，养老金双轨制的存在，医疗、教育资源的严重分布不均和分配不均，官商勾结、利用职权鱼肉人民中饱私囊的现象，引起全社会的不满。尽管政府采取了诸多措施解决问题，比如调整退休职工养老金，连续十年逐年增加，并让公务员也交养老金；倡导并实施公共服务均等化等，但收效并不如预期的理想，甚至刺激了民粹主义、平均主义思想的出现。在这个时候，我们如果注意从传统的调均思想传统中汲取教益，显然就有很强的现实针对性。当然，正如上文所论，调均，并不是要提倡甚至实行平均主义。我们今天应当是在社会主义核心价值观提倡的公平正义的原则基础上，既承认合理的差异，又充分利用政府的能力调节均衡社会财富。至少，是能够让富者足以示贵而不至于骄横暴虐，让贫者足以养生而不至于忧忿愁苦。而且，调均不能局限于单纯的经济利益方面，而要涵括政治权益、精神生活，以及医疗教育等公共服务方面。调均，要防止和反对平均主义特别是绝对平均主义。要从传统农民起义"你有我有全都有"的狭隘思想中解放出来，要超越平均主义、民粹主义的狭隘性。借用董仲舒的话说，调均应当是"制人道而差上下"（《春秋繁露·度制》）。

综上而言，调均的思想传统不仅在历史上起了重要的作用，而且在今天也有合理的价值，是中华优秀传统文化的有机成分。对调均思想的现代性阐释，对于我们如何鉴别优秀传统文化、如何对待优秀传统文化、如何创造性继承和创新性发展优秀传统文化，都有样板性的示范意义。[①] 从文化价值论的角度看，没有纯而又纯的优秀传统文化，任何优秀传统文化都要通过创造性诠释，赋予新的时代内涵，才能为我所用，为今所用，发挥正面价值。

值得特别强调的是，正如上文所述，作为优秀文化传统的"调均"思想，是在"更化"的治国理政方略引导下而形成和发挥作用的。这个"更化"而"调均"的思想文化传统，显然颇具特色的革新精神。这个特色的根本之点，就在于不是简单地全盘抛弃否定此前的思想文化要素和价值理念，而是在创造性继承的基础上进行变革，进行转化，再结合时代条件，赋予新的时代精神和价值内涵，从而使更化的思想和方略得到创新性发展，使革新精神彰显出新的时代光芒。这种在守成中革新、在创新中发展的思想文化传统，值得我们今天认真总结并汲取经验。

---

① 李宗桂：《试论中国优秀传统文化的评价标准》，《社会科学战线》2017 年第 8 期。

"天下一家，中国一人"思想诠释

韩 星

摘 要："天下一家，中国一人"就是由"天下为家"经过礼治、以血缘亲情为基础，又超越了"家天下"而达到"天下为公"的"官天下"的理想社会。孔子、孟子、荀子对此多有阐述。秦汉以后"家天下"与"公天下"二者的博弈与和合贯穿中国古代历史。后儒不断阐释和发展"天下一家，中国一人"。隋唐皇帝的"天下一家"主要表现为"华夷一家"。宋代士大夫有强烈的士人与皇帝共治天下的意识，把这一思想发展到一个新的高度。康有为、孙中山在中西古今文化冲突的时代背景下对儒家大同思想进行近代转换。"天下一家，中国一人"以血缘亲情为基础，体现了有机整体性、道德精神和人文精神。

关键词： 天下一家 中国一人 儒家

作 者： 韩星，中国人民大学国学院教授，博士生导师。

一 "天下一家，中国一人"的思想内涵

"天下一家，中国一人"见于《礼记·礼运》："故圣人耐以天下为一家，以中国为一人者，非意之也，必知其情，辟于其义，明于其利，达于其患，然后能为之。何谓人情？喜、怒、哀、惧、爱、恶、欲，七者弗学而能。何谓人义？父慈、子孝、兄良、弟弟、夫义、妇听、长惠、幼顺、君仁、臣忠，十者谓之人义。讲信脩睦，谓之人利，争夺相杀，谓之人患。故圣人之所以治人七情，脩十义，讲信脩睦，尚辞让，去争夺，舍礼何以治之？"孔颖达疏说："此孔子说圣人所能以天下和合共为一家，能以中国共为一人者，问其所能致之意。'非意之也'者，释其能致之理，所以能致者，非是以意测度谋虑而已，须知其诸事，谓以下之事。'必知其情'者，谓必知民之情也，则下文

33

七情是也。'辟于其义'者，谓开辟其义以教之，则下文'父慈、子孝'十者之类是也。'明于其利'者，谓显明利事以安之，则下文'讲信脩睦'是也。'达于其患'者，谓晓达其祸患而防护之，则下文'争夺相杀'是也。'然后能为之'者，圣人必知此情义利患，然后能使天下为一家，中国为一人，皆感义怀德而归之。"圣人能以天下和合共为一家，能以中国共为一人不是一种臆想，而是可以通过实实在在的治人七情（喜、怒、哀、惧、爱、恶、欲七情），脩十义（父慈、子孝、兄良、弟弟、夫义、妇听、长惠、幼顺、君仁、臣忠十义），讲信修睦，崇尚辞让，避免争夺，使天下人感义怀德，众望所归来实现。而这一切都要落实在礼治上，舍礼怎么能够治理呢？而礼治则是小康社会的治理之道，《礼记·礼运》提出了大同、小康之分：

> 大道之行也，天下为公。选贤与能，讲信修睦。故人不独亲其亲，不独子其子。使老有所终，壮有所用，幼有所长。鳏寡孤独废疾者，皆有所养。男有分，女有归。货恶其弃于地也，不必藏于己。力恶其不出于身也，不必为己。是故谋闭而不兴，盗窃乱贼而不作。故外户而不闭。是谓大同。今大道既隐，天下为家，各亲其亲，各子其子，货力为己，大人世及以为礼，域郭沟池以为固，礼义以为纪，以正君臣，以笃父子，以睦兄弟，以和夫妇，以设制度，以立田里，以贤勇知，以功为己。故谋用是作，而兵由此起。禹、汤、文、武、成王、周公由此其选也。此六君子者，未有不谨于礼者也。以著其义，以考其信，著有过，刑仁讲让，示民有常，如有不由此者，在埶者去，众以为殃。是谓小康。

对于于"天下为公"，郑玄解释说："公犹共也。禅位授圣，不家之。"元人陈澔说："天下为公，言不以天下之大，私其子孙，而与天下之贤圣公共之。如尧授舜，舜授禹，但有贤能可选，即授之矣。"[1]"天下为公"主要是指禅让而言。另《大戴礼记·五帝德》中宰我向孔子请教五帝的问题，孔子提到了黄帝、颛顼、帝喾、帝尧、帝舜和大禹，其中前面五位以"帝"号称，而把大禹放在五帝以下的禹、汤、文、武、周公之中。这样看来，大同是上古大道之行、天下为公的社会，对应的时代是五帝之世，对应的人物是传说

---

[1] 陈皓：《礼记集说》，中国书店，1994，第185页。

中的黄帝、颛顼、帝喾、帝尧、帝舜，是儒家最高的政治理想；而小康是由大同社会退化而成的大道既隐、天下为家的社会，其治理方式礼治，其对应的时代是三代之世，对应人物是禹、汤、文、武、成王、周公，是儒家次高的政治理想。"天下为公"主要是就禅让而言，指不把天下作为私产私相授受，同时它还蕴涵着"天下一家"的社会理想。另外，五帝实行禅让制度，也被称为"官天下"；到禹时君位传给儿子，称为"家天下"。关于"官天下"和"家天下"，《汉书·盖宽饶传》中说："五帝官天下，三王家天下，家以传子，官以传贤。"《说苑·至公》："博士鲍白令之对秦始皇曰：'天下官则让贤，天下家则世断，故五帝以天下为官，三王以天下为家。'"因此，可以认为由"天下为公"到"天下为家"，即由"官天下"到"家天下"是中国上古政治的一个重大变革。"天下为公"的"官天下"精神后来为儒家传承发展，成为秦汉以后儒家道统的基本内涵之一，与封建帝王"家天下"的关系就显得比较微妙：既有相容乃至合作的一面，也有相悖甚至抗衡的一面。"天下为公"始终是儒家的理想，儒家从来没有放弃，但是，儒家是怀抱理想的现实主义者，他不放弃理想，却也具有现实精神。一般情况下，当帝王能够超越"家天下"而具有"官天下"精神的时候，儒家会支持"家天下"；当"家天下"局限于一人一家而与"官天下"相背离时，儒家会反对"家天下"。但是，儒家一般所采取的方式是非暴力的渐进式，在一般常态下，出于关注民生、体恤百姓，以及天下安定的考虑，儒家总是试图通过对上说服、抗议、直谏、教育等方式将尽量将"家天下"纳入"官天下"的轨道；而在特殊情况下，当家天下无可救药，积重难返，"家天下"与"官天下"背道而驰时，儒家并不反对改朝换代，甚至赞同汤武革命。"天下一家，中国一人"就是由"天下为家"经过礼治，以血缘亲情为基础又"不独亲其亲，不独子其子"，超越了"家天下"而达到"天下为公"的"官天下"的理想社会。

二 "天下一家，中国一人"的思想发展

《论语·颜渊》载司马牛忧曰："人皆有兄弟，我独亡。"子夏曰："……四海之内，皆兄弟也。君子何患乎无兄弟也？""四海之内皆兄弟也"就是《礼记·礼运》"不独亲其亲，不独子其子"的意思。这句话是有来历的，远

古中国人认为自己居住在"四海"的中央，称四周天下为"四海。作为《论语》里一句经典的语录，它是儒家一个很高境界的政治理想。这一句经典语录把中国人以血脉为经，以文化为脉织起了一张富有人情味的网络，以一种特殊的方式传达一个声音：世界无论多大，其实就是一个大家庭，而我们每一个生命的个体彼此为兄弟姐妹，这也可以说是"天下一家，中国一人"通俗表达。

《孟子·梁惠王上》云："老吾老以及人之老，幼吾幼以及人之幼，天下可运于掌。《诗》云：'刑于寡妻，至于兄弟，以御于家邦'，言举斯心加诸彼而已。故推恩足以保四海，不推恩无以保妻子。"儒家的仁爱是从亲情出发的，以亲情为基础，推而广之，扩而大之，把这种对自己的亲人的爱心施加于普遍的社会对象身上。这不但对于普通老百姓是必要的，对于君王更是这样。君王要治国平天下，就要能够亲亲仁民，仁民爱物。由近及远，由小而大，由私而公地推广儒家的仁爱。孟子把这种"仁爱"的推衍称为"推恩"，赵岐注云："善推其心所好恶，以安四海也"，孙奭疏云："孟子言为君者但能推其恩惠，故足以安四海，苟不推恩惠，虽妻子亦不能安之"[①]，孟子希望君王通过这种"推恩"安四海之民，现天下一家的大同之境。

荀子也多次提出"四海一家"："四海之内若一家，故近者不隐其能，远者不集其劳，无幽闲隐僻之国，莫不趋使而安乐之。"（《荀子·王制》）"近者歌讴而乐之，远者竭蹶而趋之，四海之内若一家，通达之属莫不从服，夫是之谓人师。"（《荀子·儒效》）"四海之内若一家"是荀子对儒家"天下一家"理想的独特表达。荀子处于战国末期，天下出现了统一的趋势，但是现实人们的生存状况实际上更为险恶。荀子的思想就是适应这种统一的历史趋势，提出了许多重建社会秩序的的设想，"四海之内若一家"就是其中的富有理想色彩的一个重要观点，与《论语》子夏提出的"四海之内皆兄弟也"也是一脉相通的。

先秦儒家的这些政治理想由于分裂战乱没有实现的机会，秦汉以后的皇权政治又由于"家天下"观念为主导，难以实现。秦王政二十六年（前221）灭六国，完成统一中国大业，建立起一个以汉族为主体统一的中央集权的强大帝国，结束了贵族王侯专政的王国时代，进入了君主制的帝国时代。他以

---

① （清）阮元：《十三经注疏》下册，中华书局，1980，第2670、2672页。

王号不足以显其业，乃称皇帝。秦始皇在纪功石上刻着："六合之内，皇帝之土"（《琅邪刻石》）；"乃今皇帝，壹家天下"（《绎山刻石》），这种将天下占为己有的"家天下"为秦汉以后历代皇帝的基本观念。但秦"二世而亡"的教训，毕竟使他们有所忌惮，不得不同时接受"天下非一人之天下，乃天下人之天下（《吕氏春秋·孟春纪·贵公》）的"公天下"观念，但二者的博弈与和合贯穿于中国古代历史。有作为的帝王大都有"天下一家"的理想的，如汉高祖统一全国后说："今吾以天之灵，贤士大夫，定有天下，以为一家"（《汉书·高祖纪》），乾隆在《命正经界杜争端》的上谕中说到："朕以天下为一家，而州县官各膺子民之责，亦当体朕之心以为心。"雍正皇帝还写出了"惟以一人治天下，岂为天下奉一人"的明联挂在乾清宫。但大多数帝王都"内多欲而外施仁义"，实行的是汉宣帝说的"霸王道杂之"，以"天下一家"来包装"天下为家"，使得朱熹愤激而言道："千五百年之间正坐如此，所以只是架漏牵补过了时日。其间虽或不无小康，而尧、舜、三王、周公、孔子所传之道，未尝一日得行于天地之间也！"①朱熹认为，汉唐以后周公、孔子所传承王道政治没有得到落实，更别说天下为公的大同理想了。

春秋公羊学以"三世说"来诠释"天下一家，中国一人"的大同理想。孔子作《春秋》所记242年历史中，有"所见世、所闻世、所传闻世"，因而用辞有亲疏抑扬之异。孔子将这种历史演进观念寄予在鲁国历史演进之中，是因为太平大同之世是"大道之行，天下为公"的社会，尽管三代以降进入了天下为家，大道即隐，但大道只是"隐"，并非不存在。鲁国是保存礼乐文明最好的诸侯国，大道就隐藏在鲁国。大道虽隐而存，但会向大道之行、天下为公的方向发展。西汉大儒董仲舒将这一说法加以发展，在《春秋繁露·楚庄王》中说："《春秋》分十二世以为三等：有见、有闻、有传闻。有见三世，有闻四世，有传闻五世。故哀、定、昭，君子之有见也；襄、成、文、宣，君子之所闻也；僖、闵、庄、桓、隐，君子之所传闻也。所见六十一年，所闻八十五年，所传闻九十六年。于所见微其辞，于所闻痛其祸，于传闻杀其恩，于情俱也。"②所见世，当事人或其近亲都在世，容易招祸，记事忌讳多，故用词隐晦；所闻世，对于事件造成的祸害感受真切，故记载明确详细；

---

① （宋）朱熹：《答陈同甫第六书》，《朱文公文集》卷三十六。
② 钟肇鹏主编《春秋繁露校释》，河北人民出版社，2005，第29页。

所传闻世，恩惠和感情都已减弱，故记载简略。在这个基础上形成了他的
"张三世"的变易观。到了东汉，何休注《春秋公羊传》时，将"三世"说进
一步发挥成"所见者，谓昭定哀，己与父时事也；所闻者，谓文宣成襄，王父
时事也；所传闻者，谓隐桓庄闵僖，高祖曾祖时事也。……于所传闻之世，
见治起于衰乱之中，用心尚麤觕，故内其国而外诸夏；……于所闻之世，见
治升平，内诸夏而外夷狄；……至所见之世，著治太平，夷狄进至王爵，天
下远近大小若一，用心尤深而祥，故崇仁义"①。照何休的解释，孔子在删定
《春秋》时在记述"所传闻世"即鲁隐公至僖公五代国君之事时采用了衰乱
世的写法，在记述"所闻世"即文公至襄公四代国君之事时采用了升平世的
写法，在记述"所见世"即昭、定、哀三代国君之事时采用了太平世的写法。
何休认为，孔子通过对鲁国历史的三种不同记述方法，表明了历史发展过程
中有衰乱→升平→太平三大阶段，而历史发展的最终结果是进入太平世。到
了太平世，整个中国境内已经没有了国家和民族的界线，天下一家，仁义之
道大行。不过何休也承认就事实而言，鲁国历史与衰乱→升平→太平的发展
情况并不相符，并未按照王化一世比一世普及，德治一世比一世施行好，一
世比一世治的历史逻辑发展。特别是定、哀之间，远未达到太平世，只是
"文致太平"："《春秋》定、哀之间，文致太平，欲见王者治定，无所复为
讥，唯有二名，故讥之，此《春秋》之制也。"② 贾公彦疏云："《春秋》定、
哀之间，文致太平者，实不太平，但作太平文而已，故曰文致太平。"③ 因此，
"何休的确不是在准确忠实地记载历史事实本身，而不过是假托鲁史表达自己
的历史演进观念"④。对于怎样实现太平，何休提出以公平为基础的均田制，
人们互相之间做到互通有无，互相周济，并形成共同的风俗习惯。在他设想
的太平社会，虽然还有天子、司空、里正等官员存在，但这些官员并不享受
特权，显然太平世是何休对于国家和社会的理想化表述。皮锡瑞进一步结合
公羊三世说，对夷夏和远近问题做了一个整合性的解释。他认为以前之所以有
夷夏观念，原因在于时代发展的局限，在升平世的时候，世界还未进入大同世
界。因此，种族之间的不平等还未消除，而进入大同世界之后，天下为一家，

---

① （汉）何休：《春秋公羊经传解诂》第一册，北京图书馆出版社，2003，第 6 页。
② （清）阮元：《十三经注疏》下册，中华书局，1980，第 2339 页。
③ （清）阮元：《十三经注疏》下册，中华书局，1980，第 2339 页。
④ 黄朴民：《何休历史哲学理论探析》，《求是学刊》1999 年第 1 期。

中国为一人，那么种族问题自然解决了。他说："圣人心同天地，以天下为一家，中国为一人，必无因其种族不同而有歧视之意。而升平世不能不外狄夷者，其时世界程度尚未进于太平，……王化自近及远，由其国而诸夏而狄夷，以渐进于大同，正如由修身而齐家而治国，以渐至平天下。"①

经过东晋十六国南北朝以来的民族融合，隋唐皇帝的"天下一家"主要表现为"华夷一家"。隋朝建立后，隋文帝杨坚便以天下一家为己任，《隋书·突厥传》载隋炀帝语曰："今四海既清，与一家无异，朕皆欲存养。"唐贞观七年（公元633年），太宗李世民曾陪同已经禅位的父亲高祖李渊欢宴三品以上官吏。突厥颉利可汗在宴会上即兴起舞，南越酋长冯智戴临场咏诗，呈现出各民族亲如一家的欢乐气氛。李渊高兴地说："胡、越一家，自古未有也"②。唐太宗提出德泽加四海，使华夏夷狄如一家："夷狄亦人耳，其情与中夏不殊。人主患德泽不加，不必猜忌异类。盖德泽洽，四夷可使如一家。"③"自古皆贵中华，贱夷狄，朕独爱之如一。"④ 唐文宗也提出了"海内四极，惟唐旧封；天下一家，与我同轨"⑤ 的思想。这是很博大的胸怀和气度，甚至影响到了少数民族，吐蕃赞普尺带珠丹上书给唐中宗认为藏汉"和同为一家"（《旧唐书·吐蕃传》）。

宋朝文弱，常被强大的少数民族侵扰，但仍以中华正统自居。司马光对宋的积贫积弱多有忧患，他说："窃以为苟不能使九州合为一统，皆有天子之名而无其实也。"⑥ 正表明了他对所处时代的危机感。正因为如此，宋代士大夫有强烈的士人与皇帝共治天下的意识，程颢程颐兄弟供职于朝廷时，致力于"引君当道"，使"天下享尧舜之治"。程颢曾上《论王霸之辨》云："惟陛下稽先圣之学，察人事之理，知尧舜之道备于己，返身而诚之，推之以及四海，择同心一德之臣，与之共成天下之务。"⑦ 程颐说："人君当与天下大同，而独私一人，非君道也。"⑧ 君主应当与天下人共有大同世界，而如果独

① 皮锡瑞：《经学通论》，中华书局，1954，第9页。
② （宋）司马光编著《资治通鉴》下，上海古籍出版社，1987，第1301页。
③ （宋）司马光编著《资治通鉴》下，上海古籍出版社，1987，第1315页。
④ （宋）司马光编著《资治通鉴》下，上海古籍出版社，1987，第1322页。
⑤ 《全唐文》卷七十五《册九姓回鹘爱登里罗汩没施合句禄毗伽彰信可汗文》。
⑥ （宋）司马光编著《资治通鉴》上，上海古籍出版社，1987，第460页。
⑦ 《二程集》上，中华书局，1981，第451页。
⑧ 《周易程氏传》卷一，《二程集》下，中华书局，1981，第767页。

自占有天下一家一姓的私产，那不是为君之道。程颐任崇政殿说书时，目的就是希望太皇太后"心存至公，躬行大道，开纳忠言，委用耆德，不止维持大业，直欲兴致太平"，"惟欲主上德如尧、舜，异日天下享尧、舜之治"①。理学宗师从道的高度对君主提出了与天下人共有大同世界的要求。

张载的《西铭》反映了张载试图通过重建儒家以仁为核心的价值体系，来整顿社会道德、稳定社会秩序的愿望。《西铭》说："乾称父，坤称母；予兹藐焉，乃混然中处。故天地之塞，吾其体；天地之帅，吾其性。民吾同胞，物吾与也。大君者，吾父母宗子；其大臣，宗子之家相也。尊高年，所以长其长；慈孤弱，所以幼其幼。圣其合德，贤其秀也。凡天下疲癃残疾、惸独鳏寡，皆吾兄弟之颠连而无告者也。"天地是人的父母，人是天地所生，很藐小，和万物一样生存于天地之间。这样，充塞天地之间的阴阳之气构成我的形色之体；而引领统率天地万物流行化运的天地之常理也就是我的本性。他把天地比作父母，认为人生于天地之间，自应把万民看作同胞兄弟，把万物视为同伴和朋友。在他所设想的社会里，君主是与我同家族的嫡长子，大臣是嫡长子的管家。尊重老人，是为了在社会上形成尊重年长人的风气；慈爱孤儿幼弱，是为了在社会上形成爱抚年幼之人的风气。圣人与天地德性相合为一，贤人是集合了天地的灵秀而产生的。凡是天下残疾孤苦、无处申告的人，都是我的受苦受难的兄弟姐妹。这样人与天地万物痛痒相关、休戚与共，人与人相亲相爱，和睦相处，构成一种和谐共生的关系。《西铭》将家庭秩序扩展为社会秩序，乃至宇宙秩序，最终实现宇宙秩序、社会秩序与家庭秩序的浑然一体。朱熹对《西铭》评价极高，《西铭解义》云："一统而万殊，则虽天下一家，中国一人，而不流于兼爱之弊；万殊而一贯，则虽亲疏异情，贵贱异等，而不牿于为我之私。此《西铭》之大指也……观其推亲亲之厚以大无我之公，用事亲之诚以明事天之道，盖无适而非所谓分殊而推理一也，夫岂专以民吾同胞，长长幼幼为理一，而必默识于言意之表，然后知其分之殊哉！"朱熹在此将"理一分殊"与《西铭》表现的"民胞物与"的思想联系起来，使"理一分殊"伦理化。在"亲疏异情，贵贱异等"的社会条件下，他努力寻求既不"流于兼爱"，又"不牿于为我之私"的"大公"的人际关系和理想社会。这样，就既能克服墨家兼爱之弊，又能突破儒家亲亲为

---

① 《二程集》上，中华书局，1981，第542页。

本的家庭伦理的局限，这是符合孔子中庸之道的。朱熹进一步主张"推亲亲之厚以大无我之公"，要求人们推"亲亲之厚"即浓郁的亲情于大众，进而迈入"大无我之公"的开阔、高超的思想境界，这是实现天下一家，中国一人的大同理想所必须的。《宋元学案》引薛文清曰："读《西铭》，有天下为一家，中国为一人之气象。"① 这不但是对张载《西铭》主旨的很好揭示，也宋儒对大同理想的普遍表达。

王阳明《传习录中·答顾东桥书》指出："唐、虞、三代之世………天下之人熙熙皞皞，皆相视如一家之亲。其才质之下者，则安其农、工、商、贾之分，各勤其业，以相生相养，而无有乎希高慕外之心。"在王阳明看来，尧舜三代盛世的根本原因是社会风气相当淳朴，人们凭自己本来所共有的本心生活着。圣人以道德教化治理社会，人们孝敬父母，尊敬兄长，诚实交友，官吏根据自己的德性和才能任职用事，他们能够同心同德，一心为老百姓和天下的长治久安考虑，兢兢业业，任劳任怨，整个天下就像一家人一样。王阳明在《大学问》中从心的仁本体上说明："大人者能以天地万物为一体者也。其视天下犹一家，中国犹一人焉。若夫间形骸而分尔我者，小人矣。大人之能以天地万物为一体也，非意之也，其心之仁本若是，其与天地万物而为一也。"大人能够突破自己私心局限，以天地万物为一体，视天下犹如一家，中国犹如一人；而小人之心有私欲之蔽，不能冲破自己的私心制约。显然，作为最高的人格理想和生命成就，大人不局限在形骸及家庭之私，而且也不限于国家民族之公。这以是"天下一体之仁"来诠释"天下一家，中国一人"，是以仁心为本实现人与人、人与社会、人与天地万物和谐一体的理想境界，不仅超越自我主义、裙带关系、狭隘思想、种族中心主义、大国沙文主义，而且超越世俗人文主义和人类中心主义，把"天下一家，中国一人"发展到一个新的高度。

康有为确在《礼运注》中把《春秋》三世说融会进来，"大道者何？人理至公，太平世大同之道也。三代之英，升平世小康之道也。孔子生据乱世，而志则常在太平世。必进化至大同，乃孚素志，至不得已，亦为小康。而皆不逮，此所由顾生民而兴哀也。"② 说明历史进化是从据乱世经升平世（即

---

① （清）黄宗羲原著，全祖望补修：《宋元学案》第一册，中华书局，1986，第776页。
② 康有为：《孟子微 中庸注 礼运注》，中华书局，1987，第239页。

"小康"社会）到达太平世（即"大同"社会）。孔子虽然生于据乱世，而理想则在太平世，"天下大同"是孔子理想社会的终极目标，但没有始终条件实现。他注《礼运》"圣人耐以天下为一家，以中国为一人"云："圣人，能统一天下如一家子弟臣妾，混合中国如一人之心腹手足，盖非徒有意志而已，盖有道矣。"① 圣人能使天下像一家人一样子弟臣妾和睦相处，使中国像一个人心腹手足浑然一体是合乎大道的。康有为继承发挥了中国传统儒家的大同理想，吸收近代资产阶级的思想和制度，在《大同书》中揭发了人世间由于不平等而产生的种种苦难和悲惨，提出去"九界"：国界、级界、种界、形界、家界、产界、乱界、类界、苦界，这样人类才能从"据乱世"进入"升平世"，最后实现"太平世"即"大同世"，过上自由、平等、和平、民主的幸福生活。

孙中山继承了儒家天下为公的大同思想，他说："从前是一人做皇帝，现在四万万人作主，就是四万万人做皇帝，虽然没有见过，但是老早便有这种理想。譬如孔子说：'天下为公'。又有人说：'天下者，是天下人之天下也'，就是这个理想。我们革命是实行三民主义，也就是这个思想。"② 1921年11月在《梧州对国民党员的演说》中讲："吾党之三民主义，即民族、民权、民生三种。此三种主义之内容，亦可谓之民有、民治、民享，与自由、平等、博爱无异，故所向有功……质而言之，民有即民族也。天下者，天下人之天下，非一、二族所可独占。民权即民治也。从前之天下，在专制时代则以官僚武人治之，本总理则谓人人皆应有治之之责，亦应负治之之责，故余极主张以民治天下。民生即民享也。天下既为人人所共有，则天下之利权，自当为天下人民所共享。"③ 这里，孙中山吸收了西方民有、民治、民享与自由、平等、博爱的思想来阐发"天下为公"的理想。在《三民主义·民族主义》中他说："我们要将来能够治国平天下，便先要恢复民族主义和民族地位。用固有的道德和平做基础，去统一世界，成一个大同之治。这便是我们四万万人的大责任。"④ 这显然是在寻求民族独立、平等前提下以中国传统道

---

① 康有为：《孟子微 中庸注 礼运注》，中华书局，1987，第251页。

② 孙中山：《在广州农民联欢会的讲话》（1924年7月28日），《孙中山全集》第十卷，中华书局，1984，第461页。

③ 《孙中山全集》第五卷，中华书局，1984，第628页。

④ 孙中山：《三民主义·民族主义》，《孙中山选集》，人民出版社，1981，第691页。

德为基础推动世界大同的思路，这就突破了中国古代"天下一家，中国一人"的模式，揭示了全球化时代人类实现大同的历史趋势。

三 "天下一家，中国一人"的思想特征

（一）"天下一家，中国一人"以血缘亲情为基础

"天下一家，中国一人"是一种以血缘亲情为基础，以同心圆层层推衍的方式形成的多元复合认同模式。

以血缘宗法为基础来构建超越血缘而又具有血缘亲情的命运共同体，周人"封建亲戚，以藩屏周"，就是按照家庭－家族结构来构建天下体系的。周初建国时大量分封同姓（姬姓）为诸侯国，《左传·昭公二十八年》载："昔武王克商，光有天下，其兄弟之国者十有五人，姬姓之国者四十人，皆举亲也。夫举无他，唯善所在，亲疏一也"，而其余非姬姓的也以亲亲的原则，即按照血缘关系的亲疏远近推扩，以礼制来处理天下各诸侯国之间的关系，形成了天下一家的命运共同体。钱穆先生据此认为："故推极西周封建制度之极致，必当达于天下一家，中国一人。太平大同之理想，皆由此启其端。故论周公制礼作乐之最一深义，其实即是个人道德之确立，而同时又即是天下观念之确也。"①

《公羊传·成公十五年》："王者欲一乎天下，曷为以外内之辞言之？言自近者始也。"而"自近者始"何休注云："明当先正京师，乃正诸夏。诸夏正，乃正夷狄，以渐治之"也。意思是，圣王要做到天下大同，要从近处着手，"怀近柔远"，善待国人，优遇百姓，是"勤远略"的基础。"天下一家"意味着从"家"的血缘亲情来出发建立温情脉脉的天下秩序。

（二）"天下一家，中国一人"的有机整体性

"天下一家，中国一人"的有机整体性。有机性体现在"人"是生命体，而"家"是由具有血缘亲情的人构成的更大的"生命体"；整体性体现在"一"上。儒家讲"一"着重于天下统一。孟子认为只有仁道、王道可以使天下"定于一"："卒然问曰：'天下恶乎定？'吾对曰：'定于一。''孰能一

---

① 钱穆：《周公与中国文化》，《中国学术思想史论丛》卷一，安徽教育出版社，2004，第86页。

之?'对曰:'不嗜杀人者能一之。'"（孟子梁惠王上:）；荀子认为谁能够实施以仁义礼法为内容的"王者之政"就能够"一天下"（《荀子·王霸》），乃至"四海之内若一家"（《荀子·议兵》），实现"遐迩一体，中外提福"（《汉书·司马相如传》）的理想社会。《礼记·淄衣》还有这样的表述："民以君为心，君以民为体。心庄则体舒，心肃则容敬。心好之，身必安之；君好之，民必欲之。心以体全，亦以体伤，君以民存，亦以民亡。"君民被理解为心与身的关系，身心即是人的生命的整体，只要在上者为明君贤相，在下者为良善的百姓，整个社会就会像一个由许多器官构成的、功能良好的生命有机体。在董仲舒的有机宇宙论系统中，人与天地共同构成了一个生命体，"天地人，万物之本也，……三者相为手足，合以成体，不可一无也。"（《春秋繁露·立元神》）"《传》曰：天生之，地载之，圣人教之。君者民之心也，民者君之体也。心之所好，体必安之，君之所好，民必从之。"（《春秋繁露·为人者天》）后来荀悦《申鉴·政体》就说得更完备了："自天子达于庶人，好恶哀乐，其修一也。丰约劳佚，各有其制，上足以备礼，下足以备乐，夫是谓大道。天下国家一体也，君为元首，臣为股肱，民为手足。下有忧民，则上不尽乐；下有饥民，则上不备膳；下有寒民，则上不具服，徒跣而垂旒，非礼也。故足寒伤心，民寒伤国。"天下国家是一个生命体，君为元首，臣为股肱，民为手足，老百姓日子不好过，在上者也难以安乐。人的脚底受寒，容易惹病上身；百姓贫困，容易导致国力衰退。因为民为国之本。

（三）"天下一家，中国一人"的道德精神

"天下一家，中国一人"是以礼制维持，靠礼治推行，而道德是其内在精神。王国维指出："殷、周之兴亡，乃有德与无德之兴亡；故克殷之后，尤兢兢以德治为务。"[1] 周公制礼作乐，"其旨则在纳上下于道德，而合天子、诸侯、卿、大夫、士、庶民以成一道德之团体。周公制作之本意，实在于此。""周之制度典礼，实皆为道德而设……制度典礼，乃道德之器械，而尊尊、亲亲、贤贤、男女有别四者之结体也。此之谓民彝。"[2] 对此，侯外庐说周代的道德观念"从其制度中反映出来"[3]，这是很精辟的论断。就是说，周人是将

---

① 王国维:《殷周制度论》《观堂集林》第二册，中华书局，1959，第454、477页。
② 王国维:《殷周制度论》《观堂集林》第二册，中华书局，1959，第454、477页。
③ 侯外庐:《中国思想通史》第1卷，人民出版社，1957，第4页。

制度与道德融为一体的。在周人看来，制度体现着道德，道德规范着制度，两者合二而一。"德"在西周初年实际上并不完全是道德之"德"，而从某个方面看，可谓是"制度之德"。当时，人们所理解的"德"在很大的程度上源自于制度，源自于礼的规范。[①]

孔子"仁"最近的源头是西周，是对周人"德"的继承和发展，后来成为儒家核心之核心的价值观[②]，孔子立志复兴周代的礼乐文明："周鉴于二代，郁郁乎文哉，吾从周。"（《论语·八佾》）但在孔子时代，礼崩乐坏，礼乐流于具文，失去了内在的精神。孔子说："人而不仁，如礼何？人而不仁，如乐何！"（《论语·八佾》）礼乐之中，如果抽去了"仁"的精义，便没有什么有价值的东西了。这样，便"仁"是礼乐文化的实质内容，是人之为人的必然要求。离开了"仁"，礼乐就成了没有任何意义的并异化于人的具文。也就是说，他一方面复兴西周礼制，另一方面传承西周道德，只不过他把"德"创造性地转化为"仁"。

孔子的"仁"受西周德治思想的启发，把"仁"作为实现德治的一个必要条件，把德治思想从天命的敬德落实到人本的仁治，更新了德治的含义。如有学人说："孔子的德治思想来源于周公。周公在《康诰》里教导康叔治理殷民原则就是'明德慎罚'四个大字。"而"德治的实质就是仁治"[③]。然而，仁治毕竟与西周的德治有区别，区别就是：德治是把民当作臣民来恩惠，仁治则是把民当作人来爱待。正是在这个意义上，孔子认为春秋时人们尽管对德多有议论，但"知德者鲜矣"（《论语·卫灵公》）。只有他，才从西周德治传统中升华出了"仁"作为新的德（道德之德）的基础。因此，只有把"仁"与"德"联系起来看，才能真正认识德。王国维曾论"仁"与"德"的关系说："孔子之仁，为包容其他一切诸德之普遍之德，即对己之德，与对家族及社会国家等之德，皆存于此中。但先以家族间之德为根本，然后渐推及社会国家。故以孝弟为本，而综合忠信义礼智等诸德，即普遍之仁。故仁为德之全称，其他不过其一部分而已。"[④]

孔子"仁"的基本内涵是"爱人"。孔子的学生樊迟向孔子请教什么是

---

① 晁福林：《先秦时期"德"观念的起源及其发展》，《中国社会科学》2005年第4期。

② 韩星：《儒家核心价值体系——"仁"的构建》，《哲学研究》2016年第10期。

③ 赵光贤：《论孔子学说中"仁"与"礼"的关系》，《北京师范大学学报》，1985年第1期。

④ 《王国维文集》第三卷，中国文史出版社，1997，第138页。

"仁"时，孔子回答说："爱人"（《论语·颜渊》）。儒家的仁爱是在承认亲疏远近、尊卑贵贱等级基础上的"等差之爱"，所以具有同心圆式的由近及远、推己及人、层层扩展的特点，孔子说："弟子入则孝，出则弟，谨而信，泛爱众，而亲仁。"（《论语·学而》）。孔子主张人们不仅要爱自己的父兄，而且要博爱大众、亲爱天下的仁人。这也就是要求人们要像爱自己的亲人一样爱天下所有的人，蕴含着天下一家、四海之内皆兄弟的意味。

孟子发展了孔子的"仁爱"思想，认为对待别人，要将心比心，推己及人，推人及于万物，提出"君子之于物也，爱之而弗仁；于民也，仁之而弗亲。亲亲而仁民，仁民而爱物"（《孟子·尽心上》）。一个人只有爱自己的亲人时，才有可能推及他人，去仁爱百姓；只有当仁爱百姓时，才有可能珍爱万物。

因此，儒家的"仁"是由自我为起点扩展到宇宙万物的，所以朱熹说："一事之仁，也是仁；仁及一家，也是仁；仁及一国，也是仁；仁及天下，也是仁。"[1] 仁爱可以从一事推广到万事，从一家推广到万家，从一国推广到天下，以实现天下归仁的理想境界。

列文森指出：在古代中国，"早期的'国'是一个权力体，与此相比较，天下则是一个价值体"[2]。这一价值体就是以"仁"为核心的价值体系，以同心圆的方式推广至普天之下，体现为人与人、人与社会、人与自然和谐共处、共生共荣、保和太和的理想状态。

（四）"天下一家，中国一人"的人文精神

孔子把思想的重点放在对"人"的研究上，把人从天命神学中解放出来，以"仁"作为他思想的中心，在中国思想史上首次系统地形成了一套人学思想体系，为中华文化的人文精神奠定了基础。郭沫若把孔子的"仁学"称为"人的发现"[3]，张岂之先生也认为，"《论语》中多处为'仁'规定界说，其特点是：'仁'不是以祖先神的崇拜为出发点，而是以人的理性为基点；不是以氏族群体为出发点，而是以个人修身为基点；不是以维护一方而牺牲另一

---

① 《朱子语类》卷三十三。
② 〔美〕列文森：《儒家中国及其现代命运》，郑大华译，中国社会科学出版社，2000，第84页。
③ 郭沫若：《十批判书》，《郭沫若全集》历史卷第二卷，人民出版社，1982，第91页。

方为出发点，而是力求照顾到人际双方的利益为基点。孔子将'仁'解释为'爱人'就显示了这样一些特点。"① 《论语·颜渊》中，颜渊问仁，子曰："克己复礼为仁。一日克己复礼，天下归仁焉。"孔子讲通过自我修养，使一切言行举止都合乎"礼"，这样内外兼修，天下的人就会赞许你为仁人了。可以看出，孔子标举的仁的境界很高，涵摄很广，但并不是虚悬在天上，而是要通过自我的不断修养，践行礼制，仁礼并建，相辅相成，互为支撑，在仁与礼的圆满统一中实现天下归仁的理想境界。正如程子所说："克己复礼，则事事皆仁，故曰天下归仁。"② "天下归仁"就是孔子以仁为核心价值观的社会理想。

仁为核心价值观构建的天下秩序当然是人文的、文明的秩序，"几千年来，所谓'天下'，并不是中国自以为'世界只有如此大'，而是以为，光天化日之下，只有同一人文的伦理秩序。中国自以为是这一文明的首善之区，文明之所寄托，于是'天下'是一个无远弗届的同心圆，一层一层地开化，推向未开化"③。

---

① 张岂之：《儒学·理学·实学·新学》，陕西人民出版社，1991，第 6 页。
② （宋）朱熹：《四书章句集注》，中华书局，1983，第 132 页。
③ 许倬云：《我者与他者：中国历史上的内外分际》，三联书店，2010，第 20 页。

多元文明反复汇聚与辐射

——中华文明的生成与传播特点

张　践

摘　要： 中华民族是古老而又常青的民族，在当今全球化的时代，为了给民族的发展创造良好的社会环境，需要进行充分的文化交流。因此需要正确认识中华文化生成和传播的特点，运用这些特点进行文明交流互鉴。根据历史的研究，从新石器时代华夏民族开始形成的时代起，反复的辐射与汇聚就是中华文明生成的特点，因而形成了中华文化开放性、包容性、融合性的基本特质，并决定了中华民族"多元一体"的政治结构和"多元通和"的文化结构。她既具有相对独立的主体性，又具有广大开放的包容性，因此立足于中华文化本位，充分吸收其他民族文化的优点是我们的文化自信，应当成为当代文明交流互鉴的指导思想。

关键词： 中华民族　文化传播　辐射　汇聚　文明互鉴

作　者： 张践，中国人民大学教授，国际儒学联合会教育传播普及委员会主任。

当今的世界由于全球化的进程，世界各国人民的交往空前增多，相互理解与信任不断加强。但是由于文明发展方式的差异，彼此之间也存在相当程度的隔阂，也引发了一些社会矛盾。为了解决这类问题，一个重要的方法就是增强各种文化之间的沟通与理解。为此习近平主席指出："要努力展示中华文化独特魅力。在5000多年文明发展进程中，中华民族创造了博大精深的灿烂文化，要使中华民族最基本的文化基因与当代文化相适应、与现代社会相协调，以人们喜闻乐见、具有广泛参与性的方式推广开来，把跨越时空、超越国度、富有永恒魅力、具有当代价值的文化精神弘扬起来，把继承传统优秀文化又弘扬时代精神、立足本国又面向世界的当代中国文化创新成果传播出去。"① 为了完成时代赋予我们促进中外文化交流的使命，研究中华文明形成与传播的历史具有非常重要的意义。

一　中华文明几次大的汇聚与辐射过程

中华文明属于人类历史最早产生的古老原生态文明，与埃及、印度、巴比伦并列为四大文明古国。在远古时代，中国境内就有分布广泛的人类活动。根据考古发掘，从旧石器时代的元谋遗址、蓝田遗址、北京人遗址、山顶洞人遗址等，到新石器时代的良渚遗址、仰韶遗址、河姆渡遗址、龙山遗址、红山遗址等，充分说明了中国先民在这片丰腴的土地上茁壮成长。根据考古学家的研究，中华文明不是由一个中心向外传播，更不是由西方传来的，"一元说的论点已被半个多世纪以来的考古发现所推倒，中华文明不是从黄河中下游单源扩散至四方，而是呈现多元区域性不平衡发展，又互相渗透，反复汇聚与辐射，最终形成为中华文明。"② 星罗棋布分布在中华大地上的各个文明区域又是如何相互联系的呢？它们之间如何交流互动推动中华文明的形成？中华文明形成之后又是与其他域外文明如何相互交流的呢？笔者认为陈连开关于文明传播是经过"反复汇聚与辐射"的路径研究，具有重要的指导意义。这种传播方式的研究不仅可以说明古代中华文明的生成，而且也可以指导今天中华文明在全球化时代的进一步发展。

1. 新石器时代至西周，华夏民族开始形成

中国新石器文化的开端至少要在距今 10000 年前，一般延续到前 2000 年左右。公元前 21 世纪，中国开始进入文明时代夏王朝。公元前 17 世纪至公元前 11 世纪，是中国历史上第二个王朝商。公元前 1046 年武王伐纣，以周代商，历史进入了西周时代，直到公元前 770 年周平王东迁，中国进入了春秋战国时代。这一历史时期是汉民族的前身华夏民族形成的时期。

近代以来中国的考古发掘取得很大收获，至少发现 7000 处以上的新石器时代的文化遗存。这些文化遗存分布在中华大地上，既具有独自的文化特点，又有密切的联系。以距离较大的东北红山文化、黄河中下游商周文化和江浙

---

① 习近平：《建设社会主义文化强国　着力提高国家文化软实力》，2013 年 12 月 30 日中共中央政治局第十二次集体学习上的讲话。

② 陈连开：《中华民族研究初探》，知识出版社，1994，第 93 ~ 96 页。

良渚文化为例，"红山文化的动物雕有龙、马、鸟、虎……均与商代玉器的主要题材相同，而良渚文化的玉器如玉璧、玉琮……显系两个系统。但良渚文化的玉器，同样在商周得到继承和发展，比如前边提到的玉璧和玉琮等成为西周祭天的礼器……这些因素可以说明：中华文明在黄河中下游发达，出现了中华最早的国家制度，青铜文化和文字制度，主要是黄河中下游两大系统新石器，同时也是其他诸多新石器文化内向汇聚的结晶"① 辽宁、内蒙古的红山文化遗址，黄河中下游的龙山文化遗址，浙江的良渚文化遗址远隔千里，但是在远古交通十分不发达的时代，其出土文物之间具有明显的类同性，说明其间存在着密切的关系，既有中原对四边的辐射，也有四方对中原的汇聚。正是在这种文化的交流中，黄河中下游逐渐形成了华夏文明的雏形。2018 年 5 月 28 日，国务院新闻办公室举行"中华文明起源与早期发展综合研究"成果发布会，用丰富的考古资料证明中华文明 5000 多年的历史，并最终在河南二里头汇聚为成熟的三代文明。

根据考古与文献的综合研究，华夏民族集团主体是由中国西部炎黄集团和东部的太皞、少皞集团组成。在"三皇五帝"时代，已经有了大量氏族之间征伐与联盟的历史记忆，并通过文明的交融开始形成第一个大的族群"华夏"。华夏民族恰好是与中国历史上第一个王朝——夏朝同步形成的，华夏民族之"夏"字因此而得。《尔雅·释诂》曰："夏，大也"。《尚书》注云："冕服采章曰华，大国曰夏。"（《尚书正义》卷 11，《武成》）在当时五大民族集团之中，夏族文明程度最高，服饰光华，国家强大，由此又有华夏之称。在人类文明发展的历史上，经常会出现这样的现象，文化程度最高的民族或地区，自然就会成为众多民族向往、汇聚的中心，所以"华夏，谓中国也。"（《尚书正义》卷 11，《武成》）

进入文明记载的夏商周三代，中原与四方的汇聚与辐射继续进行。代夏而兴的商王朝情况则比较复杂，按照他们自己的说法，其始祖名契，"契母曰简狄，有娀氏之女，为帝喾次妃。三人行浴，见玄鸟堕其卵，简狄取吞之，因孕生契。契长而佐禹治水有功……封于商。"（《史记·商本纪》）商朝祖先契的父亲是"五帝"之一的帝喾，属于华夏民族的主轴，但是其母简狄，则是"有娀氏之女"，其名称中"狄""娀"等字眼，表明她的非华夏身份。其

---

① 费孝通：《中华民族多元一体格局》，中央民族学院出版社，1989，第 135 页。

吞鸟卵而孕的故事，又与东方太皞集团崇拜鸟图腾有关。近代以来考古发掘发现，殷人的活动范围偏于东方，与传说中东方太皞、少皞集团活动领地相同，说明他们是华夏另一源头东夷集团的后人。以商代夏，是东方民族文化集团对中原的一次汇聚过程。

公元 11 世纪武王伐纣，以周代商，则是一次西部民族对中原的汇聚过程。在商朝周只是一个属国，受商文化影响很大。近代以来出土的岐山周原文化遗址，可以明显看到中原文化对其的影响。周人接受商人的龟甲占卜，祭祀商王的祖先。不过到了公刘之后，经过太王、季历、文王的经营，小小的岐周实力超过了大国殷，并最终在武王时代取而代之。周朝建立后，他们为自己编写族谱说自己原本是华夏正统出身，但是由于犯了错误"自窜于夷狄之间"。可是孟子却说："文王生于岐周，卒于毕郢，西夷之人也。"（《孟子·离娄下》）文王取胜其原因在于："地之相去也，千有余里，世之相后也，千有余岁，得志行乎中国，若合符节，先圣后圣，其揆一也。"（《孟子·离娄下》）显然以周代商，是一次西部文化对中原的强势汇聚，儒家学者认为，只要符合圣人的道统，都可以"得志行乎中国"。西周建国之后，经过周公"制礼作乐"，华夏民族的文化制度化、系统化，被牢牢地固定下来。

2. 春秋至秦汉华夏与夷狄交融，汉族形成

春秋以后，中原大地上由于铁器和牛耕的运用，开始了由从宗法血缘制度到地缘政治制度的过渡。生产力的发展，商品交换的发达，人员的流通，特别是大规模的兼并战争，迅速打破了华夏与夷、狄、蛮、戎之间的壁垒。从春秋到战国，由不同民族组成的国家急剧减少，而华夏民族的人口却在直线上升，这是中国历史上第一次民族大融合时期。另一方面，融合的过程又充满了民族间的激烈复杂的矛盾。一部《春秋》，华夏与四方民族间的战争史不绝笔。正如后人所说："周室既衰，四夷并侵，……及至幽王，犬戎来伐，杀幽王，取宗器。自是之后，南夷与北夷交侵，中国不绝如线。"（《汉书·韦贤传》）

激烈的民族冲突也正是华夏民族民族观的形成时期，孔子的民族观成为其代表。孔子的民族观主要包括"夷夏之辨""尊王攘夷"和"修文德以来之"三个方面，有力地促进了华夏民族与周边民族的文化交往。孔子将当时人们区分民族界限的心理、语言、礼俗、服饰等标志，概括为一个统一的文化标准：行周礼者为华夏，拒斥周礼者为夷狄。唐朝韩愈在《原道》中概括说："孔子之作《春秋》也，诸侯用夷礼则夷之，进于中国则中国之。"这种以文化而不是以血缘划分民族的理论，决定了华夏民族成分的开放性。春秋时代华夏民族正面临着北方游牧民族戎、狄的不断侵扰，孔子提出"尊王攘夷"包含了伸张民族大义、保卫文明成果的积极内容，成为后代千百年来中华民族抗击外来侵略的宝贵文化资源。而在和平时期，儒家主张"用夏变夷"。孔子认为民族之间虽然有文明程度的差异，但是不同民族的人性是相通的、平等的，可以和平地交流。"性相近也，习相远也"（《论语·阳货》），"忠恕"的原则也可以适用于民族关系上。"樊迟问仁，子曰：'居处恭，执事敬，与人忠，虽之夷狄，不可弃也。'"（《论语·子路》）"用夏变夷"的方法不是强硬的文化输出，而是做好自己的事情，吸引周边民族前来学习。"上好礼，则民莫敢不敬；上好义，则民莫敢不服；上好信，则民莫敢不用情。夫如是，则四方之民襁负其子而至矣。"（《论语·子路》）"四方之民"无疑是指华夏之外的夷狄之民，暴力镇压不会使他们心服，只能使他们远走他乡。"远人不服而不能来也，邦分崩离析而不能守也"（《论语·季氏》），是非常危险的。合理的方法是"故远人不服，则修文德以来之"（同上书），修明政治，宣教文德，用较高的物质生活水平和昌盛的文化礼仪感染、吸附少数民族，促进民族间的自然同化。

在孔子及轴心时代其他思想家的共同影响下，春秋战国时代虽然充斥着激烈的民族冲突与战争，但是民族之间文化的辐射汇聚仍然没有停止。其中一个代表是成都金沙遗址，出土的金器、玉器、铜器、石器与中原文化遗址中的十分近似。例如祭天使用的"苍璧"与祭地使用的"玉琮"，与中原出土的文物完全相同。尽管在金沙遗址中没有发现文字，但是这些礼器所含有的文化基因，与中原三代古代宗教的联系明显地显示出来。自古以来就有"蜀道难，难于上青天"之说，但是在金沙遗址中出土的文物既保留了古蜀国的文化特点，又受到商周时期青铜文化的影响，显然是中原文化辐射的结果。战国时期赵武灵王的"胡服骑射"，则是夷狄文化对中原文化汇聚的结果。赵武灵王看到胡人在军事、服饰方面有一些长处：穿窄袖短袄，生活起居和狩猎作战都比较方便；作战时用骑兵、弓箭，与中原的兵车、长矛相比，具有更大的灵活机动性。《史记》卷四十三《赵世家》记载："十九年正月，……遂下令易胡服，改兵制，习骑射"。从此赵国成为战国时期的军事强国，并引起了其他国家的效仿，说明华夏民族是一个善于学习的民族。

正是在华夏民族文化内部儒、道、墨、法诸家文化充分交流辩论，华夏民族与周边夷狄蛮戎诸民族充分的文化融合中，中国历史上出现了强大的秦王朝和汉王朝，华夏民族也开始变成了"秦人"或"汉族"。秦始皇"废封建，立郡县"，奠定了中华大帝国的政治基础。汉朝经过汉初的"与民休息"，七十年间积累了强大的国力，终于在汉武帝时代实行了"罢黜百家，独尊儒术"，确立了中华文化的主体结构。经过几十年抗击匈奴的战争，汉王朝消除了北方的军事威胁，也奠定了中国的基本版图。在抗击匈奴的战争中，为了联络西域诸国共同抗战，汉武帝派遣张骞出使西域。张骞的"凿空之旅"打通了中原与西域的交通，从此开拓了古代的丝绸之路。汉王朝在西域设立"安西都护府"，沿途设置驿站，为中西客商提供了安全和交通的方便，从此中外商旅不绝。丝绸之路不仅是一条经济之路，更是一条联系中外的文化之路。西域的核桃、葡萄、石榴、蚕豆、苜蓿等十几种植物，逐渐在中原栽培；大宛的汗血马在汉代非常著名，名曰"天马"，"使者相望于道以求之"；龟兹的乐曲和胡琴等乐器，丰富了汉族人民的文化生活。汉军在鄯善、车师等地屯田时使用地下相通的穿井术，习称"坎儿井"，在当地逐渐推广；那时大宛以西到安息国都不产丝，也不懂得铸铁器，后来汉的使臣和散兵把这些技术传了过去。中国蚕丝和冶铁术的西进，对促进当地文明的发展贡献甚大。可以说丝绸之路是一条辐射与汇聚双向交流的文化之路。

特别是在日后对中华文明产生重大影响的佛教，也是沿着丝绸之路进入中国。最早是西域诸国的使臣将佛教信仰告知中国人，其后汉明帝感梦，派使臣蔡愔、秦景等沿丝绸之路出使西域月氏国，抄录《四十二章经》，并请回了西域高僧摄摩腾和竺法兰，从此开始了佛教在中国的大规模传播。经过与儒、道文化的冲突与融合，唐朝以后，佛教完成了中国化进程，成为中国佛教，这是域外文化第一次大规模地汇聚于中原并影响中华文化性质的过程。

3. 魏晋至隋唐胡汉融合，汉民族发展壮大

魏晋至隋唐，是中国历史上第二次大规模的民族冲突与融合时期。东汉末年政治腐败、民不聊生，爆发了大规模农民起义，王朝失去了对于社会的控制能力，整个社会陷入了军阀割据混战的局势中。晋武帝取代曹魏建立短暂的统一政权，西晋政权又陷入了贵族政权的混乱之中。当中原政局动荡不定的时候，西北草原的少数民族匈奴、羯、氐、羌、鲜卑纷纷入主中原，在北方先后建立了十六个地方政权，史称"五胡乱华"，后来则是汉人与胡人对

峙的南北朝。汉人和胡人剧烈的民族冲突导致人民生活的巨大苦难，时人哀叹：宁为太平犬，不为乱世人。但是中国历史的独特之处在于，中国并没有像罗马帝国一样在"蛮族入侵"的打击下彻底瓦解，分化成很多民族，而是在一轮新的民族冲突之后却实现了一轮更大范围的民族融合。这一特点完全是由于中华文化开放性、包容性的特点决定的。而这一特点又是由孔子重文化、轻血缘的民族观造成的。正如陈寅恪先生所说："汉人与胡人之分别，在北朝时代文化较血统尤为重要，凡汉化之人即目为汉人，胡化之人即目为胡人，其血统如何，在所不论。"①

北方少数民族入主中原，是落后的草原游牧文明对先进的河流农耕文明的征服，为了巩固军事征服的成果，对政治、经济相对先进的民族实行统治，少数民族政权更需要用华夏传统宗教的礼仪来向臣民们表示自己政权的合法性。敬天、法祖、重社稷是华夏传统宗教的灵魂，每一个胡人政权成立，都是忙于建郊坛、立宗庙，修社稷。匈奴人刘渊第一个在北方建立后汉王朝，"永兴元年（304），元海乃为坛于南郊，僭即汉王位，……年号元熙，追尊刘禅为孝怀皇帝，立汉高祖以下三祖五宗神主而祭之"（《晋书·载记·刘元海》）。不仅祭祀华夏传统宗教中的昊天大帝，而且少数民族统治者大多还为自己编造一个与华夏圣王有关的族谱，以便从血缘上证明自己不自外于华夏正统。如匈奴族的刘渊，"新兴匈奴人，冒顿之后也，……初。汉高祖以宗女为公主，以妻冒顿，约为兄弟，故其子孙遂冒姓刘氏"（《晋书·载记·刘元海》）。羯人建立的后赵，氐人建立的前秦、后秦，匈奴人建立的大夏，鲜卑人建立的北魏等，都是采用这样一种文化认同战略。民族划分的标准有一条，就是对于共同祖先的认同。这种祖先不一定是血缘的，但一定是文化的。少数民族入主中原是一种域外文化的汇聚，他们立足之后采用的文化认同战略则又是一种辐射。在这种文化的双向交流互动中，少数民族吸收了中原的礼乐文明，提升了自己的文化水平，汉族则吸收了少数民族的开拓进取精神，两种文化元素凝聚成新的文明力量。

隋唐王朝的再度崛起，可以说就是魏晋南北朝农耕文化与游牧文化辐射与汇聚的结晶。在南北朝后期，普遍表现出北方的强大。而且隋、唐两个王

---

① 陈寅恪：《隋唐制度渊源略论稿唐代政治史述论稿》，生活·读书·新知三联书店，2001，第200页。

室本身还都有鲜卑的血统，他们都是汉族与鲜卑贵族通婚的后代。匈奴、鲜卑、羯、氐、羌等少数民族自觉融入汉族之中，为汉民族注入了孔武有力的生命活力。隋唐王朝抗击突厥、远征高丽，使中国获得了北方的边境安全。到了唐王朝的"贞元盛世"，首都长安成为世界首屈一指的国际大都市，沿着陆上丝绸之路和海上丝绸之路，大秦（欧洲）、大食（阿拉伯）、日本、新罗……世界的客商带来的不仅是物质文明的成果，更有祆教、景教、犹太教、摩尼教、伊斯兰教等世界性的宗教。在儒家"敬鬼神而远之"宗教观的指导下，隋唐政府对各种外国教徒给予了高度的礼遇，使这些外国宗教得以在中国落地生根。

隋唐时期不仅有外来文化对中原的汇聚，还有中原文化对外的辐射。隋唐高度发达的文明，吸引世界各国派遣遣唐使来华学习。儒家文化和中国佛教在这一时期传入了新罗、日本、越南等亚洲国家，形成日后所谓的"儒家文化圈"和"大乘佛教圈"，这是一轮大规模的文化辐射运动。唐代曾经与大食帝国发生了一次怛罗斯战争，中国战败后，一批工匠被俘虏，中国的造纸、印刷、指南针也就这样被动地传播到中东，并经过中东传入欧洲，成为促进西方近代资本主义发生的催化剂。

唐代文化对外辐射，在吐蕃产生了重大的历史影响。吐蕃第 26 代赞普松赞干布是一位具有卓越才能的政治家，在统一了吐蕃诸部之后，开始接触到唐王朝。据史书记载：他早就对中原的礼义文化心向往之，多次遣使携重金求婚。经过一番曲折，李世民决定将宗室女文成公主嫁给他。据史书记载，文成公主入藏时携带了大量经书、佛经、历法、医药书籍以及工匠、侍女，从而使儒学、佛教及酿酒、纸墨、碾硙及纺织技术传到了边疆。松赞干布亲自迎娶于河源，"执子婿之礼甚恭，既而叹大国服饰礼仪之美，俯仰有愧沮之色"（《旧唐书·吐蕃传上》）。归国后，他"自亦释毡裘，袭纨绮，渐慕华风。仍遣酋豪子弟，请入国学以习《诗》《书》"（《旧唐书·吐蕃传上》）。在学习汉文化的同时，吐蕃境内也出现了弘化佛教的运动，宗教史上一般把松赞干布迎娶文成公主定为佛教前弘期的开始。有趣的是，汉、藏两地关于唐蕃和婚的记载有不少差异。汉文史籍如《旧唐书》《新唐书》《资治通鉴》《唐会要》等，多记载带去了礼乐诗书，绝少提及佛经、佛像。而藏文史籍如《布顿佛教史》《青史》《西藏王臣记》等，则更多地记载了公主带去的佛经。显然，在文化交流的过程中，输出一方和输入一方对信息的理解并不完全一样。唐蕃合婚为汉藏两种民族构造了共同的文化基础，为西藏和平并入中国版图创造了根本性的条件。

4. 宋元明清时期的民族融合，奠定了中华民族的雏形

宋元明清的一千年，中国又进入了新一轮的民族冲突与融合时期。中国内部各民族之间，中国与外国文化之间，继续进行着文化的辐射与汇聚过程。宋代建国，始终没有收复被契丹人占领的"燕云十六州"。契丹人建立辽朝、西部党项人建立的西夏始终与汉人建立的宋朝相对立。北宋末年，女真人建立金朝占据了北方半壁江山，将汉人的南宋政权压缩到江南、湖广的狭小区域，其间汉文化与各少数民族文化进行了深刻的交流，最终促使契丹、女真、党项基本融入汉民族之中。随后不久，蒙古高原又兴起了成吉思汗领导的政权，建立了由少数民族为主导的全国性元王朝。元王朝依靠游牧民族的冲击性，开疆拓土，促使西藏并入中国版图，军事征服云南大理，奠定了近代中华民族版图的大部分。由于元朝统治经验不足，民族歧视政策过于明显，因此统治时间不长。明朝以"驱逐鞑虏，恢复中华"为号召登上历史舞台，恢复了汉族对中央王权的控制，并提出了"中华"的概念。不过明朝后期统治僵化腐败，内部阶级矛盾尖锐，外部民族矛盾剧烈，终于在农民起义和外族入侵的双重打击下灭亡了。关外的满族建立了中国最后一个封建政权，也是由少数民族建立的第二个全国性政权。作为一个入主中原的少数民族，满族认真学习汉族的统治经验，重用各民族的人才，使其统治成为历代王朝中比较成功的一个。

宋元明清既包括汉族文化对少数民族的辐射，也包括少数民族文化对汉族文化的汇聚。例如这一时期最为引人瞩目的大型文化工程，即各民族佛教大藏经的印刷出版。先是宋朝出版了《开宝藏》等五种版本的大藏经，后来其他民族以此为底本，先后出版了《契丹藏》《赵城金藏》，西夏国还翻译出版了西夏文的《大藏经》，成为十分宝贵的文物。为了获得大藏经的底本，西夏曾经五次派遣使臣"以马赎经"。宋王朝感到佛教有教化作用，有几次还退换了马匹，免费赠送大藏经一部。元朝翻译出版了蒙文大藏经《藩藏经》，清朝翻译出版了满文大藏经和藏文大藏经《甘珠尔》和《丹珠尔》，佛教文化成为连接中国各民族文化心理的重要因素，是中原文化对外辐射的重要象征。同时各少数民族入主中原，都非常重视对于汉文化主体儒学的学习。每一个朝代进入中原，帝王都会建郊社祭天，建祖庙祭祖，拜孔庙祭祀孔子，建太

学传播儒学，开科取士选拔统治人才。在这样一些文化建设活动中，他们也会将草原民族的一些传统文化特色带入其中。例如《辽史·礼志一》记载，辽朝的祭天仪式，还融入了一些"木叶山崇拜"的内容，将其原始的天神崇拜与儒家祭天礼仪相融合，汉族史臣修《辽史》的时候称："神主树木，悬牲告办，班位奠祝，致嘏饮福，往往暗合于礼。"蒙古族、满族将大量少数民族的生活习俗带入内地，当今北京社会生活中有很多少数民族文化的元素。例如北京的"胡同"，取自蒙文"井"，北京美食"涮羊肉"则是满族人行军打仗的一种食品。与这些物质文化的具体产品相比，少数民族带入中原的游牧民族的开拓精神，更是为中华民族的形成奠定了基础。元王朝和清王朝开疆拓土，为近代中华民族预留了较大的生存空间。

特别是对于汉文化有更深入了解的清王朝，在中国各民族文化深度融合的基础上，其民族观超越了古代的"华夷之辨"，开始为统一的中华民族进行初步的论证。为了论证清王朝统治的合理性，雍正皇帝写下了《大义觉迷录》。他认为："唯有德者可以为天下君"，这是"自古迄今，万世不易之常经"。历史上一再出现这样的情况，"舜为东夷之人，文王为西夷之人，何曾有损圣德？"中国古代儒家的民族观，华夏与夷狄之分在于文化而不在于出身。没有文化，尚未接受中原礼仪者就是夷狄，而进入中原文化圈的夷狄之人也就在文化上成为华夏。"本朝之为满洲，犹中国之有籍贯"（以上引文均出自《大义觉迷录》卷一），并非文化落后的夷狄。用今天的眼光看，雍正皇帝的民族观，具有从传统的"夷夏观"向近代"中华民族观"过渡的性质。

宋元明清时代中国与域外各个国家的交往也在增加。元朝建立横跨欧亚大陆的庞大帝国，从中国到欧洲陆路交通方便，罗马教廷派遣使臣孟高维诺到达元大都，希望联络元朝攻打阿拉伯帝国，同时也在蒙古贵族中传教，是为基督教第二次进入中国，被称为"也里可温教"。欧洲的商人、使臣沿着蒙古驿站往返于中欧之间，一些人写了一些"游记"，最著名者当属《马可·波罗游记》，向西方介绍了中国这个古老的东方国家，产生了很大影响。明代之后海上交通逐渐发达，一些外国传教士第三次登上了中国的土地，基督教真正进入中国社会。罗明坚、利玛窦等耶稣会传教士通过深入了解中国文化，采用中国化的传教方法传教，尽量用儒教的思想解释基督教的观念，使中国社会各阶层民众逐渐接受了基督教。特别是他们利用科学技术吸引中国士大夫阶层的注意，也就将西方先进的天文学、物理学、数学、地理学等介绍到了中国，成为第一次大规模的"西学东渐"。同时他们又把中国的《论语》《易经》《老子》等文化经典翻译成西文传回欧洲，向欧洲人介绍了中国。根据现有的史料，莱本尼茨、伏尔泰、魁奈等西方的思想家深受中国儒家文化的影响，成为近代反对基督教黑暗统治的启蒙思想家。这是一次中外文化的大交流，对双方都具有深远的影响。

5. 近现代中西文化大交流与全球化时代的民族复兴

1840 年鸦片战争，西方列强的坚船利炮打开了古老中国封闭的大门，大量西方文化随着西方的商品、资本流入中国。中国人民在落后挨打的现实面前，发现了自己与曾经被视为"夷狄"的"红毛子"们的真实距离。"师夷长技以制夷"得到了大多数国人的认同，一大批留学生主动走出国门到日本、欧洲、美国、苏联去学习西方先进的科学技术和文化。近代以来，出现了中国历史上最大规模的文化汇聚。不仅西方先进的科学技术大量传入中国，西方的启蒙思想、人文主义、达尔文主义、无政府主义、马克思主义等观念也传入中国。这次文化的汇聚虽有西方对中国的文化输出，但是更主要的还是进步的中国人主动学习西方的过程。

近代中国人不仅学习西方的理论，而且将西方的理论在不同程度上进行了社会实践。洋务运动、戊戌变法、辛亥革命、新民主主义革命，最终证明马克思主义的中国化、马克思主义的理论与中国实际相结合是解决中国民族独立和国家统一的唯一正确道路。特别是改革开放四十年来的伟大成就，使中国人民走上了从站起来到富起来再到强起来的道路，中国人民从来没有离实现民族复兴的伟大目标如此之近。随着"一带一路""构建人类命运共同体"设想的提出，中国文化也开始大步走向世界。世界需要了解中国，中国也需要得到世界的理解，中华文化也在向世界各地辐射。

二 中华文明的特质与文化传播特色

中华文明在形成过程中反复汇聚与辐射，形成了中华文明兼容并包、荟萃精华的特色。开放性、多元性、融合性决定中华民族"多元一体"的政治结构和"多元通和"的文化结构。中华民族是一个复合型民族，13 多亿中华儿女既认可上位的"中华民族"，也认同单元的汉族、藏族、维吾尔族……，而不是像西方文化坚持的那种"一个民族，一个国家"。相应地，各个单元民族文化之间又存在着"多元通和"的关系，牟钟鉴教授指出："多元通和表现为多源性的综合，多样性的交渗，和谐共生，因中有革，开放包容，在多元发展中不断整合成轴心的系统，而轴心的系统对多元文化都有接纳、吸收和消化。"① 这种多元通和的文化结构决定中国文化的传播有这样一些特点：

1. 既具有相对独立的主体性，又具有广大开放的包容性

从华夏文化形成的时候开始，中华文化就具有自己的主体性。中国古代社会是建立在小农经济基础上的宗法家族社会，反映宗法伦理的儒家文化成为中国古代社会的主体文化。儒家主张"孝者德之本也，教之所由生也"（《孝经·开明宗义》），将孝道放在文化的核心位置，同时主张"家国一体"，"移孝作忠"，并将儒家与法家的"王权主义"相结合，形成了"三纲五常"的社会核心价值。不过我们也要指出，汉武帝实行的"罢黜百家，独尊儒术"并不是秦始皇的"焚书坑儒"，"罢黜"指在政府的官学中只设立"五经博士"，其他诸家不再设立博士，儒家学说成了国家意识形态。但是在民间，法家、道家、墨家、阴阳家仍然传播，政府编辑大型文化类书的时候仍然将其收录在册。至于在宗教信仰领域，历代王朝秉承儒家"敬而远之"的宗旨，对各种自发的和传入的宗教都给予了相当的礼遇，因此世界上各种大型宗教都曾经在中国立足、发展，成为中国的宗教。

但是中国的文化又是有主体性的，在古代社会，宗法文化是政治文化的底色，任何外来文化都必须与之相适应，否则在中国无法立足。各种外来宗教初传时引发的文化冲突，大多是宗法文化对于外来文化的排斥性反应。例如魏晋南北朝时期发生的"三教之争"，儒、道两家指责佛教"不忠不孝"；明末清初基督教禁止中国教徒在家祭祀祖先，在官场祭祀孔子，最终导致康熙皇帝下令禁教等。而在当时实现了中国化的宗教，本质上都与"三纲五常"的社会核心价值相适应。如佛教自称"舍小孝尽大孝"，"不依国主则法事难立"，"夫不杀，仁也；不盗，义也；不邪淫，礼也；不饮酒，智也；不妄言，信也"，"五戒等于五常"。基督教在利玛窦掌教时期，采取与中国文化相适应的策略，他直接将儒家的"仁"与基督教的"爱"等同起来。另外，还将中国传统宗教天神崇拜中的"昊天上帝"与基督教的"天主"等同。利玛窦附会儒家的孝道说：孝道要尽三方面的义务，即向至高无上的天父——上帝尽

---

① 牟钟鉴主编《民族宗教学导论》，宗教文化出版社，2009，第278页。

孝，向一国之父——君主尽孝，向生身之父尽孝。伊斯兰教在明末清初的"汉译经典"活动中，也实现了伊斯兰教与中国文化的认同。王岱舆提倡："人生在世三大正事，乃顺主也，顺君也，顺亲也"，这是对"三纲"的认同。他还用儒家的"五常"来诠释伊斯兰教的"五功"，认为念经不忘主则是仁心，施真主之赐予穷人为义，拜真主与拜君亲为礼，戒自性为智，朝觐而能守约为信。通过这样一番解释，不仅保持了回族文化的独立性，也很好地实现了与汉族文化的融通，促进了回汉民族的和谐相处。

当代中国是中国共产党领导的社会主义国家，域外文化与中国文化的辐射与汇聚，当然要由社会主义核心价值引领。社会主义核心价值是中国优秀传统文化与世界文明成果结合的产物，只有与社会主义核心价值相适应的外来文化，才能够在中国生根。即使那些已经实现了中国化的外来文化，也还有一个再中国化的过程。

2. 自古迄今中外文化交流输入大于输出

中国古代在东亚乃至全球都有重大的影响力，中华文化辐射到全世界。这里我们要辨析两个概念，即文化辐射不等于文化输出。中国古代对外的文化辐射包括一定的文化输出，但主要不是自己主动输出的结果，而是周边民族、国家来学习的结果，如韩国、日本、越南的"遣唐使""遣宋史"之类，他们将中华文化带回自己的国家。再如西方的传教士到中国的主要目的是传教，但也包括把中华文化典籍翻译成西文传回西方。造成这种现象的原因主要有：

第一，中国古代社会是一个农耕社会，中国先民对于不适宜农耕的土地没有多少兴趣。同时自给自足的小农经济，也没有对外输出商品和资本的需要，因此也就没有了对外输出文化的必要性。所以从本质上看中国属于一种内生性的文化，缺乏对外传播的动力。《礼记·曲礼》说："礼闻来学，不闻往教。"故历史上中国人大量出国取经、留学，却很少有人出国传教。儒学、佛教经典的传出，大多是域外少数民族来求取，而不是中国政府主动推送的。汉武帝派遣张骞出使西域，主要目的是联络西域诸国联合抗击匈奴，丝绸之路是这次军事、政治行为的副产品。根据史料记载，在丝绸之路上往返贩运的，大多也是西域的客商。从文化上看，中国在丝绸之路上也是处于"逆差"状态。佛教是丝绸之路的最大赢家，无论是沿着丝绸之路来华传教的僧侣，还是出国取经的中国僧人，他们的目的都是要在中国弘宣佛法。基督教前两次到达中国，也是沿着路上丝绸之路实现的，第三次则是走海上丝绸之路。伊斯兰教进入中国的路线，大致也是如此。与古代中国相比，希腊人是海洋民族，海外贸易是其重要的生存方式；希伯来人是游牧民族，历史上多次长距离迁徙；阿拉伯人则兼具这两方的特点，善于经商。随着人口的流动和商品的贸易，文化自然要主动走出去。近代西方进入市场经济社会之后，对外商品输出和资本输出的背后，一定要有文化的输出。只有把自己的文化推向全世界，让世界上所有国家都接受西方式的自由市场经济制度、民选政府、全面开放的金融体系等，才便于他们获取自己国家的最大利益。

第二，与中国的儒学相比，世界三大宗教都有一种对外传播的冲动。佛教要"普度众生"，基督教要"传播上帝的福音"，伊斯兰教则要在世界上建立真主的国家。特别是以这些宗教为国教的地区，更内在地具有对外传播的动力。例如当罗马帝国将基督教作为国教之后，罗马皇帝将对欧洲大陆及地中海周边国家的侵略，统统涂上了传播上帝福音的色彩。对于它们占领区域，凡是不愿意皈依基督教的人，要征收"异教税"，用行政的方法强行输出文化。

第三，文化的输出需要一套话语体系，近代，中国曾丧失了自己的话语权。1840年以后，中国的文化领域基本上是一边倒的文化输入，无论在自然科学还是在社会科学领域，中国学术界被彻底格式化了。无论学科分类还是概念范畴，中国学人自己都感到如果离开了西方的学术范式，我们都不会思考问题了。用这样的话语体系去传播中国文化，不能准确表达中国文化的内涵。比如这些年中国在国外建立了多所孔子学院就曾经引起国外文化侵略的疑虑。中国人认为孔子是"大成至圣先师"，是人不是神，儒学是一种文化思想。但是在西文中，儒学被译成"Confucianism"，这个"ism"可以是学说、主义如"达尔文主义"（Darwinism）"人文主义"（humanism）；也可以是宗教如"佛教"（Buddhism）"伊斯兰教"（Mohammedanism）。如果把孔子误解为一个宗教家，那孔子学院岂不成了中国对外输出宗教的机构？而且以国家为主体的对外输出，更是容易产生主权、安全的疑虑。

3. 当代中国对外文化交流要不断改进传播技巧

当今的中国经过改革开放四十年的发展，已经成为一个初步发达的社会主义市场经济国家。中国早已不是古代的农业国家，随着市场经济的发展，中国的商品、资本也要走出去。中国作为一个市场经济国家广泛进行国际贸易，增加国外投资，也被世界误认为要追随欧美国家，在进行商品交换和资本输出的同时，也要追求世界霸权，国强必霸。因此要充分认识到，古代中国那种与世无争，独往独来的农业社会心态必须改变。我们要充分认识文化输出的重要性，变被动的辐射为主动的输出。同时我们也要让外界知道，中国不是要输出我们的意识形态，而是要通过文明的交流互鉴，让世界了解中国。不过传播界很多专家已经指出，当代中国的对外传播工作效果并不理想。除了整体国力方面的原因，在传播理念、传播技巧方面也有很多内容需要我们反思。提升传播技巧要认真学习发达国家对外文化传播的方法和技巧，同时也要继承中华优秀传统文化的精髓，对其进行创造性转换和创新性发展，古为今用。就传播理论而言，笔者以为以下几点值得重视。

第一，首先还是要坚持"把自己的事情做好"的总原则。儒家的社会治理思想的路径是修身、齐家、治国、平天下，是一种由内向外的展开过程。用《尚书·尧典》的话说："克明俊德，以亲九族。九族既睦，平章百姓。百姓昭明，协和万邦。"儒家的"平天下"绝不是征服天下、踏平天下的意思，而是"协和万邦"，"明明德于天下"（《大学》），建立世界各个民族国家和谐的国际关系秩序。孔子提出了具体的方法："故远人不服，则修文德以来之。既来之，则安之。"任何一个国家想要做到协和万邦，首先要把自己的事情做好。昆明南站是"一带一路"规划中辐射东南亚的重要基础设施。2015 年 1 月 21 日习近平视察云南时指出："千里之行，始于足下，关键还是要把我们自己的事情做好，把'接口'做好，才能实现互联互通。"

第二，加强对外文化传播工作不等于放弃对外来文化的吸收、借鉴，仍然要坚持辐射与汇聚并重，这恰恰是具有文化自信的表现。国家主席习近平 2014 年 3 月 27 日在巴黎联合国教科文组织总部发表重要演讲中指出："文明是多彩的，人类文明因多样才有交流互鉴的价值。"我们说中华文明在历史的发展中形成了自己独特的优势，但这并不证明其他文明没有可取之处。世界各个国家都有自己独特的文明体系，也都有它们对于不同社会环境的适应力。中国要想走出近代以来被动挨打的局面，必须摆脱闭关锁国的狭隘心态，真诚地学习其他民族的优点，在文明的交流互鉴中推动人类文明的进步。特别是在当今世界舞台上，西强东弱的总体格局尚未在根本上改变，中国在经济、政治、科技、文化等许多方面与世界发达国家仍有不小的距离，那种"蚂蚁缘槐夸大国"的"夜郎自大"心态万万要不得。

第三，借鉴古代圣贤的治国智慧，将汇聚变成一种辐射。古代中华帝王一向秉持儒家"厚往薄来""华夷一家""抚宇如一"的原则对待周边的少数民族和外国使臣，因此成为东亚经济、经济、文化的中心。唐代有日本、韩国的"遣唐使"前来学习，宋代"招来外夷"以图"布帛之利"，明代、清代在科举制度中专门预留一些名额，让四夷豪酋遣其子弟到国子监学习等。这样一些措施使得中华大地成为世界的文化中心，往来中华的使者、商旅纷至沓来、绵延不绝。在他们汇聚中华的同时，也将中华文化辐射到了周边世界。当今中国的对外传播工作也应当充分发挥好这样的职能，将世界各国到中国来学习的留学生、来旅游的游客、来贸易的客商……都当成传播中国形象的大使，善待他们也是一种文化传播。

第四，当代中国的对外文化传播基本属于国家主导型，这样的方式容易引起其他国家的误解，认为中国要输出自己的发展模式，或者认为交流不平等，因此应当充分重视民间文化传播的重要性。在中国"家国一体""大一统"的文化传统之下，国家无疑应当承担更多责任，但涉及文化传播是否可以考虑国家搭台、民间唱戏的方式，古代的丝绸之路无疑就是这方面的杰作。国家出兵打通西域走廊，建立驿站，而往来中西之间的多是民间的商贾、僧侣，却很好地实现了中外文化的平等沟通。

儒学　国学　和合学

——学术视野下的"中国"审视

陈海红

摘　要："中国向何处去？"这既是一个实践追问，也是一个需要在理论上进行追问的问题。实践的追问，必须诉诸现实的行动；而理论的追问，则需要做思想的审视。对"中国"的思想审视，其实就是对"何处去"的追问。思想审视也可以有多个维度，意识形态的、世俗习惯的，而最重要的莫过于学术的审视。学术的审视较前者更客观，较后者更深刻，客观的、深刻的审视正是思想审视追求的最佳目标。这是其一。另一方面，在我们的传统中，"中国"自古就是一个意涵丰富的概念，包含着我们这个民族独特的精神追求，左右着我们这个民族独特的历史进程，形成了我们这个民族独特的身份认同（"自我的"与"他者的"）。"中国"既是一个地理概念，也是一个文化概念，还是一个历史概念，这意味着"中国"的内涵既是静止的、固化的，也是动态的、相对的，审视"中国"的学术维度自然需要将地理的、文化的与历史的维度统一起来，以求对"中国"做更加全面的、鲜活的审视。学术审视自然也有许多维度，学术思想总要通过沉淀了学术内容的学术概念来演绎理论、表述观念与递延新知。儒学、国学、和合学是对"中国"进行审视的三个极其有意义的学术概念，它们形成于基于特定地理、文化与历史内涵的"客观中国"背景之下，从不同的角度揭示了这一"客观中国"的丰富内涵，形成了"中国学术"；与此同时，儒学、国学、和合学又通过赋予、充实更多附有自己学术特色的内涵于"客观中国"之中，从而形成了"学术中国"。正如和合学永远在途中，"中国"也永远在途中。

关键词：儒学　国学　和合学　中国学术

作　者：陈海红，浙江行政学院哲学部教授。

对于学术与国家的关系，黑格尔说过："我们不像希腊人那样把哲学当作私人艺术来研究，哲学具有公众的即与公众有关的存在，它主要是或者纯粹是为国家服务的。"① 他还说：

> 每个人都是他那时代的产儿。哲学也是这样，它是被把握在思想中的它的时代。妄想一种哲学可以超出它那个时代，这与妄想个人可以跳出他的时代，跳出罗陀斯岛，是同样愚蠢的。②

照黑格尔自己的逻辑，他的国家显然是基于他自己时代所提出的具有特定性内涵的国家，黑格尔的学术正如他这里提出的哲学一样，也只能是为这个具有特定时代内涵的国家服务。

学术当然有为国家服务的一面，但学术也并不绝对如黑格尔所说："密纳发的猫头鹰要等黄昏到来，才会起飞。"③ 带有特定国家内涵的哲学以及其他学术思想，本身也有其独立性的价值超越追求与思想演绎逻辑，会使国家成为"学术国家"。历史一再证明，"国家学术"与"学术国家"相伴而生，而"学术中国"与"中国学术"更是一个值得我们深入讨论的话题。

一　学术与中国

正如任何自觉的主体在前行中总是会不断回望、反思一样，中国历史就是一个不断回望、反思的过程，是一个中国人在不同时代不断追问"自己是谁"的过程。"我思故我在"，正是在反思中，人类发现了自我、确立了自我并成就了自我。中国也需要在不断的反思、审视中来发现"中国"、确立"中国"并成就"中国"。

第一，为什么要进行"中国"审视？今天的"中国审视"意味着什么？

中国是一个有着几千年文明史的大国，曾经有多个世纪处于世界的领先地位，为人类文明做出过突出的贡献。"中国"一词曾意味着政治开明、社会安宁、经济发达、文化繁荣、学术兴盛，意味着居于"天下"之"中"，是

---

① 〔德〕黑格尔：《法哲学原理》，《序言》，范扬、张企泰译，商务印书馆，1979，第8页。
② 〔德〕黑格尔：《法哲学原理》，《序言》，范扬、张企泰译，商务印书馆，1979，第12页。
③ 〔德〕黑格尔：《法哲学原理》，《序言》，范扬、张企泰译，商务印书馆，1979，第13~14页。

周边文明学习的榜样。正因如此，才有历史上以中国为中心的"汉文化圈"（亦称"东亚文化圈""中国文化圈"）。① 但近代以来，中国在东西方文明的碰撞中逐渐沦为任人宰割的"东亚病夫"。"中国"一词意味着政治制度、科学技术、文化精神、民族性格、学术思想等全面落后于西方，成为西方中心主义视野下的蛮夷之邦。20 世纪末开始的经济改革、社会开放似乎一夜之间激活了努力走向民族复兴的东方大国，进入 21 世纪，"中国"一词意味着经济突飞猛进、人民生活改善、百姓周游世界，但同时也面临着这个时代人类文明共同的发展问题和自己独特的社会问题。前行中的中国需要对世界、对自己做出新的认知、判断与规划。"中国向何处去"的问题，正如"中国是什么"一样，需要我们在新的语境中做出思考与回答。

全球化时代的"中国"复兴表明，"中国向何处去"可能不再简单地是"天下之中"这一表述中"中"的位置回归，它更多的是对这一表述中"中"字所蕴含的人类共同理想的文化阐释与实践建构，以及在此基础上为人类文明建构更加和谐美好的理想"天下"提供自己的借鉴。"中国审视"就是在新的"天下"格局下，挖掘"中国"这一古老邦国在漫长的历史长河中能够历久弥新的生存智慧与生命内涵。

第二，为什么要对"中国"展开学术审视？

对"中国是什么"进行追问，可以有多种视野，政治的、经济的、历史的诸如此类，多种多样。以意识形态、学术反思与世俗生活为审视架构，我们发现学术视野下的"中国"审视具有独特的意蕴。学术的审视较前者更超越，较后者更深刻，超越的、深刻的审视正是思想审视追求的最佳目标。意识形态的反思过于宏大，又过于严苛；世俗生活的审视过于现实、过于琐碎，又过于宽容；唯有学术的审视更透彻，更全面，更深刻，更客观。

何谓学术视野，首先必须解决何谓学术。在中国古典语境中，"'学术'皆统指一切学问，特别是指'即器以明道'的形而上认识，因此又称之'道术'。"② 近代以来，中国学人向西方学习，形成了"中国学术从'通人之学'演为'专家之学'、从古典混沌奔往近代分疏（亦不忘综合）的方向。"③ 现代格局下，中国的学术视野至少在形式上都是依西学来观察问题、分析问题

---

① 王介南：《中外文化交流史·导论》，书海出版社，2004。
② 冯天瑜、邓建华、彭池编著《中国学术流变·冯天瑜序》，华东师范大学出版社，2003。
③ 冯天瑜、邓建华、彭池编著《中国学术流变·冯天瑜序》，华东师范大学出版社，2003。

的，即使我们今天极力希望构建中国的学术视野。不过，中国的传统有自己传统的力量，就是在现代学术架构之下，中国学术仍然没有放弃本身的传统价值追求。古人曾说：

> 天地之所贵者人也，圣人之所尚者义也，德义之所成者智也，明知之所求者学问也。①

将学术推崇到至高的地位，甚至是关乎民族生死存亡的高度，在中国历史改朝换代之际尤其是少数民族入主中原的宋元、明清鼎革时，总是被许多汉族知识分子所论说。他们甚至认为学术败坏是造成"天地安得不易位？生民安得不涂炭？"②的最终原因。传统学术经世致用的学术精神，在今天的学术视野下仍然有着鲜明的烙印。

第三，为什么选择儒学、国学、和合学这三个学术概念来审视中国？

中国学术随着"客观中国"而流变，又以自己的视野塑造了一个主观性存在的"学术中国"，并现实地影响着"客观中国"。

庄子生活于"道术将为天下裂"的时代，虽然他认为诸子百家都只能见"道术"之一隅，但是学术的流变总是会遵循自己的前行轨迹与演进逻辑。后来的中国历史表明，"一隅"的儒学逐渐演变成为中国学术的代名词，并在"罢黜百家，独尊儒术"的治国策略之后成为与中国同命运共呼吸的意识形态与百姓日用之学，体现了深远的"中国性格"。至于近代以来的民族危亡与思想启蒙相混历史际遇下的"国学"，在字面意义上就表明其与"中国"共命运同存亡的学术追求，体现了坚韧的"中国精神"。当代张立文先生提出的"和合学"明确指出"和合"意涵的传统渊源，他认为和合学是21世纪的人类文明解决之道的学问，必然脱离不了"自己讲"与"讲自己"的"中国"主体的文化内涵、价值特质与思维方式，体现了博大的"中国风度"。

儒学、国学与和合学是中国学术流变过程中具有典型"中国"学术创造性、价值性、时代性和依附性的形态，是能够透过其学术追求、思想观点、研究范式、人格彰显与思想活力来审视"中国"的中国学术。儒学、国学、和合学是一定时代中国学术的代名词，是学术中国的表述词，也是对客观中

---

① （汉）王符：《潜夫论·赞学》。
② （清）张履祥：《杨园先生全集》卷之二十二，陈祖武点校，中华书局，2002，第230页。

国产生深远影响的思想符号。

二 儒学、国学、和合学与中国

"中国学术"中总是能够揭示"客观中国"的世俗习惯、意识形态内涵，也蕴含着丰富的"学术中国"的价值赋予与意义再释。在我们的传统中，"中国"自古就是一个意涵丰富的概念，它是地理的、文化的，还是历史的。在与"天下"概念的相较中，我们更能够理解"中国"概念的内涵。就地理言，"中国"是"天下"之"中"；就文化言，"中国"是"天下"之"极"；就历史言，"中国"是"天下"之"正"。"求中""求极""求正"的"中国"概念，包含着我们这个民族独特的精神追求，也左右着我们这个民族独特的历史进程，并形成了我们这个民族独特的身份认同。

一定时代的中国总是通过一定时代的学术发出自己的声音，一定时代的学术也总能够发现、确立并重塑一定时代的中国。儒学、国学与和合学就是一定时代中国学术的精神，沉淀了特定时代"中国"的性格、精神、气质、风度与眼界，也在自己的学术创造中一再阐释并实践着"中国"的新使命。

第一，从学术"中国"的角度来看儒学、国学与和合学。

我们今天所说的儒学、国学与和合学已经经过了相应学术范式的整理、编辑与重构，是从现代学术视野来看的儒学、国学与和合学，分别代表了那个时代的"中国学术"。从现代学术视野看，儒学的论说方式是传统的，国学的论说方式是近代的，和合学的论说方式是现代的。

从学术流变来看，"中国儒学"，是古代中国的儒学，也就是古代中国的"中国学"；"中国'国学'"，是近代中国的"国学"，也就是近代中国的"中国学"；"中国和合学"，是当代中国的和合学，也就是当代中国的"中国学"。一句话，儒学、国学与和合学分别代表了那个时代的中国学术，是那个时代中国学术的典型形态，集中而鲜明地体现了那个时代中国学术的价值追求、问题意识、研究范式、主体精神、逻辑体系、言说方式，与意义内涵。

以孔子为宗师的儒学，千年来其基本的学术追求正如《汉书·艺文志》所说："游文于六经之中，留意于仁义之际，祖述尧舜，宪章文武，宗师仲尼，以重其言。"因应于学术生存、发展的需要，儒学到今天有两汉经学的儒学、宋明理学的儒学以及现代新儒家的儒学三种形态。近代接受了西式学术训练的梁启超则说儒学用"儒家哲学"莫如用"儒家道术"为好，而他概括以儒家学术为代表的东方哲学主要讨论"性之善恶、仁义之内外、理欲关系、知行分合"这些人之为人的根本问题。"人之为人"的问题，是传统中国学术讨论的共同问题。

儒、墨、道、法虽然旨趣有异，但却殊途同归，百虑一致，都把致思的最终趋向确定在世界对人的意义上，归结到价值理想的追求上。①

形成于近代中国的"国学"，自然西式的学术范式意味更浓，它是中国在20世纪初叶倡导的一门学问，也是当时新出现的一个专门术语，有其特定的时代内涵与历史背景。

"国学"一说，产生于西学东渐、文化转型的历史时期。而关于国学的定义，严格意义上，到目前为止，学术界还没有给我们做出统一明确的界定。一般来说，国学应是指中华传统文化与学术，包括了中国传统学术的各个门类，甚至是医学、戏剧、书画、星相、数术等。②

又：

> 国学兴起于二十世纪初，而大盛于二十年代，那个时期是国学流行的年代。数年之间，以探究国学为宗趣的讲座、刊物、书籍层出不穷。③

至于和合学，依照和合学创始人张立文先生的说法，和合学是"讲人与自然、人与社会、人与人、人的心灵、不同文明之间的冲突和融合"④的学说。

第二，从文化"中国"的角度来看儒学、国学与和合学。

一个时代的学术是一个时代文化的学理化呈现，是对于这个时代文化的理论化、体系化、逻辑化与超越性呈现。儒学、国学、和合学分别以学理化的论证与构建，在逻辑上呈现了文化"中国"的源远流长。

"中国儒学"，古代中国的儒学，也就是古代中国的"中国文化"；"中国国学"，近代中国的国学，也就是近代中国的"中国文化"；"中国和合学"，当代中国的和合学，也就是当代中国的"中国文化"。一句话，儒学、国学与

---

① 赵馥洁：《中国传统哲学价值论》，人民出版社，2009，第4页。
② 编者：《出版说明》，章太炎：《国学讲义》，万卷出版公司，2015。
③ 编者：《出版说明》，章太炎：《国学讲义》，万卷出版公司，2015。
④ 张立文：《和合学——全球化时代的中国哲学》，《苏州科技学院学报》（社会科学版）2011年第1期。

和合学分别代表了那个时代的中国文化，是那个时代中国文化的核心，集中而鲜明地体现了那个时代中国文化的精神气度、风俗习惯、人情物理和核心观念。

梁启超先生说过："中国偌大国家，有几千年的历史。到底我们这个民族，有无文化？如有文化，我们此种文化的表现何在？以吾言之，就在儒家。我们这个社会，无论识字的人与不识字的人，都生长在儒家哲学空气之中。"① 他直接断言："所以我们可以说，研究儒家哲学，就是研究中国文化。"②

"就总体而言，我国古代学术的发展是从多元走向一元的，在一元中又包蕴多元因子。这种进程也影响到各代学人评论学术流变的气度。在'处士横议''道术将为天下裂'的战国时期成文的《庄子·天下》，对先秦各学派并无特别的推尊和贬抑，关于诸子的分合变异及长短得失，都有较公允的评判，显示了学术多元时代的恢宏气象。以后，《史记·论六家要旨》《淮南子·要略》大体沿袭着这一传统，它们虽然承汉初思潮，显示了对道家的某种程度的偏爱，先黄老而后六经，但对于各家学说的来龙去脉和优长缺失，都尽可能地给予客观、平正的论列。"③ 冯天瑜先生的观点当是确当之论，先秦与汉初虽然表现出了不一样的恢宏气象，但先秦的学术保有"天下"的意识，在他们看来，"中国"自是代表、决定与评判"天下"的唯一主体。"道术将为天下裂"，或者说，"中国"可能"将为天下裂"，但是，"中国"的文化命脉还是通过有追求的学术传承下来。而汉初的气度肯定是与这一时期欣欣向荣的"中国"气象相一致的。

刘述先先生说：

> 到了现代，面对西方的船坚炮利，中国被逼得醒悟到自己的文化在许多方面远远落后于西方，而发生了所谓的"意义的危机"。张灏指出，五四反传统的狂潮之际，"迷失"状态达到了极致，包括"道德迷失"、"存在迷失"与"形上的迷失"等不同层面。④

---

① 梁启超：《中国儒学史》，山东文艺出版社，2016，第9页。
② 梁启超：《中国儒学史》，山东文艺出版社，2016，第9页。
③ 冯天瑜、邓建华、彭池编著《中国学术流变·冯天瑜序》，华东师范大学出版社，2003。
④ 刘述先：《儒家思想开拓的尝试》，中国社会科学出版社，2001，第315页。

　　"国学"一词的抽象提炼，正是基于此一"迷失"而有文化上的回应。黑格尔曾对比中西文化说："当黄河、长江已经哺育出精美辉煌的古代文化时，泰晤士河、莱茵河和密西西比河上的居民还在黑暗的原始森林里徘徊。"①但历史自此发生了千年之变化，中西文化在直接碰撞后以中国被动应对提出"国学"一词来捍卫自己的存在合理性。当然，近代"国学"视野下的"文化中国"并非一如国粹派所坚持的食古不化。其实，近代中国大门的被动打开必然带来文化交流的扩大。"文化交流一旦进行，其碰撞交融后所激发出来的历史进步作用是任何人都无法阻止的。民国时期域外文化的引进和输入，改善了中国人的衣食住行，改变了中国人的风俗习惯和思想意识，促成了中国科学研究的形成和现代科学技术研究体制的推行，从而启动了中国向现代化前进的历史车轮。"②"国学"既坚持了中国文化的本位立场，又吸纳了西方文化的多个方面，表现在以西方学术范式来建构中国学术分类、叙述中国学术观念，推演中国的学术逻辑。

　　和合学提炼出人类 21 世纪面临的人与自然、人与人、人与社会、人的心灵与肉体、文明与文明的五大冲突，提出了和生、和处、和立、和达、和爱五大解决之道，突出了当代中国的恢宏气象。张立文先生说：

　　　　在此 20~21 世纪之交之际，中国文化面临着三方面的挑战：一是人类共同的五大冲突（人与自然的生态危机，人与社会的人文危机，人与人的道德危机，人的心灵的精神危机，不同文明间的价值危机）的挑战；二是西方文化的挑战；三是现代化的挑战。回应此三大挑战，便是和合学。③

　　经历了长期辉煌后的百年挫折并没有彻底摧毁"中国"的精神自信与文化视野，和合学便是文化中国的回应，是在儒学、国学基础上的回应。

　　第三，从历史"中国"的角度来看儒学、国学与和合学。

　　这里的"历史'中国'"指的是中国总是存在于特定的时空之中，有其特定时代的政治延革、文明影响、学术潮流、精神特质和民族风貌。从现代

---

①　转引自居三元、张殿英主编《东方文化词典·序》，北京大学出版社，1993。
②　王介南：《中外文化交流史》，书海出版社，2004，第 384 页。
③　张立文：《和合学概论——21 世纪文化战略的构想》（下卷），首都师范大学出版社，1996，第 591 页。

社会科学视野来看，每一个时代的中国总是能够从其政治、经济、文化、民族、军事、科技、外交等方面做出分析。"中国"是文明未断的古老邦国，"中国"也在这一未断的文明流变中或辉煌、或平淡，或低迷，或兴起中一路走来。按古人说法，"中国"是在"据乱世、升平世、太平世"的轮回中，也或者就在"元亨利贞"的周转中演绎。

有学者总结得好，他说：

> 近代士人面临西潮冲击，在中国已由文变野、实际处于"世界"的边缘甚至未能"进入"世界的背景之下，多数中国读书人都在思考一个共同的问题：中国向何处去？由于政教相连的中国传统对"学"的强调，这个问题无时无刻不与"学"相关（这是民初读书人常能从"物质"上看到"文明"的一个重要潜因）；反之，当许多人说"学"的时候，其实考虑的、关注的又绝非仅仅是学术，而是远更广阔的国家民族存亡和发展一类大问题。因此，从清季保存国粹的朝野努力及由此而起的争论开始，到新文化运动时的整理国故，再到北伐前后两次关于国故和国学的大讨论，这一系列论争都以学术为题，却远远超出了"学术"的范围，而形成了社会参与相对广泛的思想论争。①

儒学、国学、和合学作为一个时代的学术，扎根于现实的社会，也就不能不蕴含着这个时代"中国"的世故人情。与对儒学的认知不同，"国学"的提出有其特定的历史时空坐标。近代国学讨论中的王缁尘讲得好："国学之名，古无有也，必国与国对待，始有国家观念，于是始以己国之学术成为国学。"②

"儒学中国"，就是古代学术视野下的中国，具体说就是儒学视野下的中国；"国学中国"，就是近代学术视野下的中国，具体说就是国学视野下的中国；"和合学中国"，就是当代学术视野下的中国，就是和合学视野下的中国。儒学、国学、和合学视野下的"中国"内涵自是不同：儒学视野下的"中国"是"天下"之"中"的国（是地理之中，文化之极，历史正统），国学

---

① 罗志田：《国家与学术：清末民初关于"国学"的思想论争·自序》，生活·读书·新知三联书店，2003。
② 王缁尘：《国学讲话》，世界书局，1935，第1页。

视野下，一定意义上就是西方中心主义视野下的"中国"，只是"天下"众国中的一"下"国（是地理之偏，文化之隅，历史之外），而和合学视野下的"中国"是"天下"和合理势的承担者（地理之多，文化之和合，历史之众流）。儒学的中国不论物质的、制度的，还是精神的都是自足的、自信的；"国学"的中国不论物质的、制度的，还是精神的都是落后的、自卑的；和合学眼中的中国是平和的。

换一角度说，从概念的提出来看，儒学提出时的中国是自信自主的，"国学"提出时的中国是自卑懦弱的，和合学提出时的中国是走向自信的；从概念使用来看，儒学从提出到今天已有二千五百多年，"国学"只有三十年，而和合学则还需要时间的检验；从概念固化之后的功能来看，儒学表述了传统中国的千年文明辉煌史，"国学"代表了近代中国的文化心理挫折失落感，而和合学则充满了中国对历史的继承，对当下的反思，与对未来的瞻望。

概而言之，儒学代表了过去的"中国"，国学代表了近代以来的"中国"，和合学代表了未来的"中国"。

第四，从文明"中国"的角度来看儒学、国学与和合学。

这里的"文明'中国'"是就中国文明历时的传承积淀说的，也就是指"中国"是一个传之不绝、统之有序的客观存在。作为世界几大原生文化中唯一延续时间最长、未曾中断、古今绵延的文化，是"连续性文化"的典型。无论是汉族人执政，还是游牧民族入主，中华民族都以其强大的同化力和凝聚力维持着一以贯之的文化传统。[①]

也是在文化的凝聚下，中国朝代更替不断、执政民族不同、分合乱治轮回，但"中国"作为一个文明历史现象主体一直延续到今天，成为学术中国、文化中国、历史中国得以述说的载体。这一载体既有其本身的"客观中国"历史逻辑，也有"学术中国"的思想逻辑。"文明中国"与"学术中国"是在相互依存中走到今天。

儒学对于古代中国的影响，罗振玉曾总结说：

> 两千年来有天下者，循孔孟之道罔不兴，背之罔不亡，于是儒教遂为万世准则，为治天下者所莫能废矣。[②]

---

① 王介南：《中外文化交流史·导论》，书海出版社，2004。
② （清）罗振玉：《本朝学术源流概略》，民国十九年刊本。

　　这表明儒学对于塑造中国的巨大意义，一般来说儒学是传统中国的学术标识，也是传统中国的精神标识。儒学产生于中国，又深刻地塑造了中国。从董仲舒说"诸不在六艺之科，孔子之术者，皆绝其道，勿使并进"，到韩愈提出"尧以是传之舜，舜以是传之禹，禹以是传之汤，汤以是传之文武周公，文武周公传之孔子，孔子传之孟轲"，再到朱熹的"中庸何为而作也？子思子忧道学之失其传而作也。盖自上古圣神继天立极，而道统之传有自来矣。"这样一个横贯中国传统学术思想中的道统说，以正统和僭伪为尺度，规范中国学术的发展程序。[①] 它显然是中国社会宗法社会法统现实的学术化表态，它也将儒家的夷夏之辨推演为文化中国、政治中国的不变价值尺度。

　　曹聚仁说："国学在中国有数千年的历史。我们过去的智识，和他发生密切的因果关系。"[②] 也有说："'国学'实与中华民族纠缠而并生，挟裹而同行，娓娓有自来，泱泱而无竭，浸润于华夏诸族精神、生活之中。"[③]

　　从古典的儒学到近代的"国学"，表面看来是将诸子百家之一家换成了汇集众流的百家，其实质却在于对"文明中国"的再认知、再判断与再诠释。"我们急要明白：国学的精华何在？他以后还有存在的价值没有？如果国学是腐败的骸骨，不该容他存留着，我们可赶快荡除净尽，如其中尚包藏着精金，也应从速发挥；决不可彷徨歧路，靡所适从。"[④] 近代"国学"的演变，从倡导"国学"到整理"国故"，再到"国故学"研究，儒学都是作为"历史中国"最为重要的代表被叙说、阐释与选择的。

　　从"文明中国"的意义上说，每后一种学术视野下的中国，尽管口号中要批判、推翻前一种学术视野下的中国，但是，前一种学术视野下的中国总是不会因其批判、推翻而真的就被批判掉、推翻没了，它总是存在着。刘述先先生也说："在哲学思想发展的领域以内，典范并不是一去不返的，事实上不断有文艺复兴，也不断有视域融合以及新典范的兴起。"[⑤] 从产生时间上看，儒学、国学、和合学从古到今没有颠倒的可能；但从人类历史来看，文明是累积的、沉淀的，儒学、国学、和合学在今天是同时并存的，并且是相互对

①　冯天瑜、邓建华、彭池编著《中国学术流变·冯天瑜序》，华东师范大学出版社，2003。
②　曹聚仁：《曹聚仁〈国学概论〉小识》，章太炎：《国学讲义》，万卷出版公司，2015。
③　李诚：《谈国学》，《文史知识》，2018（09）。
④　曹聚仁：《曹聚仁〈国学概论〉小识》，章太炎：《国学讲义》，万卷出版公司，2015。
⑤　刘述先：《儒家思想开拓的尝试》，中国社会科学出版社，2001，第315页。

话与交流的。

从最终的意义上看，儒学、国学、和合学中的"学术中国""文化中国""历史中国""文明中国"共同构成了今天叙事中的"客观中国"，它是现代的，也是历史的。

三　再释"中国"

在中国知识分子的学术视野中"学"与"国"的关系，正如北宋程颐所论：

> 秦以暴虐，焚诗、书而亡。汉兴，鉴其弊，必尚宽德崇经术之士，故儒者多。儒者多，虽未知圣人之学，然宗经师古，识义理者众，故王莽之乱，多守节之士。世祖继起，不得不褒尚名节，故东汉之士多名节。知名节而不知节之以礼，遂至于苦节，故当时名节之士，有视死如归者。苦节既极，故魏、晋之士变而为旷荡，尚浮虚而亡礼法。礼法既亡，与夷狄无异，故五胡乱华。夷狄之乱已甚，必有英雄出而平之，故隋、唐混一天下。隋不可谓有天下，第能驱除尔。唐有天下，如贞观、开元间，虽号治平，然亦有夷狄之风，三纲不正，无父子君臣夫妇，其原始于太宗也。故其后世子弟，皆不可使。玄宗才使肃宗，便篡。肃宗才使永王璘，便反。君不君，臣不臣，故藩镇不宾，权臣跋扈，陵夷有五代之乱。汉之治过于唐，汉大纲正，唐万目举。本朝大纲甚正，然万目亦未尽举。[1]

儒学提出、论证、推崇的道德伦理思想，在儒家知识分子看来实在是与国家存亡、社会安危相关联，且是决定性的关联。儒学塑造下的"学术中国"最终也演变成了客观的"历史中国"，以重道德、讲礼义、求治平、明夷夏为核心价值理念的"文化中国"渐浸为"中国"的传统，深沉而久远地成为这个民族的精神气质、人文理想与世俗日用，并且延及近代中国与"国学"所包容的外来学术文化一道共同激荡出百年来"中国"的新局面。学术视野下的"中国"并非"文化中国""历史中国""文明中国"的全部真相，但其"体用不二""道不离器"的学术逻辑深刻地影响与揭示了"中国"的意蕴。

---

[1]　（宋）程颢、程颐：《二程集·河南程氏遗书》卷十八。

第一，"学术"与"中国"的相互塑造。

"中国学术"总是"中国"的学术，"学术中国"塑造了一个"学术"的中国。"学术"的中国既是主观的，又是客观的。就主观言，它总带有理想将来性、价值赋予性与意义提升性；就客观言，它由思想走向现实，由理论形态走向实践形态，也就是通过学术人物的言说、学术思想的普及、学术精神的落实，而影响着、塑造了、成就了中国的古与今。

孔子以来的儒家学术以明道、守道、弘道的历史责任感积极参与"中国"的建构，而"中国"也在儒家学术讲习、辩论、参政实践中接受了"学术中国"，并在现实的国家制度、政治理念与人伦日用中回应并形塑了这一"学术中国"的学术追求。至于近代民族危机下的"国学"运动，有作者深刻地指出："在近代中国的民族运动与民族情绪的激发下，各种学术往往蕴藏着深厚的民族主义情绪，这已经不是个别的现象。所不同的是，不同人或学人群在思考的理路、取向与追求上或有差异。"[1] 产生于近代中国的"国学"概念以及附着在其上的众多观点、理论与思想就不能不带有那个时代的民族主义面向。

> 中国传统的特点之一是政教相连，谈"学"的同时关注的是国家民族的存亡发展。在近代的背景下，"古史""国学"等的讨论，同样远远超出了学术的范围；对国家民族的终极关怀仍然是读书人学术研究背后无法割舍的情绪。[2]

通过儒学、"国学"的学术审视，我们发现了"中国"；通过"中国"，我们也发现了儒学、国学。

第二，超越"中国"的"中国学术"。

传统儒家学者将先师孔子塑造为不在位的素王，这一"万世师表，千古圣人"的形象，隐含着学术对于政治的超越、理想对于现实的超越。学者说：

> 在中国的历史发展中，一个文化理想超越政治权威的时代，往往会伴随一个文化与学术的黄金时代。（逯耀东在给他的学生写书序时如是

---

[1] 陈宝云：《学术与国家：〈史地学报〉及其学人群研究》，安徽教育出版社，2010，第4页。

[2] 陈宝云：《学术与国家：〈史地学报〉及其学人群研究》，安徽教育出版社，2010，第14页。

说，参见陈以爱《中国现代学术研究机构的兴起》，江西教育出版社，2002，第 1 页。——原著注）1920 年代又是这样一个学术争鸣、思想相对自由的时代。这一时代在五四新文化运动的激发下，蕴涵着中国社会各个方面的多种面相发展的可能性。就学界而言，各种学术机构纷纷建立，各种学术刊物纷纷创办，各种学术思想也在中西文化与时代思潮的撞击中互相辩驳、交流、提升。这一时期又是一个酝酿着中国学术与思想转型的过渡时代，此时期所提出和讨论的诸多问题与术语，如"中国文化的出路"、"国学"、"历史是否是科学"、"现代"等，在其后中国历史的发展过程，一再地被重新提起和探讨。①

而张立文先生对和合学的定位是：

> 规范人类文化行为，预见文化价值发展，探索思维和观念的理势，才是和合学的历史责任。②

历史有其自身的规律与逻辑，"中国学术"中的"学术中国"在近代从"天下之中"走向了"天下之边"，而"学术中国"中的"中国学术"也终于可以真正心平气和地走向新的"天下"，并在汲取历史中国的智慧中论证何为今天的"中""极""正"之道。和合学的"和合天下"正是中国学者提出的今天的学术使命、文化使命，也是当代中国的学术使命、文化使命。

第三，和合学的"中国"使命。

儒学、国学、和合学都是服务于"中国"的，但在更高一层上看，儒学、国学、和合学其实都赋予了"中国"超越的理念，体现了"天下"一家的"中国"情怀。当然，儒学、国学虽然仍在今天的中国语境中延续其学术思想的活力，但作为时代代名词的儒学、"国学"已经随时代走进了历史，唯有和合学还是走在路上的"中国学术"。正如张立文先生所说："和合学立足全人类，面向文化的未来发展。"③

---

① 陈宝云：《学术与国家：〈史地学报〉及其学人群研究》，安徽教育出版社，2010，第 1 页。
② 张立文：《和合学概论——21 世纪文化战略的构想》（下卷），首都师范大学出版社，1996，第 591 页。
③ 张立文：《和合学概论——21 世纪文化战略的构想》（下卷），首都师范大学出版社，1996，第 1145 页。

其一，和合学的学术"中国"，追求"自己讲""讲自己"的中国学术再造。

和合学作为当代的"中国学术"需要通过自己的言说来不断塑造中国、塑造世界，它体现了"中国"的精神追求与理论逻辑。张立文先生说：

> 中国哲学"自己讲""讲自己"，而不照着或接着西方哲学之谓哲学讲，必须深入中国哲学之垒，探赜追究中国哲学内在逻辑演化之道、内在转生的因缘理路；钩深寻觅中国哲学理论思维形态创新体系、价值理念、思维方法的昔、今、来的整体行程；格知追寻中国哲学理论思维形态转生创新每一时代的内在逻辑"游戏规则"。在尽究体认、领悟中国哲学之后，也可像胡适所讲的那样，"我如今也暂"为中国哲学下"一个定义"："中国哲学是指人对宇宙、社会、人生之道的道的体贴和名字体系。"①

和合学的"中国"以其善思的传统弘扬中国哲学的创新精神，也在一般层面上为哲学的交流互通提供了"中国"的视野。

其二，和合学的文化"中国"，追求自己达、达人类的文明中国理想。

美籍华人学者张灏在论及儒学新形态时说："当国粹学派以排外意识的努力，在某一文化种族的历史特性中，寻求中国固有的国粹之时，新儒家却以普遍意识来宣称，在儒家思想里，中国文化具有超越文化本性的价值。"② 儒学的超越精神既是学术的又是"中国"的，唯此"中国"方是走向人类大同的中国。

> 和合学是中国传统哲学在全球化语境下转生的积极尝试。"和合"二字正是通过对中国哲学"天道"与"人道"近百个范畴的系统梳理而体贴出来的价值理念。和合学从一开始就深深地浸润在民族精神及其生命智慧的源头活水里。③

和合学的"中国"文化是崇尚和合的文化，这一"和合中国"内含着和

---

① 张立文：《和合中华哲学思潮探析》，《北京大学学报》（哲学社会科学版）2014年第3期。
② 〔美〕张灏：《幽暗意识与民主传统》，新星出版社，2010，第95页。
③ 张立文：《中国哲学的创新与和合学的使命》，《中国人民大学学报》2003年第1期。

合天下、天下和合的价值理想，体现了"大道之行，天下为公"的人类命运共同体的理念。①

其三，和合学实践"中国"精神："在途中"，不停滞的和合生生努力。

黑格尔说："苏格拉底的道德原则和内心生活是他那个时代的必然产物，但是要成为普遍自我意识，那是需要时间的。"② 和合学也说：

> 哲学是爱智之学，它的本质在于寻求真知，是真知之爱。因此，哲学总意味着"在途中"，和合学亦是"在途中"，它是一种生生不息之途！③

和合学"中国"的生生努力，正如张先生自己所说："人生就在于奋进，生命就在于创造，只要认定了目标，就要不断地追求，以达真、善、美的境界。"④

---

① 张立文：《镜如明月察知求实》，《光明日报》2018 年 1 月 27 日。

② 〔德〕黑格尔：《法哲学原理》，范扬、张企泰译，商务印书馆，1979，第 292 页。

③ 张立文：《和合学概论——21 世纪文化战略的构想》（上卷），首都师范大学出版社，1996，第 120 页。

④ 中国社会科学院哲学研究所编《中国哲学界学者简介·张立文》，见《中国哲学年鉴1985》，中国大百科全书出版社，1985，第 315 页。

儒家伦理与教化

孔门诗教：仁诗一致说的确立

杨儒宾

摘　要：由孔子所开出的诗教的传统源远流长，其是儒家价值体系中的重要环节。本文聚焦孔门诗教的形成和发展，将指出诗、志、仁这几个概念在孔子身上同时形成，不是偶然的，它们彼此间有密切的勾连。孔子论诗最大的特色是仁、诗一致，诗既是道德实践的载体，也是人格外显化的符号，在心为志，发言为诗。诗的表现方式是诗乐一体，其主要功能仍是抒情，但孔子论诗，基本去除了诗的私人性或私密性的个人情感，而将之转为普遍性的道德情感，其诗论的情是公共意义的情。孔子站在春秋君子所接受并诠释过的诗之公共性上，更向前一步，将私人性的情感收纳于后礼仪规范的儒家价值体系之中。

关键词：儒家诗经　诗教　诗　仁　志
作　者：杨儒宾，台湾清华大学哲学研究所教授。

前言　诗教的问题

中国是诗的国度，对于诗的创作与理解，中国拥有傲人的纪录。放在儒家思想史的角度看，诗的地位一向暧昧，它似乎既受肯定又受否定，这种暧昧性格在理学大兴的宋明时期特别明显。① 但就先秦儒家而言，诗与道的正面联结是很清楚的，《论语》记载孔子曾对他的儿子伯鱼说过"不学诗，无以言"这样的重话。如果人是说话的动物这个界定可以成立的话，那么，"诗"

---

① 理学家对诗的感情时有矛盾之处，矛盾的源头来自诗与道的张力。诗比起道来，一方面，当然只是雕虫小技，"诗文害道"之类的言辞不时可见。但自另一方面而言，诗也常被视为用以彰显道之管道，就君子人格的修养而言，"诗教"更是不可能越过的门限。诗的价值高低不定，关键在于道与文化的关系如何理解，此是大问题，细节当放在不同的脉络下处理。

显然当视为构成人的本质的成分，因为语言是精神表达的器官，① 而依据孔子上述之语，诗才是真正的语言，它也可视为语言表达的器官，诗、语言、精神的表达三者密不可分。

由于诗与精神表达的本质性关联，"诗教"之说因而兴起。"诗教"的原始意义自然指的是以《诗经》作为知识的来源之教化，教者，教化也。《礼记·经解》云："入其国，其教可知也。其为人也，温柔敦厚，诗教也。"这是我们目前所见最早"诗教"一词之出处，《诗经》之教化意在养成"温柔敦厚"的人格特质，这是《经解》篇的解释。"温柔敦厚"自然是一种解释，但更普遍地来看，"诗教"乃意指学者经由诗引发的作用，转化自家性命现实的性格，以契近更具仁心感怀的人格。《诗经》是传承三代文化传统很主要的载体，它在孔子之前应已存在，但孔子整理过这批文献。"诗"或"《诗》"被孔子当作主要的教材，学者如不学习"诗"或"《诗》"，连一句话都说不出来，亦即丧失了感发兴起的能力，没有了表达的可能性。兴的表达是人之所以为人的一大特色。

诗在儒门中扮演极重要的角色，孔子当然是最关键的人物，在孔子的教学光谱中，诗被视为和人格的养成息息相关的媒介，诗的功能即在构成人格的内在成分，诗歌因而可视为诗的本质。诗教所要培养出来的人格即是"君子"。众所共知，"君子"本来是阶级的观念，国家的兴起意味着阶级的分化，"君子"是垄断政治与知识权力的人物之总称，"君子"的人格是和三代的国家之建制分不开的。当贵族阶层垄断政治权力时，通常也就垄断了知识的权力，成为贵族知识的体现者。但贵族知识一旦形成自家的风格，它很可能会脱离原初成长的土壤，具有溢出阶级概念圈子以外的意义。就像君子原是阶级的概念，但后来却成为具有良好教养的人格的称呼。君子需要诗教，有诗教的过程才有理想的人格。

孔子所说的"诗"此概念之大宗指的就是《诗经》，《诗经》的最后版本的编订者有可能是孔子，② 但一个大体可为周帝国子民共同接受的《诗经》

---

① 〔德〕洪堡特著《洪堡特语言哲学文集》，姚小平译，商务印书馆，2011。

② 此处的说法是从"经"的观点立论的，一经圣人手，孔子所订定之经典定则定矣！如果从文献学的角度看，刘向整理的功劳同样不可埋没。即使刘向之后，《诗经》版本大体已定，但我们在后世还会看到像王柏那般勇于删诗的儒者，经典需要再被严厉地评估。经典的特殊在于它的吊诡性格，它既是意义永恒在其自体的冻龄文本，也可以说没有最终的版本，它的意义可以不断生成。

版本，在孔子当时应该已经成立了。《论语》书中出现的"诗"字指的大概都是《诗三百》的概念，但也有逸诗。很明显，孔子接收了一种共同文本的《诗经》，但又强化了《诗经》的意义。《诗三百》在中国诗史或中国文化史上最重要的意义是作为孔门六经中的一经之面目出现的，它和其他五经共同承担了传递文化、教育子民的重责大任。孔子很重视"诗"，但他重视的"诗"只是《诗经》吗？笔者认为不是。孔子有可能想到"诗"的本质性问题，换言之，从儒家的核心关怀来看，"诗"就构成儒门价值体系核心的成分。但无疑地，孔子生前，《诗三百》几乎垄断了"诗"的意义，所以《诗三百》与"诗"之间的关系遂密不可分。

"诗"或《诗三百》在孔子之前即已存在，孔子整理之，也就是赋予"诗"与《诗三百》完整的意义。孔子论诗，这是历史的也是理论的问题，其意义因此同样也兼具历史的与理论的双重作用。在中国各大教，扩而充之，在世界各大教中，儒家重视诗教此一特色是相当显目的。由孔子所开出的诗的教化的传统源远流长，它始终是儒家价值体系中的重要环节。本文将指出诗、志、仁这几个概念在孔子身上同时形成，不可能是偶然的，这几个概念彼此有密切的勾连，诗仁一致。"言志"是中国诗学的核心概念，它被视为诗的本质，也是《诗经》的本质，此义当是在孔子手中建立的。

一　观乐知政：季札的启示

孔子"述而不作"，其实是述中有作，于诗亦然。孔子一生好诗，甚至有可能写诗，还以诗为教，以诗为教即成了"诗教"，"诗教"一词虽然在《礼记·经解》篇中才出现，但循名责实，诗教显然是孔子重要的教养科目。孔子时常论诗，就像他时常弹琴，也时常歌咏一样，艺术家的孔子是那么清楚，却时常被忽略掉了。孔子诗论最核心的论点，当是下面《论语·阳货》记载孔子劝学生"学诗"的一席话：

> 诗可以兴，可以观，可以群，可以怨。迩之事父，远之事君。多识于鸟兽草木之名。

孔子这一连串对诗的功能的解说中，一般认为"诗可以兴"当是最重要的界定语，其他的叙述，可以依个人的理解，而做各种不同的安排。张亨先生在《论语论诗》中，即针对《论语》此段话，重做安排，依序解释。依据张亨先生重排的秩序，就形式而言，"多识于鸟兽草木之名"是最外一环，它意指读诗时的附带性效用，此效果无关人的性情，但多少可以增广见闻。其次，"迩之事父，远之事君"是中间一环，这两句话指向诗的政教功能，诗有伦理学的效用。诗的兴、观、群、怨当是诗教最核心的关怀，"兴"尤为重要。诗与人的情感的安顿有关，孔子此处做的是诗的性情论之解说，亦即诗的本质建立在人的情性之本体上面。"多识于鸟兽草木之名"显然是小学之事，只有《诗经》作为教养教材，才会有这样的附带价值的功能。诗除了彰显主体的深化，让人格的感受性可以更广、更敏锐、更出神入化之外，我们还可看到儒家对诗的政治效应的重视。我们这里所说的政治采广义的用法，不是指统治之术，而是指一种公共的伦理的艺术，它的内涵更像黑格尔（Hegel）所说的伦理，或古希腊所说的"城邦"（polis）之意。

孔子好古敏求，自认述而不作，其实是述中寓作。他对诗的理念的理解也是如此，远有所承，他既是诗教的学习者，也是诗教的发扬者。我们要了解孔子以及儒家的诗教，不能不追溯到孔子之前的《诗经》学的传统。关于《诗经》的故事，更确切地说，乃是儒家与《诗经》的故事，我们不妨从"季札观乐"这则著名的逸事谈起。

公元前 544 年（周景王元年，鲁襄公廿九年），吴国的王位继承人季札，可能为躲避他不愿承当的政治任务——成为吴王，也有可能是向往文明灿烂的中原文化，他离开了现在被视为文明中心当时却是蛮荒之域的吴国，一路北上，终于走到位于今日山东曲阜的鲁国首都。鲁国是周王封给周公儿子展翼的封地，在各封国中，鲁国是周文明很浓厚的一个国家，可视为周文明在东方的橱窗。依现在傅斯年的研究，曲阜很可能就是三代之前与早期的空桑，空桑是当时文明的重心。入周之后，曲阜又成为姬周在东方极重要的根据地。（参见《傅斯年全集》）换言之，春秋的鲁国乃是旧文明与新文明的辐辏地，是古希腊的雅典娜，文艺复兴时期的翡冷翠，这些武风不竞的小国却都以蕞尔城邦的格局孕育了极大的文化能量。

季札到鲁国访问，聆听到各国的音乐，这件事情被史官记载了下来。显然，这是一场极不一样的音乐演奏会，是桩政治事件，所以鲁国才会将他们所掌握的王家音乐展示出来。季札出身于一个被视为蛮夷之邦的国家，但季札本人却是当时一位著名的知识人，代表春秋时代的"君子"。春秋的君子很重要的条件是要有古典的修养，也就是要有礼乐的文化涵养；他们对先王的经典知识——六经——要很熟，体之于心，其中的知识即包含语言的技能。这些条件都具备于季札一人身上，季札出身于那么偏僻的吴国，却是周文化最完美的体现者，此人访问鲁国应当已成为一出传奇。其时孔子年方八岁，髫龀之年的孔子对此事的印象一定很深刻，所以传闻中，他后来才会为季札的墓碑题字，这种题碑记录是他人生中唯一的一次。出身南方的季札的音乐修养是怎么修得的？考量周帝国的泱泱之风，很可能，以诗礼乐为代表的周文化的理念在此时已渗透到大华夏地区的许多偏远角落，所以季札才有机会成为宗周文明的体现者。

以季札观乐及孔子礼赞季札这两项事件为线索，笔者认为我们可以了解以《诗经》为代表的诗教在春秋时期的传播以及此时所认定的诗之内涵。在襄公廿九年这场著名的事件中，季札首先听到的是《周南》《召南》之歌，季札赞美道："美哉！始基之矣，犹未也。然勤而不怨矣！"接着是使乐工歌《邶》《鄘》《卫》，季札赞美道："美哉！渊乎，忧而不困者。"乐工接着歌《王》风，季札赞叹道："美哉！思而不惧。"再接着使乐工歌《郑》风、《齐》风、《豳》风、《秦》风、《魏》风、《唐》风、《陈》风，每听完一风，季札皆有评骘，但《郐》风以下，则不再讲评。

《左传》接着再叙述季札听到《小雅》《大雅》《颂》之后，也各有评论，总体而言，其评价更高。比如对《小雅》所下的按语为："美哉！思而不贰，怨而不言，其周德之衰乎？犹有先王之遗民焉"；对《颂》的评价则奇高无比："至矣哉！直而不倨，曲而不屈；迩而不逼，远而不携；迁而不淫，复而不厌；哀而不愁，乐而不荒；用而不匮，广而不宣；施而不费，取而不贪；处而不底，行而不流；五声和，八风平，节有度，守有序，盛德之所同也"。季札使用的判断语言很特别，他使用了"X而不Y"的语式，"X"与"Y"两字有语义相近或语用上相连但语义相悖的关系，季札的用语显示了一种典型的儒家之中和美学。

"季札观乐"是《左传》有名的一则史实，当代学者探讨的文章相当多，但此事件的意义似乎仍犹有可言者。首先，春秋时期，一种宽松的风土论已经形成。风土论的第一层也就是表层的意义认为每国的人的性格是和当地的土质、水、气候结合在一起的，自然人性论反映了自然地理的理论，儒家的诗教政治学和诗教风土论是分不开的，《太史公自序》引董仲舒的话语道：

"诗记山川溪谷，禽兽草木，牝牡雌雄，故长于风。"依据董仲舒、司马迁的说法，《诗经》的国风之所以得名，乃因诗中列出了不少山川禽兽的题材，《诗经》的每一国风，即无异于该国的风土志，[①] 诗是博物学的一环。历史上从博物学的角度阐释《诗经》者亦有其人，且存其书，陆机的《毛诗草木鸟兽虫鱼疏》即是早期的一部《诗经》学名著。

然而，《诗经》有博物学的内涵，《诗经》传达的旨趣却不在实际的地理学知识，《诗经》的地理学、博物学知识还是要和诗人的感之本性有关，直接地说，也就是和战国时期形成的风土人性论有关。《礼记·王制》云：

> 凡居民材，必因天地寒暖燥湿，广谷大川异制。民生其间者异俗；刚柔、轻重、迟速异齐，五味异和，器械异制，衣服异宜。修其教，不易其俗。齐其政，不易其宜。中国戎夷，五方之民，皆有性也，不可推移。东方曰夷，被发文身，有不火食者矣。南方曰蛮，雕题交趾，有不火食者矣。西方曰戎，被发衣皮，有不粒食者矣。北方曰狄，衣羽毛穴居，有不粒食者矣。中国、夷、蛮、戎、狄，皆有安居、和味、宜服、利用、备器。五方之民，言语不通，嗜欲不同。[②]

五方之民的性格各不相同，乃因五方的天地寒暖燥湿，广谷大川异制所致，这是后世所谓"民族性"的早期版本。

风土人性论意指各方之民的性格与各方的地理风土有关，这种相关性可以强势地讲，也可以弱势地讲，弱势讲的风土论，主张风土也可以包含文化的传统。和辻哲郎的名著《风土论》即持此立场。强势地讲，则指自然风土与民性的相应结构。更极端的讲法，甚至将自然界中的某一物提升为决定性的因素。在《管子·水地》篇中，我们即看到这样的叙述：

> 夫齐之水，道躁而复，故其民贪粗而好勇。楚之水，淖弱而清，故其民轻果而贼，越之水，浊重而洎，故其民愚疾而垢。秦之水泔最而稽，淤滞而杂，故其民贪戾，罔而好事。齐晋之水，枯旱而铉，淤滞而杂，故其民谄谀而葆诈，巧佞而好利。燕之水，萃下而弱，沉滞而杂，故其

---

① 《国语·鲁语下》《尔雅·释地》《风俗通义·序》《汉书·地理志下》皆有类似表达。
② （汉）郑玄注，（唐）孔颖达疏《礼记正义·王制》，收入李学勤主编《十三经注疏整理本》，台湾古籍出版社，2001，第73册，第466~467页。

民愚戇而好贞，轻疾而易死。宋之水，轻劲而清，故其民闲易而好正。

所以圣人治国，他只要掌握"水"这项要素，"水一则人心正，水清则民心易"，国家自然可以步入正轨，水被视为"枢"。① 《管子·水地》篇将"水"视为万物的本源，这是本体论的讲法，这种形上学的论述距离现实经验太远。

但如果我们采取弱势论的观点，风土论意味文化的展现与地理环境相关，这种假说有某种程度的合理性。否则，"草原文化""海洋文化"之说即无从说起。我们可以推想在诸国的社会阶层流动还不太明显、国际交往的规模也还不够大的年代，人民被限制在土地上，活动空间可以想象当较为狭窄，主体与风土及社群的关系可以想象一定更为紧密。我们不妨再回想一下滕尼斯（Ferdinand Tönnies）对人类社群特性所做的著名的界定："共同体"与"社会"，"共同体"是由共同文化传统组成的社群，社群成员分享了共同的语言、风俗习惯与信仰；"社会"则是依职业功能所构成的团体，团体成员之间缺少深层的纽带。② "共同体"与"社会"区分的架构被提出来后，还有各种的修正，但作为一种理想类型的设计，"共同体"指向一种筑基于大地之上的农牧社会的特色，应当还是有相当的启发性的。上引各项资料显示上古时期的人是相信各国皆有其风尚的，各国之人的主体体现了各国风土的结构。

我们看季札观乐所下判断的另一个明显特色乃是针对国风的总体判断，而不是针对一首一首的诗立论。如果我们采取作者论的立场，认为《诗经》的每首诗背后都有位作者，作者有其个性，亦即不与其他人共享的特殊属性，每首诗都是作者个人情性的外显所致，那么，季札如何从这么多首诗中抽取"美哉！始基之矣，犹未也。然勤而不怨矣"的判断，其事即不可解。季札之所以下总体判断，显然他不是采取作者论的立场，而是采取一种前近代的、有机的、整体的风土论之立场。诗的作者是无名的，无名的作者乃非个体性的作者，而是一国之风，是集体意志的作者。集体意志下的每一方国的风土人情都被视为内部的有机统一体，而且其风土人情可以区隔于其他方国。

"季札观乐"这则故事传达了一个神秘的讯息：知音论世，音乐即是音乐

---

① 上述引文见（周）管仲著，戴望校《管子》第 2 册，台湾商务印书馆，第 76 ~ 77 页。
② 参见〔德〕斐迪南·滕尼斯（Ferdinand Tönnies）著《共同体与社会——纯粹社会学的基本概念》，林荣远译，商务印书馆，1999，第 52 ~ 94 页。

政治学。"声音之道与政通"是先秦两汉流行的理论，合格的听者从音乐中可以猜到这是哪个地方的诗乐。季札观乐很值得留意的一个现象乃是他当时所听到的乐，其名字、顺序和今日所见的《诗经》基本上一致。很可能，我们今日所见的版本与季札当日所见者，基本上一致。从武王伐纣到季札观乐，已经经历约六百年，一个统一而又具有各地风俗传统的格局已经出现。20世纪下半叶后，由于红山、齐家、三星堆、良渚诸文化的深入挖掘，中国文化的起源之早、之广、之复杂，业已超出前人的想象。各区域或各族群的文化交流应当也已展开，而且规模不会太小。我们从陕北神木村出土原为江浙良渚文化风格的玉琮、四川三星堆也出土良渚文化风格的牙璋，即可略窥一斑。然而从这些文化期到夏代，我们找不到可靠的文字记载，因此，也很难想象一个相对完整的文化地理图像会如何呈现在当时人的意识中。有商六百年，虽然国富兵强土广，商无疑是个伟大的王朝，但各地的文化特色不太容易呈显于此时期的记录中——更别说此时的甲骨文能承载的内容本来就相当有限。① 然而，经过西周春秋六百年的酝酿和积累，中原各国已各有其民情风俗。齐、鲁、郑、卫、秦、晋各有其文化特色，而这些特色即保存在《诗经》中。

《诗经》号称三百首，因而有"诗三百"之称。"诗三百"一词首见于《论语》，很可能孔子当时所说的"诗三百"即是我们今日所见的《诗经》。然而，《诗经》虽然经孔子整编并传播，"诗三百"却不是孔子整编成的，很可能它是周朝历代的官吏在"采诗"的基础上整编而成的。季札观乐，已经传达出一种帝国音乐史的讯息。传说中史官采诗的过程与目的是"遒人以木铎徇于路，官师相规，工执艺事以谏"，这段话出自《左传·襄公十四年》，是晋国乐师师旷规谏晋悼公的话。师谏引的是古老文献的《夏书》之语。师旷是"瞽"，一位精于音乐的盲人。在商周时期，"瞽"很可能是最重要的乐师，他"讽诵诗，世奠系，鼓琴瑟，掌九德、六诗之歌"，据说朝廷有瞽师三百人。"三百人"之数这样的说法当然是夸张的语言，但很可能夸张的语言正反映了采诗说原始的面貌。

"采诗"之说是《诗经》学上的一个大问题，《礼记·王制》说："天子

---

① 甲骨文以卜辞为大宗，记事辞少了许多，纵有记事，其文一般也都很简短。周代的史书说商人"有典有册"，但至少时至今日，考古学家仍未发现其典其册。他日纵然出土，其载录是否能见出各地人情风土，恐仍可疑。

五年一巡狩守。岁二月，东巡守至于岱宗，柴而望祀山川；觐诸侯；问百年者就见之，命大师陈诗以观民风。"秦汉典籍也多有记载。可以想象，如从严格的制度考量，目前可见的文献提供的证据总有些难以说服人之处，如瞽师三百之说。但由季札及春秋时期的赋诗风尚来讲，如果没有一种作为帝国公共教材的《诗经》，观乐或赋诗这样的事件是很难成立的。如果从周代礼乐政治的观点考量，我们更有理由相信：一种作为共同体体现的共同《诗经》文本已经出现了。然而，经过整理，《诗经》已相当"雅言"，也就是相当官方认可的语言，但它的内容却多里巷小民之言，《诗经·国风》颇多采撷自民间，此事当无可疑。《诗经》之所以在先秦儒家教育史上具有特殊地位，在于它的内容遍及君子小人，但却经过大雅君子改编，成为通用于周王朝疆域的文本。只有《诗经》成了共同的教育文本，作为春秋政治骨干的赋诗活动才可运作，礼乐政治使得共享文本的《诗经》不能不走上历史的舞台。

春秋时期已经有共同的《诗经》文本，至少骨干已具备，此义相当重要，我们从以下的现象得到这个结论的线索。首先，《诗经》中各诗韵部的分合，大体一致，无间于地域的区隔。其次，同样无间于朝廷与各方国地域的区隔，我们看到同样的语助词在不同的区域出现，比如"有"字与"其"字，这两个常用的语助词贯《诗经》一书，其用法几无差别。再次，《诗经》中的人称多"君子""士"这样的称呼，这些贵族名称的语汇普见全经，显然不是偶然的。类似这样的现象并非一两见，如果《诗经》没经人整理过，这种现象是不可思议的。事实上，从重复的语句不断出现，以及复沓句成为《诗经》构造上的常套，我们不难发现《诗经》三百首可能多半可以入乐，它的本质带有很强的社会性，这种社会性有可能是长期演变下来的。《国风》原初固然有可能是采风所得的民间歌谣，但它的流传不知已经经过多少代人自觉或不自觉的加工，最后成为定本，定本也就是正典化的经典，而且经典的形成很可能还是周朝史官努力的结果。

只有在《诗三百》已经成为"君子"的基本修养教材之后，我们才能够了解普见于春秋时期外交、公宴场合的献诗、赋诗活动何以能够顺畅运作。在事先没有安排的仪式中，如果没有结构性的文化传承作为不言自明的底蕴，春秋时期的外交根本没有办法进行，"断章取义"那么高明的诗歌政治也无法进行。《左传》记载：僖公二十三年，流离多年的晋文公重耳将返国，秦穆公宴请重耳，重耳赋《河水》，秦穆公赋《六月》。如果不是秦、晋双方人员都事先了解《河水》《六月》诗的内涵，就很难声入心通，结了秦晋之好。至于断章取义的赋诗活动，与会者更需要有临场的智巧和即席的反应能力。如果当日与会双方人士没有共通的诗歌修养而临场赋诗，对方居然还可以了解诗意，这是不可想象的。①

由诗与政治外交的紧密关系，季札观乐内含的"声音之道与政通"，进一步形成诗乐的政治命题，我们在后世会不时看到音乐被负载了许多政教伦理的重量。传说只要在亡国、乱国的时候，音乐会随示先兆，它是一种腐蚀先贤之道的靡靡之音。相反，如果政治在好的轨道上，社会上会出现肃穆中和的声音。《诗大序》所谓："治世之音安以乐，其政和；乱世之音怨以怒，其政乖；亡国之音哀以思，其民困。"到底是时局影响了音乐的表现，还是音乐的表现导致了相应的政局？文献中的说明颇为暧昧。比较周延的说法是两者交互影响，时风影响了诗风、乐风，诗风、乐风反过来又影响了时风。

季札观乐所示基本上是政教判断，但政教判断中也有美学的内涵。他下判断时的用语常使用"X 而不 Y"的语式，这样的语式很容易令我们联想到后世有名的"温柔敦厚"之诗教。在"X 而不 Y"的语式中，X 与 Y 往往是语义相似的关系，或是容易产生行为因果的关系，比如他对《周南》《召南》的评语为"勤而不怨"，因为"勤"容易导致"怨"，《周南》《召南》却传达"不怨"的讯息。他对《颂》的评语"直而不倨，曲而不屈"，"直"容易流为"倨"，"曲"容易流为"屈"，好的诗应该"而不"。季札所用的这种语式在后代儒家学者的著作中不时出现，孔子说《关雎》"乐而不淫""哀而不怨"，因乐很容易流湎过度，哀不节制即为怨。君子的为人"群而不党""和而不流"，一般人结群很容易沦为结党营私，平和很容易沦为滑流。君子面对这种表层语义相近、实质内含相反的弊病，要明确地表达"而不"。在季札这趟观风之旅中，"而不"这种语式使用得最密集的当然是他对《颂》的礼赞，很可能他当时想到的是《周颂》的内涵。《周颂》歌颂了古典文明大突破时期周民族表现出的肃雍之度和泱泱之风。

透过了季札的观乐之旅，至少在春秋时期，我们已看到《诗三百》的规模，也知道《诗经》是当时士阶层的教养教材。此时，一种融合诗书精神的"君子"人格出现了。郑国的子产、齐国的晏婴、鲁国的璩伯玉、楚国的观射父、

---

① 比如"深则厉，浅则揭"一语。

吴国的季札等人是著名的代表人物。这些在春秋时期跃上历史舞台的人物都有训练得极好的贵族知识，"说礼乐而敦诗书"，这些知识都会展现在他们个人的言行举止的风格中，就像师旷说的"修诗以咏之，修礼以节之"①。透过诗、礼、乐的日浸月化，文人合一，他们个人性的风采因而也带着礼仪性展示的意涵，私人即集体的显相，这就是其时的"威仪观"，君子威仪的展现是需要借由诗句在公共领域里展示出来的。诗是外交必备的辞令，是先秦时期特有的诗乐政治的有机成分，而不是泛泛而论的外交辞令。

孔子生于春秋时期的鲁国，那是个王官知识流播四方、诸国使臣报聘不断的年代，"诗"扮演了后世诗歌无法企及的政治外交功能以及人格修养的角色，他深切感受了季札这些君子带来的讯息。孔子仁说的出现是中国史上划时代的事件，他赋予道德修养永世不替的根基。但他的仁说与《六经》的传统不可分割，孔子的诗论是在从西周到春秋这段长时期的风土上形成的。郁郁乎文哉！孔子从周。孔子的诗论构成尔后儒家诗教的核心，诗是人格修养课程中的重要成分，诗、人格、政治密不可分。

二 兴与仁

孔子的诗教常被视为一种伦理的教诲，在早期的文学史或诗史的著作中，孔子的诗教更常被视为封建伦理的代言人。这种在现代文学史或诗史中出现的孔子形象不能说没有一定的道理，孔子论读诗，确实很注重诗的政治伦理效果。孔子的诗教观念确实也承自西周以下的教育理念，诗是为要进入国家公务体制的"君子"服务的。然而，当孔子在人的身上发现了"为仁由己"的充沛能量后，诗的意义也就不可能不跟着改变。孔子的诗教不能不是后政教伦理的修养方式，孔子之后的君子读诗，自然仍要达到事父事君的目的，但其层次已远超出政教伦理圈中的角色之层次，而是和人格的升华连接在一起。

"兴"字无疑是孔子诗学、也可以说是中国诗学的关键字。陈世骧先生提出"中国抒情传统"的假说，其中核心的环节即是对于"兴"字的解释。在甲骨文中，兴字作"🈴"，其义指向四人合力抬舟，其字或于舟字下加"口"

---

① 《国语·晋语八》。

字，当指合力抬舟时，有人发号施令。劳动词汇的"兴"字何以变成诗学的重要概念，过程或许不好解。然而，我们如认为四人合力加上"口"字的造字原义，其义很像鲁迅说的最早的文学"杭育杭育"派的产生，也许可以得到答案的线索。鲁迅说：原始时代原来没有文学的，后来"大家抬木头，都觉得吃力了，却想不到发表，其中有一个叫道'杭育杭育'，那么，就是创作"①。如有记号留下来，就是文学，此人即是文学家。我们如将鲁迅话语中的"木头"改成"木舟"，或许也说得过去。后面这种说法是早期主张"诗歌源于劳动"说喜欢举的例子，鲁迅的说法半庄半谐，当然简化了。

"兴"字的"原义"如何解，就像大部分的甲骨文字如何解一样，都不能不带有诠释的成分，但"兴"字包含"众人合力做出兼有言声的行为"此义，应当是合理的设定。此义如引申到诗歌中"赋比兴"的"兴"义，我们可以说它意指"回荡于众人之间的声音行为"。笔者这里之所以用上"行为"两字，是意指"兴"字的造字本义或诗的"兴"之原义不只语义的含义而已，它也是身体表现的部分，我们如果从语言行动学派的角度，对于诗之兴的意义或许更可以切入，它意指"可以在人与人之间引发形气主体发出语言的行为"。我们由此来看《文心雕龙·比兴》篇的著名定义："比者，附也；兴者，起也。附理者切类以指事，起情者依微以拟议，起情故兴体以立。"其义正可相发明。"比"是"附理"，也就是它的旨趣有条理可寻；"兴"是"依微"，也就是它的运作隐微难寻。"兴"字一向难解，后人释义纷纷，《毛诗正义》有"理隐"之说。然而，从造字原义到《文心雕龙》的解说，意思是连贯的。

在作诗方法的赋、比、兴三法中，"兴"与"比"的关系颇为密切，也颇难明确划分。大体说来，两者同样有比喻的蕴含，亦即以一物比一物，但"比显而兴隐"。"比"固然指的是比喻，"兴"也借着外物之象以引发心中之情，外物与心情之间虽然不像比喻那般有明确的类比作用，但依然有两者的关联性存焉。不但如此，两者的关系虽然隐晦，成功的诗歌所用的"兴"的表达方式，通常能够更深刻地联结两者。《诗经》中有名的关雎、桃花与爱情的联结，或杨柳、雨雪与思旧的联结，在《关雎》《东山》诗出现之前，两

---

① 鲁迅：《且介亭杂文·门外文谈》，收入《鲁迅全集》第6卷，人民文学出版社，1982，第94页。

者意象的关系原本都在晦涩有无之间，很难看得出来。但经过诗人的妙笔与读者的妙解，两种意象的隐藏曲道被沟通了，以自然意象表达心中之情的效果特别显著。

《诗经》学中"兴"的表现手法的特色，简要罗列有三，一是"起情"，二是"以一物引一物"，三是表现与被表现的关系相当隐晦。比较"兴"字的造字原义，除了"四人合力抬舟，口发声音"是彰显性的行为，此点与诗之"兴"的隐晦意义有别外，"起情"与"口发声音"、"物象与物象之间的关系"与"四人合作发声抬舟"两两之间，仍可看到传承的轨道。但从体力劳动的"兴"的行为演变到诗歌创作的"兴"的方式，后者自然是复杂而精致多了。本文的重点不在追溯"兴"字的原始字义，原始字义只是引子。关键在借此引子以追溯诗之"兴"与孔子之"仁"的解释，下面我们还是要回到《论语》的文本。

我们观刘勰所用"起情"一词，很难不想到《论语·八佾》篇这则记载：

> 子夏问曰："'巧笑倩兮，美目盼兮，素以为绚兮。'何谓也？"子曰："绘事后素。"曰："礼后乎？"子曰："起予者，商也！始可与言诗已矣！"

我们生于《论语》编成两千五百年后，会联想到刘勰的"起情"说与《八佾》篇所述"起予"一词的关系，刘勰当年也未尝没有这种联想，事实上，笔者认为刘勰的定义正是取材于《论语》这则记载。当子夏问"巧笑倩兮，美目盼兮，素以为绚兮"何意时，孔子回答说："绘画之事，先打素底，再施色彩"，子夏马上回应："礼后乎？"意指人先有好的人格质地，再行之以礼，则尽善矣！孔子极高兴，既赞美子夏的理解可以进入诗的国度，同时也赞美他的解释引发了"起情"的作用。

"兴"既是与作者创作有关的方法的问题，也是读者读诗的方法的问题。读者读诗，首先要"兴起"，也就是他的存在状态要被唤醒。其次，他要在诗句与另外的事件产生意义的连接，比如在"绘事后素"的绘画事件与"忠先礼后"的道德事件产生连接后，从此，一件美学事和一件道德事就有了关系。人的伦理关系是有意义的关系的连接，兴的意义就和概念隐喻学派所强调的隐喻的价值一样，也是在两个事件（或意象）间做有意义的连接。一桩隐喻事件都有来源域和目标域，隐喻正是透过语言的中介，将这两个领域的事件连接在一起，因而产生意义的深化与活化。子夏是孔门中以传统文献见长、以"文学"专长留名青史的大儒。《论语》所说"文学"意指"文章博学"，也就是文史之类的知识，其意与今日所说的美感形式的"文学"意思不同。这种以经史子部见长的人物，通常和以集部见长的人物，生命倾向迥异。但子夏在与孔子的对话中，深刻化了感性的内涵，将"诗"的领域和"礼"的领域接通了，由此转化了感性的性质，拓宽了生命的视域。

孔子的诗论大抵都有"起情"以及"透过物象的联结以扩大生命领域"的双重作用，我们且再看底下一则他与另一位高徒子贡的对话。透过这场对话，我们看到孔子也赞美子贡："始可与言诗已矣！"这句话我们第二度见到了，这也是《论语》中仅仅出现的两次。《论语·学而》篇：

> 子贡曰："贫而无谄，富而无骄，何如？"子曰："可也。未若贫而乐，富而好礼者也。"子贡曰："《诗》云：'如切如磋，如琢如磨。'其斯之谓与？"子曰："赐也，始可与言诗已矣！告诸往而知来者。"

在这段对话中，我们没有看到"起予者"之类的话语，但孔子本人的兴奋之情，以及他认为子贡读诗有得的"起予"之情，都意在言中。在这段师生的对话中，目标域是"富而好礼"，也就是比"贫而乐"更高一层的人格修养；来源域则是治玉工程的两个阶段，也就是从初级的采玉、切割、画样以至完工前的"如切如磋，如琢如磨"。子贡借着治玉的意象比拟道德的进阶，但又不用明喻，读者听了，会意知情，就能了解他是在描述一种生命扩大的生命经验。学者能安贫乐道，这样的修养程度已经不错，但他如能在富贵之后，接受礼乐教化的洗礼，那就更可贵了。美质加上礼乐的文化熏陶，最终会形成"温其如玉"的人格特质。

子夏、子贡是孔门十哲中人，三千子弟中的高弟，孔子和他们谈诗论道，极为相得。为何会如此相得？或者直接问：为什么一种今日视为感性活动的读诗经验，孔子会赋予如此高的地位？或者我们更可以延伸问道：子夏、子贡读诗，显然都在诗的感兴活动与道德修养之间，连上紧密的线，如果诗的活动建立在"兴"的基础上，孔子的道德活动则总结在"仁"的德目下，那么，"兴"与"仁"到底是什么关系？据说孔子与学生论诗，往往从诵诗、论诗开始，但从他与高徒子夏、子贡的对话中，可以看出彼此都有更精进的诗之体验。

我们的问题其实已隐隐指向了答案，简单地说，孔子的仁固然指的是道德情感，但仁这一道德情感不离生命这一载体，道德情感也是形气并起的身体情感。"不愤不启，不悱不发"，仁是愤悱之情。不守三年之丧，"汝心安乎"？不安是种不能自已的不自得、不自在之情。孔子论仁，随事指点，但切入点多在生命的跃起之情。此种表达方式后来更见于《孟子》一书，孟子论仁，都从"见牛觳觫而死的不忍之心""见孺子乍入于井的恻隐之心""见亲人骨骸不得其所的愧疚之情"，由此入手指点。愤悱、不安、不忍这些按捺不住的生命跃动构成了仁的表现样态。在各种文化形式中，诗似乎是最易引起生命跃动的文类。孔子论仁，与孔子以诗之兴指点学生，可视为同一桩道德事件的不同途径。宋代程明道、谢上蔡继先秦儒学而起，他们论"仁"，特别强调仁的"生生"之意，也特别强调道德情感的知觉之意，这种诠释方式其实远有所承。在理学家当中，程明道特别善于以诗引人，而且特重"仁体"的发挥，我们从中可以看到前圣后贤的承继精神。

"兴"要在两种物象之间产生有意义的连接，以扩大生命的领域，这项特色与"仁"的特色恰可相互发挥。在儒家仁的概念的诠释史上，仁有各种的解释。但仁者的爱不能局限于个人的范围，当与他者产生连接，而且他者是没有类别区分的时候，从家庭、我族、异邦人士以至天下万物，都当包括在内。但原则上当从最亲近的家庭开始，"亲亲而仁民，仁民而爱物"，这样的实践步骤可视为儒学共法。在汉儒与清儒当中，有种"相人偶"的诠释观点，"仁"是要在人与人之间产生的，也就是要有人伦的关系才有"仁"。离开合理的人之关系，即没有主体性的"仁"的道德情感。学者如要体得仁的这种扩充性，由诗入手，或由诗乐入手应当是极佳的途径。乾嘉学坛祭酒阮元论"仁"与"相偶性"的关系，言之最切。

我们由诗的感发与世界的连接入手，应该可以找到"兴"与"仁"的衔接点。但感发与关系的联结尚不足以说明诗的规范性问题，孔门论诗，极重视人格的修养义，强调作诗或读诗的感性活动中不能有与道德意识脱钩的纯粹美感意识。不管这种美善相合的理论是完美还是不足，儒家的诗教的定位即是如此。缺少善的属性的诗作在儒门诗教中不能有容身之地，即使诗作的内涵是伦理之恶，儒者总要寻出题材为恶的善之效应的机制。

　　论及孔子诗教，任何人都不能脱离"诗三百，一言以蔽之，曰思无邪"（《论语·为政》）的框架，这句话是孔子对整部《诗经》所做的总体判断，头尾完整，分量十足，不会是所谓"没巴鼻"的话。但如果我们从诗的题材着眼，有些诗的内容显然不合儒家的价值体系。如《召南》所说："有女怀春，吉士诱之"以及"舒而脱脱兮，无感我帨兮，无使尨也吠"；《巷伯》所说："取彼谮人，投畀豺虎。豺虎不食，投畀有北。"这些诗句再如何解释，都不合儒家的伦理关怀。宋代王柏所以甘愿冒大不韪，有删诗之举，即源于他的诠释忠于他的阅读经验所致。

　　面对"思无邪"与"不道德题材"间的矛盾，朱子从读者的反应着眼，强调孔子所以如此说，乃因"善为可法，恶为可戒"①，"无邪"不在题材的善恶，而是在读者读之所引发的"可法"与"可戒"。朱子是理学家，理学家读诗常被今人批判为带头巾气、道学气。但朱子从"读者反应理论"的角度切入诗的解读，其观点是符合《论语》一书论诗的视角的。《论语》的话语是要为万世立法的，书中的预设是后世读者的反应，他可因阅读的效果转换视角、转换心境，以期转化人格，臻于至善。然而，"恶为可戒"的效果如何产生？朱子说要"思"。因为"若只就事上无邪，未见得实如何？惟是'思无邪'，方得。思在人最深，思主心上。"②朱子的解答虽然顺孔子之语而言之，但"思"是关键，只是朱子所言未免稍简，仍难以解惑。

　　孔子的诗教重视"思无邪"，这是确切无疑的，"兴"的感兴读者与感通世界，已为"无邪"之思奠定了基础。但从有邪之诗转化成无邪之思，显然中间需要经由内容的转化作用，如果没有读者的转化作用，而只是接受—反应的模式，人格净化至乎无邪之境应该是不会发生的。论及诗的性格的转化，首先，我们应当注意孔子所接受的《诗经》内容出自各种阶级、各个方国，但在一个或一段难以确定的年代，其内容曾经被大雅君子整饰之、入乐之，以符合姬周礼乐文明教化下的公共教材。阅读这些公共教材的士君子被预期是要将这些诗歌内容转化成他日后公职岁月的文化资本的。《诗经》的文本在上古时期的某个阶段一成立，即奠定了读者转化工程的基础。

　　孔子所作乃继西周春秋的君子所奠基的教化工程，再做更精进的发展。

---

　　① 《朱子语类》卷二十三。
　　② 《朱子语类》卷二十三。

《诗经》的题材最令后世儒者感到不安的，莫过于其中颇有些不合礼法的男女之情的内容。但我们在《论语》一书中，恰好看到孔子曾对这些似乎不太雅驯的文字做了意义的转化。比如下面这则曾被王国维特别提出来表彰的章句。

> 唐棣之华，偏其反而。岂不尔思？室是远而。子曰："未之思也，夫何远之有？"（《论语·子罕》）

《唐棣之华》是首极具男女情思的情诗，诗中主角之言显然是托词，但这种不诚之言在男女情感变质时却常出现，主角的不诚正显示诗篇"作者"的勾勒功力。然而，孔子加一按语"未之思也"，其言极具重量。孔子是在给诗中主角做道德判断，文意上好像讲得通。但"思"字在《论语》中大概不太作"思念"解，而多作一种严肃的思考解。朱子说："思在心上"，其义最重，他的判断是有道理的。

孔子的"未之思也"的"思"和"思无邪"的"思"应该是同一种意思，换言之，他对《唐棣之华》做了语义的转换工作，"思"从男女的思慕之情变作了普遍性的"正思"之思、"哲思"之思。一首男女情诗的性质就此转化，变作了励志之诗、修行之诗，其义有如孟子所说"心之官则思，思则得之"之意。

孔子转化诗的私情内涵变作普遍性的命题，关键在"思"，我们且再举《诗经》第一首《关雎》为例，略进一解。《关雎》是首情诗，大概很难反驳。此诗首章："关关雎鸠，在河之洲。窈窕淑女，君子好逑。参差荇菜，左右流之。窈窕淑女，寤寐求之。求之不得，寤寐思服。悠哉悠哉，辗转反侧。"其意非常明白，显指男求女的阶段。第二章以下的"参差荇菜，左右采之。窈窕淑女，琴瑟友之。参差荇菜，左右芼之。窈窕淑女，钟鼓乐之。"应当指的是求女有成，终结连理之事。此诗全诗呈现的是一组完整的恋爱事件，他指向发生于两个个体上的私人事件。

孔子也读出私人性的恋爱诗性质，但他将恋爱中的哀乐普及化了，孔子赞美此诗"关雎乐而不淫，哀而不伤"，他不谈男女之情的进展如何，而是采取中和美学的视角，主张哀乐之情的节制化，一切情感都要在符合情感平衡的要求下自行中和，孔子对此诗的修养效果高度赞美。在《孔子诗论》这一新出土的文献中，孔子更赞美此首最后能纳情于礼，男女私情在广大的价值体系中获得安置。到了毛诗时，《关雎》更被视为表现"后妃之德"的诗作，此是后话。简而言之，孔子的诗乃是其礼乐政治学的一部分，礼乐政治学更是他"仁学"的一部分。

通过"兴"的主体感发、生命扩充以及言行的规范化，孔子诗论所发展出来的情是普遍之情，普遍之情仍是情；它接近于具有普遍意义的道德情感，道德情感也是情。士子读诗，设想会"起"、会"兴"，也就是会唤醒全身潜存的动能，并与诗的意象产生不自觉的连接，因而扩大了生命感通的范围，增强了感通的能量。诗显然是仁的好伙伴，或许该说，诗是仁的外显形式，诗也是"道之显者谓之文"的那种意义的"文"，它是"声文"。孔子论仁，赋予"仁"字兴起、润泽、感通、规范性的内涵，这些内涵在他的"诗"观中几乎都有。仁者最后要"浑然与万物同体"，诗人毕竟也要"体天下于一心"。"浑然与万物同体"是程明道之语，"体天下之心以为心"是孔颖达之语，但可说都是从孔子的仁说引申出来的。儒家的诗论后来会发展出无声之乐那样的形上之诗，或"天地之心"那样的宇宙情感，看来是有发展脉络的。

三　《孔子诗论》的印证

孔子的诗论强调诗的政教功能，甚至主张诗有"迩之事父，远之事君"的功效，这些都是事实。孔子这些话既是事实语言，也是规范语言。但孔子论诗，注重诗与人格成长的关系，特重兴的功能，这也是文学史上的常识。诗的政治性格与诗的修养性格原本不冲突，但诗的双义的价值位阶确实需要安排。窃以为孔子论诗，只能以诗的人格修养义为第一义，诗的政治性格是重要的第二义，政治性要受人格性的规范。因为在心为志，发言为诗，诗是主体的语言表现形式，换种说法，也可视为仁的实践方式。在仁诗同体的格式下，诗之于政教伦理当是后政教伦理的价值。

诗教是极古老的概念，但诗具有重要的精神修养、甚至是人格论的意义，其义不能不说始于孔子。孔子本人特别注重诗的教化功能，而他所重的教化在于润成人性、滋养人格，这都是相当明显的。20 世纪末，因上海博物馆公布馆藏《孔子诗论》佚文，孔子论诗的风格才得以更具体地显现。上博所藏《孔子诗论》竹简可能出于战国中期，未必是孔子手订——先秦的著作有诠作者、手订者，盖亦鲜矣！先秦著作的"作者"问题是个不易澄清的泥淖，但孔门有较强的学派意识，传承的概念较强，《孔子诗论》顾名思义，应该可以反映孔子的诗论。

《孔子诗论》杂取诗篇或诗句，主要见于今本《诗经》中的诗加以讨论。就形式而言，颇简要，简要到几乎可以作为新的批评精读论的反面教材。但此文文字虽简，却有体系。依照文字的表达方式，《孔子诗论》明显地可以分成三组，第一组可名为关雎组："《关雎》之改，《樛木》之时，《汉广》之知，《鹊巢》之归，《甘棠》之报，《绿衣》之思，《燕燕》之情，曷？曰：重而皆贤于其初者也？"作者接着回答道："《关雎》以色喻于礼，《关雎》之改，则其思益矣。好，反纳于礼，不亦能改乎？"类似的叙述方式一一施之于《樛木》之时、《汉广》之智、《鹊巢》之归、《甘棠》之报、《绿衣》之思、《燕燕》之情。这些诗的主旨虽或言"改"，或言"时"，或言"智"，题旨不同，但其诗皆显现了向上、向善的发展。这些诗都有发展的结构，一首诗即是一个重要德目朗现的历程，我们或可称此组诗为"修养"组。

第二组诗涉及《诗经》多首诗，此组中的每一首诗都显示了人性固有的情性，孔子说这是"民性固然"，这组诗因此也可称作"民性固然"组，包括四诗《葛覃》《甘棠》《木瓜》《杕杜》：

> 吾以《葛覃》得氏初之诗。民性固然，见其美必欲反其本。夫葛之见歌也，则（简序16）① 以叶蒌之故也；后稷之见贵也，则以文武之德也。吾以《甘棠》得宗庙之敬。民性固然，甚贵其人，必敬其位；悦其人，必好其所为。恶其人者亦然。（简序24）
>
> （《木瓜》）币帛之不可去也。民性固然。其隐志必有以喻也。其言有所载而后纳，或前之而后交，人不可干也。吾以《杕杜》得爵……（简序20）

孔子的人性论与天道论据说是无法听到的，但在此篇中，孔子却大量地使用"民性固然"的语式。孔子仍然没有介入战国时期人性善恶论的争辩，但他认为从诗歌的表现，我们可以看出人性对于好的价值自有一种正面肯定的倾向，我们或可称此组诗为"吾性"组。

第三组由《宛丘》一词起头，整理者名之为"宛丘"组。此组诗论云："《宛丘》吾善之，《猗嗟》吾喜之，《鸤鸠》吾信之，《文王》吾美之，《清

---

① 简序依据李学勤《〈诗论〉简的编联与复原》，《中国哲学史》2002年第1期，第5~8页。

庙》吾敬之，《烈文》吾悦之，《昊天有成命》吾□之。"接着解释道："《宛丘》曰：洵有情，而亡望。吾善之。《猗嗟》曰：四矢反，以御乱。吾喜之。《鸤鸠》曰：其仪一兮，心如结也。吾信之。……"如是云云。此组诗其实可名为"吾善之"组，因为全组的诗论的组分方式都是在引诗题或诗句后，加上"吾Ｘ之"的语式，这种语式都是以读者反应的模式对原诗题或原诗句，加上一个价值判断的语句，如吾善之，吾喜之，吾信之，吾敬之，吾悦之云云。读者的反应可以说是诗句引发出来的，却是要读者以第一人称"吾"兴感起来的。孔子闻诗，有"起予者，商也"此说，此组的诗因此可称作"起予"组。

这三组诗的语式不同，第一组诗指向价值的叙述性的完成，第二组诗指向人民对于构成文化生活的德性的天生的偏好，第三组诗则指向读者阅读诗歌以后兴起的一种价值回应。但这三组诗如果我们放在诗史的脉络下理解，它们的特色还是非常清楚的，首先，孔子对于诗歌的解释是去除作者私密性的情感，而指向了普遍性的伦理情境。孔子眼中的诗作与作者的个人情性无关，诗应当有扩大化的作用。《关雎》是《诗经》三百首中的第一首，《论语》中曾下了"乐而不淫，哀而不伤"的著名判断，《孔子诗论》中又说此诗"以色喻于礼""好，反纳于礼"。《关雎》明显地和男女之情有关，说是情诗，固不为过。《诗经》是贵族的教材，以培养君子的人格，这应是可以接受的假说；但贵族的教材有可能来自民间流传的诗歌，《国风》的诗歌之大宗可能源于民谣之改编，这也是可能的。孔子对诗与男女之情的关系，并非没有认识，《论语》中记载孔子曾对"唐棣之华，偏其反尔。岂不尔思，室是远而"的诗句，下了一句极符合人情的判断："未之思也，夫何远之有？"此一判断既是对诗的判断，也是普遍性的道德判断。孔子从男女情感事件中不实的遁词引申，指出诚实之思的可贵。这是由情喻义的指引方式。

《关雎》一诗的内涵更丰富，此诗由男女之思开始，先是"思之不得，辗转反覆"，最后却终之以"钟鼓乐之"，情感不但顺畅发展了，而且是情礼合一，诗作作者以"钟鼓"象征情感的美满。孔子借此诗以喻情感的辩证发展，它哀而不伤，乐却不淫，此诗的情感所以能不偏至发展，乃因诗中主角能找到更好的表达方式，也就是它让私密性的情感置于共通的规范之下，最后因而能达到一种和谐的情感。这种透过诗乐引导的发展方向，不使它偏至发泄，而是经由普遍性的礼的中介作用，以达到情礼合一，这是儒家诗教的一大主轴。

从诗的去私密性、偏至性的情感出发，我们可以理解孔子论诗，何以偏重读者的兴奋兴起，而不太重视作者的原义为何。所以纵使诗的作者或题旨明显地已涉及了特定的作者论，孔子读其诗，重视的依然不是此诗主人翁的个人英雄事迹，而是它所引发的普遍性的道德情感，如《甘棠》之赞美邵公，《文王》《清庙》诸诗之赞美文王，邵公与文王在诗中皆成了普遍性人格美的象征。凯泽林（H. Keyserling）论中国艺术的特质时有言：

> 具有代表性的礼仪对更为完美、更为个性化的塑造不仅不会起到阻碍作用，恰恰相反，这样的礼仪在大多数情况下会将个人的塑造包含在内。当一种艺术愈加接近完美的程度，它也就愈加经典，也就是说：偶然的个人因素愈加升华为普遍性适用的东西。同样的道理，人类亦是如此。一个人愈是收心内视，沉思默想，升华思想，个人的因素便越来越多地退到了幕后，而其本质则越来越多地表现出具有普遍适用性的元素。因此，一切真真实实的伟大人物较普遍个人更具有典型性。①

我们将凯泽林这段评论中国艺术的文字移到中国诗歌上去，依然适用。在诗中的个人是普遍性的人的情况下，读者读之，引发的反应不是涉入作者的意图或其各人传记为何，而是它所代表的道德意义。孔子诗论因此是种工夫论，读者借读诗以兴发情感，拓展感性的界域。

《孔子诗论》的第二组论"民性固然"，第三组论"吾善之"云云，前者由诗的旨义反思人的本性的倾向，后者则由诗的旨趣直接引发读者的心理反应。前者是反思判断，后者是兴发回应。前者"民性固然"的"民性"并没有直接涉及性的善恶这个著名的论断，也没有直接涉及民性的本质，如人是语言的动物或政治的动物云云。但《孔子诗论》确实直接涉及人性中一些重要的倾向，从"民性固然"的语式来看，这些重要的倾向可以视为人性构造中先验的成分，如《葛覃》诗之所以重要，乃因由诗句之"葛"可追溯其原始材料之絺绤，读其诗，因而"知其美必欲反其本"。我们如将"反其本"对照《论语》中所说："君子务本，本立而道生，孝弟也者，其为仁之本与!"或"礼之本"之说，则知"葛覃"之诗所说的"反其本"自然是儒门内的脉络。

---

① 〔德〕赫尔曼·凯泽林（Hermann Keyserling）著《另眼看共和——一个德国哲学家的中国日志》，刘姝、秦俊峰译，福建教育出版社，2015，第52页。

如果说诗歌可以引导人回到德性之本，这是民性固然。如果用儒学的术语讲，即是由"礼"返回至"人情之本"。但这样的引导方向不是单向的，诗教不是性论之学领域中的"复性"或"复其初"之教；它既强调了先验的人性的成分，也启示了人性实质内涵的情是要表现出来的，诗是透过语言媒介表达深沉的意念之艺术。但在人的世界，表达不一定是直接的，它需要经由"礼"的媒介。《木瓜》这一首诗反复言及"投我以 XX，报之以 XX"，如"投我以木瓜，报之以琼琚"，"投我以木桃，报之以琼瑶"云云，孔子说，这样的诗显示作为见面礼的"币帛"是不可少的，因人隐藏的意向（隐志）总是要让人知晓的，人的语言要搭载在媒介的物上，才可被人所接受，所谓"言有所载而后纳"。《孔子诗论》此处所说的"币帛"乃是礼的具体化，《木桃》一首诗显示给读者的，乃是情礼的一致化，礼因人情而为之，但情要依礼而显现，礼反而是情的具体化原则。

《孔子诗论》的第一组与第二组诗显示了人情与表达的媒介之间的关系，这两组诗显示了"论"的精神，亦即对诗旨的反思。第三组诗则强调读诗的直接反应，就读者反应的立场来看，这是直接性的表达，原诗的旨意与读者心性之间的直接触及与直接回应，"吾善之""吾喜之""吾信之""吾美之""吾敬之""吾悦之"，作者、读者的"吾"以及作为诗旨的"之"字，经由"善""喜""信"之类的情感词语联结了起来，引发了读者直接反应的效果。

《孔子诗论》广论诗意，虽然对每首诗的描述都言辞简略，但这些语言最后都指向了作者－读者－诗旨之间的诗学问题，也指向了情感、人格、礼之间的儒学根本问题。第一组的"修养"组指向了诗与修养成人的关系，第二组的"民性"组指向了诗与人性的天然联结，第三组的"起予"组则直指诗的感发作用。《孔子诗论》的整体旨趣指向了诗与人的本质关联，此义无疑是孔门诗教的核心。

四　结论：另类的"性其情"

孔子生长的春秋时期并不是幸福的年代，诸侯争霸，戎狄交侵。但就文化的传播而言，春秋或许是个不错的年代。因为封建解体，知识散播，士子有更大的活动空间。而文质彬彬的周文化虽然已不太可能处理日益复杂的新局势，但它的礼乐精神显然仍在起作用。作为周文化载体的知识分子此时以

"君子"的名誉活动于各国的政治舞台，这些君子受过良好的贵族教育，他们将周文化的精神带进政治与外交领域，形成春秋时期特殊的礼乐政治。在他们接受的周文化的礼乐教育中，诗是其中重要的环节。作为姬周帝国共同教材的诗歌选集当时业已存在，这些来自早期的诗歌跨越了相当长的时段、不同的方国、不同的阶级，但基本上已经过整饰、改编，最后形成了《诗三百》的概念。整理过的《诗三百》既保存了原先采集地的底层结构，拥有诸国之风，也由周文化的理念贯穿全书。在孔子生前，诗为教育君子而存在，诗文化的重点在读者，不在作者，读诗意味着周文化与各方国的风土精神的体之于身。

孔子的诗论承继先前的君子，他的诗论的重点一样重读者，而不重作者，读诗的目的一样是要栽培具有礼乐精神的士人，以便出仕，服务桑梓。但与先前的君子比较，孔子对诗有论，先前的君子基本上没有。子产、晏婴这些君子能将诗体之以身，威仪棣棣，言辞侃侃，却不能或没有将它宣之以论。在孔子生前，重要的诗的主张大概只有"诗言志"一语，这句重要的话语出自《尚书·尧典》，《尧典》成为定本的年代不可考，但年代先于孔子应该是可以接受的论点。

诗之有论，严格说来，应当始于孔子。孔子论诗，最大的特色乃是仁、诗一致，诗是道德实践的载体，也是人格外显化的符号，在心为志，发言为诗。诗的表现方式很可能是诗乐一体，诗以有韵律、节奏、潜存的身体运动的方式展现出来，诗仍是抒情。但孔子论诗，其诗之情基本上已去掉私人性或私密性的个人情感，转为普遍性的道德情感。即使情念甚强的恋爱诗，如《诗经》第一首的《关雎》，孔子都可将它纳入具有伦理规范的夫妇一伦加以定位。佚诗《唐棣》所述的男女之恋之"思"，孔子也会将此情念之思转化为意念诚实与否之思。中国诗的一大特色常被视为"抒情"，"抒情"指的自然是带有私人情性的书写方式，里面的内容洋溢着他的个人风格表达出来的经历、感受等。但孔子诗论中，这些私密性的内涵基本上都不存在，他的诗论的情是公共意义的情，他是站在春秋君子所接受并诠释过的诗之公共性上，更向前一步的发展。

孔子诗论基本上是沿袭《尚书》"诗言志"的传统而来，但赋予"志"更多道德情感的内容。因为有了《论语》一书，我们遂有了一个较完整而清晰的古典诗学的图像，春秋是礼乐文化向下渗透，而个人情志尚未从共同体精神分化出来的时代，诗在当时是扮演公共情感的语言形式的角色，就像孔子的仁是扮演公共性道德情感的角色一般。孔子诗论的诗是推动士子进入统治阶层的利器，其效用与隋唐后科举制度的诗有类似的效用，但两者却建立在不同的思想基础上。孔子诗论的抒情是纳私情于后礼仪规范的价值体系，春秋时代的君子与早期儒者不必受到太多私情与共情相冲突的折磨。

从后世诗歌的发展来看，一种缺乏私人性因素的公共情感之诗未免相形单调。在孔子后两百年的战国楚国，我们很快会看到严格意义上的中国第一位诗人屈原应世而生，他的作品充满了跌宕跳跃的情感、瑰丽神怪的意象，这样的情感自然也是具有公共意义的道德情感，但它无疑渗满了屈原强烈的个人关怀。这种强烈个人的道德情感的诗集《楚辞》出现不久，几乎就和《诗经》取得相抗衡的地位，两者同样被刘勰列入"文"的两大枢纽当中。战国以后，从屈原、陶渊明到杜甫，我们看到典型的中国的抒情诗的风貌。这种诗一方面更切近于诗这一体裁该有的内容，他们的作品后来果然也都成了诗的国度里的经典。但另一方面，孔子诗论里那种肃雍从容、个人情意直接融进共同体精神的内涵却没有了，那个时代再也回不来了。"诗无邪""诗人统天下之心"的声音遂凝止于古典时代的上空，圣人的话语仍是引导后世诗人的典范，但那种非私人性的公共情感的解读则逐渐黯淡，变得不可理解。

爱人与自爱

——仁爱内涵的不同侧面

向世陵

摘　要：仁爱是爱己与爱人、自爱与爱他的统一。"仁者自爱"，自爱是儒家仁爱观不可或缺的内涵。"自爱"为"仁之至"重在期待自爱与爱人的完美结合。注重"先人后己"之爱，不等于排斥自爱，恰恰是从反方向确认自爱的基点价值。要实现爱己的目的，必须从"人"而非从"己"出发，才可能收到良好的效果，这也是在互敬互爱基础上形成健全人格的理性召唤。仁者爱人是普遍性的命题，自爱之道不是单纯的爱己之道，割裂"自爱"与"爱人"，过度自爱而不爱人，不能被许之为仁，尤其对国家统治者是如此。从为政治国效用出发的"爱人为大（先）"，离不开"爱由中出"即内在仁性生成彰显的心性根源。人之行仁守礼，目的在促成人的自爱自敬，包括现实政治层面的疏解在内，最终使自爱与爱人真正融通起来。

关键词：仁爱　爱人　爱己　自爱

作　者：向世陵，中国人民大学国学院教授，博士生导师，孔子研究院副院长。

"仁"是孔子的核心思想，也是儒学的根柢。但"仁"的概念及其"爱人"的内涵都不是从孔子开始，它有一个长期酝酿和发育的过程。最初主要在品格和德行的层面使用的"仁"，逐步被赋予了一般的人类之爱的意义。

作为一种普遍而深厚的情感，仁爱体现的是人内在的深层心理需要。如果说物质需要可因一定程度的满足而暂时中止——"譬若临河饮水，饱而自足"；心理或精神需要则不同，它是持续以至终生的过程。而且，时间上的持续是与空间上的不断往返传递相呼应的："甲对乙的爱，不仅唤起——如果没有任何阻力的话——乙对甲相应的爱，而且在报以回爱的乙心中，衍生出一种温暖人心的、唤起生命的爱的能力；这种趋势自然导致乙对丙和丁也产生爱。这条河在道德宇宙间继续流淌，由丙至丁至戊至己——以至无穷"①。就是说，爱是会感染人的，并且会带来回报。在情感的相互传递之中，爱不断推进以至永远。

但爱不仅仅是情感，它也是理性的行为，而行为的对象，则是包括己身在内的一切人。因为"己"亦是人，故也应当被爱。无论是己与人还是我与他，都属于爱的对象，都统属于"爱"的范畴，并从而衍生出爱人与爱己、自爱与爱他等多重关系。这些都是儒家仁爱观必须要考虑的问题。

一　仁者自爱

仁者"爱人"，自孔孟以来可以说已成为儒家的共识。但言爱人，并不意味就不爱己。爱己，或者说具有更鲜明的伦理色彩的"自爱"也是儒家仁爱观不可或缺的内涵。并且，在荀子，它成为仁者的根本规定。《荀子·子道》记载：

> 子路入。子曰："由，知者若何？仁者若何？"子路对曰："知者使人知己，仁者使人爱己。"子曰："可谓士矣。"子贡入。子曰："赐，知者若何？仁者若何？"子贡对曰："知者知人，仁者爱人。"子曰："可谓士君子矣。"颜渊入。子曰："回，知者若何？仁者若何？"颜渊对曰："知者自知，仁者自爱。"子曰："可谓明君子矣。"②

《荀子》中的这一段话，在《孔子家语》中也有，如下：

> 子路见于孔子，孔子曰："智者若何？仁者若何？"子路对曰："智者使人知己，仁者使人爱己。"子曰："可谓士矣。"子路出，子贡入，问亦如之。子贡对曰："智者知人，仁者爱人。"子曰："可谓士矣。"子贡出，颜回入，问亦如之。对曰："智者自知，仁者自爱。"子曰："可谓士君子矣。"③

---

① 〔德〕马克斯·舍勒：《基督教的爱理念与当今世界》，刘小枫选编《舍勒选集》下，三联书店，1999，第827页。
② 王先谦著，沈啸寰、王星贤整理《荀子集解》，中华书局，1988，第533页。
③ 《孔子家语·三恕第九》，陈士珂辑《孔子家语疏证》，上海书店，1987，第58页。

在《荀子》与《孔子家语》这两段话中，孔子评价学生的表述只有细微的差异，即《荀子》的进阶是士－士君子－明君子，《孔子家语》的进阶则是士－士－士君子，相较而言，《荀子》的层次要较《孔子家语》分明。在文献上到底谁抄谁，这里暂且不论。就其思想言，子路、子贡、颜渊在孔门四科十哲中，表现为从"政事""言语"到"德行"科的逐次提升，故其境界也相应有不同。面对孔子关于如何定义智者与仁者的提问，学生对"智者"都突出了"知"的智慧角色，而对"仁者"，他们各自的规定都是以"爱"贯穿，显然对以爱言仁的孔子思想已有相当的把握。但限于各自的境界高低，对爱的理解却有颇大差异。子路的使人爱己，重在通过自己的善行而赢得他人之爱，这是修身而有所成就的"士"的境界；子贡的仁者爱人，比较忠实地继承了孔子的思想，重在推广泛爱众的情怀，这是已有学问且品德高尚的境界；到了颜渊的仁者自爱，爱的需要和自我实现的价值融合为一，这是真正才德出众而光耀他人的明君子的境界。

在三子中，他们对仁者的回答尽管有层次之分，但孔子都给予了肯定的评价。当然，他最欣赏的还是颜渊的仁者自爱。从仁者爱人到自爱，作为战国晚期儒家典籍中揭橥的新的思想，说明思想家对自我人格完善的期待有了更高的要求。如此一种极高道德素质映衬下的自爱，对自己做到了真正的充分理解，从爱己、爱人到自爱，作为仁者的情怀和内含，在不断丰富之中。事实上，一个对自己并不真正了解和尊重的人，也不可能真正了解和尊重他人。如此的道德要求深深地契合仁爱的规范和人格评价。

距荀子二百多年后，扬雄在他的《法言》中对"自爱"的观念做了进一步的发明，其曰：

> 人必先作，然后人名之；先求，然后人与之。人必其自爱也，然后人爱诸；人必其自敬也，然后人敬诸。自爱，仁之至也。自敬，礼之至也。未有不自爱敬而人爱敬之者也。[①]

在《荀子》中，"自爱"虽然是仁的最高境界，但尚无"仁之至"的绝对化规定。扬雄将自爱提到了仁的首位，意味人若不自爱自敬，也就不可能

---

① （汉）扬雄：《法言·君子卷第十二》，纪国泰：《〈扬子法言〉今读》，巴蜀书社，2010，第367页。

得到他人的爱和尊敬。这句话倒过来也成立，即人正是在爱他人的实践中，才真正体验到爱自己的价值。爱在这里，既有情感也有理性，即突出了对自我的尊敬（尊重）。但要尊敬自我，就必须关爱他人，爱己与爱人之间，形成前提和结果的关系。所以，自爱自敬在扬雄成为仁、礼的最高表现。这既有将心比心的意味，也表明中国传统社会期待的理想人格，是自爱与爱人的完美结合。用马斯洛的话概括："实际上，生活在自我实现层次中的人既是最爱人类的，又是个人特质发展得最充分的人。这完全支持弗罗姆的论点，即自爱（或不如说是自尊）与爱他人是协作性的而不是对抗性的。"① 完美的人格既知道自爱又有爱人类或博爱的胸怀，在传统社会这是由尧舜禹汤等圣人典范现身说法的。就此意义而论，尧舜之所以伟大，就在于他们是从爱天下百姓的善德之中实现了自身的价值和对自我的尊重的。因而，尧舜在后来的历代统治者和百姓眼中，永远是德行完善、人格高尚的典范，他们的人格事实上成为贯穿后来整个历史道德评价的标准。

从文献的层面说，扬雄这里表述的"自爱，仁之至也。自敬，礼之至也"很可能有所本。1972～1974年甘肃省文物部门在汉代张掖郡肩水都尉遗址发掘出土一批简牍，后经整理编成的《肩水金关汉简》，其中就有"子曰：'自爱，仁之至也。自敬，知之至也'"② 之语。该简的年代与扬雄生活的时代大致相仿，但文字上双方的区别，一是"礼之至"与"知之至"之别；二则更为重要，即扬雄之语是自述，肩水汉简却是"子曰"。从义理上来分析，"敬"与"礼"之关联，在孔子已经如此，孔子曾有感叹曰："为礼不敬，临丧不哀，吾何以观之哉？"③ 没有敬的诚心，礼则徒有虚名。但"敬"在孔子，主要是"敬事"，着眼点在以恭敬的心态对待自己的职守，即尽心尽责之意，而不在于对自我的尊重。事实上，在《论语》中既没有"自爱"，也没有"自敬"一说。

至于肩水简的"知之至"，"知"者，智也，表明"自敬"是最高的智慧。结合"自爱"，这里已把对自我的爱和尊敬（尊重）放到了首位，就此而言，不能自爱自敬，则不能爱人敬事，而人亦不能爱我。为何如此，可能

---

① 〔美〕亚伯拉罕·马斯洛著《动机与人格》第3版，许金声等译，中国人民大学出版社，2012，第76页。

② 甘肃简牍博物馆等编《肩水金关汉简》（三），中西书局，2013，第135页。

③ 《论语·八佾》。

在这些儒者心中，爱人敬事（人）就是自爱自敬的推广，按推己及人的路数，便是将爱我敬我之心推广到他人和一切事物活动，最终实现泛爱众的目的。在此顺序推广和往返中，人爱我（己）已逻辑地蕴含于其内。至于肩水简与扬雄文的关系，由于扬雄文没有"子曰"，从一般的逻辑说，应当出现于肩水简之后。如果说仁与礼之间是内在之仁与表现于外的恰当之礼的关系，仁与智双方则可归为人自身的德行和智慧，意味最高的仁德和智慧统一在对自我的爱和尊重之中。那么，由肩水简的仁智变更为扬雄的仁礼，如果略过《孔子家语》，可否认为是重视仁礼关系的荀子影响了后来的扬雄呢？与此同时，作为"仁之至"的"自爱"则前后一律，完全没有变动，或许说明先秦、秦汉儒家对于自爱、自尊在仁爱思想体系中的地位有着高度自觉的要求。

如此的要求无疑反映了思想家们对"自爱"意识的自觉，但在同时，它也是社会国家发展现实的再现。汉初"改秦之败"后，从文帝、景帝到武帝初年，民众国家富足，史称其时"人人自爱而重犯法，先行谊而黜愧辱焉"①。"自爱"作为对自我的珍爱和尊重，不仅体现在德行的自律，而且已延伸为一般的守法意识。

二　爱己必先爱人

爱的情感是在人际交往实践中孕育和滋长起来的，不论是自爱还是爱人，都离不开相互交往的关系。正是因为如此，同作为爱的对象的己身与他人，当双方同时存在时，爱己（自爱）还是爱人谁应该优先就会成为问题。这一点在情感、动机和道德选择上都具有重要意义，并由此披露了后来儒家仁爱观的重要价值导向。

《国语》记载，晋公子重耳谋臣赵衰劝重耳娶怀嬴，并引《礼志》之言曰：

> 将有请于人，必先有入焉。欲人之爱己也，必先爱人。欲人之从己也，必先从人。无德于人，而求用人，罪也。②

---

① 《汉书》卷二十四《食货志上》。
② 见《国语》卷十《晋语四》，第358页。

《国语》所引《礼志》乃已逸古礼书，礼学文献由于孔子对礼的重视——"不学礼，无以立"①，后来都收归于儒学并成为其基本典籍，加之前述的"爱人"又的确与仁德相联系，孔子又申明"克己复礼为仁"②，所以礼学文献关注仁爱就十分自然。《礼志》所言之"有请于人，必先有入"，可以说是传统仁学中最初形态的推己及人观。在这里，人与己虽然同样需要爱，但在实际操作中却有先后之分——"爱人"先于"爱己"。《礼志》所考虑的人己先后，是作为一般性的原则和礼的要求而呈现的，应当已具有一定的社会影响力，赵衰也才能以此来劝导重耳。

不过，爱人虽然先于爱己，但爱己却有目的性的意义，爱人则是保证爱己目的实现的基本手段。就是说，要实现爱己的目的，就不能从己出发，而必须从人出发，才可能收到良好的效果，否则只能适得其反。而且，要实现爱己的目的，使人能为我所用，必须先有德于人，爱的行为实际是互惠的。后者也为引导社会形成友爱礼让的良好风气所必需。君子德行示范的意义及其有效性，是要通过回报和互爱来印证的。

《礼志》的思想在战国时期的儒家文献中进一步得到了展示。《郭店楚墓竹简》言曰：

> 反诸己而可以知人。是故欲人之爱己也，则必先爱人；欲人之敬己也，则必先敬人。③

郭店简比之《礼志》，对"爱人"先于"爱己"观念的阐释又有扩展，即它将自我反省而知人作为了爱人敬人的前提，即"爱己"首先要"知己"，"知己"方能"知人"。在"知己""知人"的理性自觉下，就能通过先"爱人""敬人"的付出，收获"爱己""敬己"的效果。互惠的机制已实际发生作用。在这里，爱的情感层面已相对消退，意识自觉占据了主导地位。它说明被爱的"己"与"人"不只有感性的需求，更是在互敬互爱基础上形成健全人格的理性的召唤。

与此相关联，在中华文明发展中更具有普遍意义的"先人后己"观的孕

---

① 《论语·季氏》。
② 《论语·颜渊》。
③ 荆门市博物馆：《成之闻之》，《郭店楚墓竹简》，文物出版社，1998，第 167 页。其中首字因不能辨认暂缺。

育和成型，同样离不开效用层面的考量。《礼记·坊记》引孔子之言曰："君子贵人而贱己，先人而后己，则民作让。"贵人贱己、先人后己不是对己不爱不尊重，而是为了在全社会形成"先人后己"的良好社会风尚。而在《礼记》作者的心目中，只要君子能践行"先人后己"的美德，对整个社会便具有根本的导向作用。最终自己也会获得民众的爱戴。

相较于中华的情况，西方基督教宣扬的博爱同样也在人己关系上打下了自己的烙印。但在那里，不是讲先后，而是说同一，即强调"爱人如己"①。"爱人如己"可以分拆开为爱他人与爱自己，或曰他爱与自爱的一致性。在基督教的立场上，二者都统一于神爱之中。舍勒在批评将他爱奠基于自爱基础上的观点时说："他爱根本不是建立在自爱之上（遑论像在康德那里建立在自身敬重之上），而是与自爱一样原初和一样有价值，但两者都奠基于神爱（Gottesliebe）之中。……正是在这个神爱之中，个体主义的和普世主义的伦常基本价值、'自身神圣化'和'爱邻人'才完整地找到它们最终的、不可分割的有机统一。"②"自身神圣化"的自爱与"爱邻人"的他爱虽共有原初性，但这个"原初"却是打引号的，因为它们都奠基于神爱之中，也只能在神爱中才能找到和实现它们最终的价值。这与中国传统中不论是爱人还是爱己，都是从亲情和社会需要出发相比，在道德根据上具有完全不同的性质。

"爱人如己"的观念在中国社会也有自己的体现。墨子讲"视人之国若视其国，视人之家若视其家，视人之身若视其身"③便是典型的代表。儒家的仁爱观则吸收了墨子的这一思想。《毛诗》有论"大王居豳"之义，郑玄注《礼记·哀公问》时发挥其爱民说，以为"是言百姓之身犹吾身也，百姓之妻、子犹吾妻、子也"④。由此，"百姓之身犹吾身"的"爱人如己"的思想

---

① 《马太福音》（22.36~40）记载：当法利赛人问耶稣"在摩西律法当中，哪一条诫命是最重要的"时，耶稣回答说："'你要全心、全情、全意爱主——你的上帝。'这是第一条最重要的诫命。第二条也一样重要：'你要爱邻人，像爱自己一样。'摩西全部的律法和先知的教训都是以这两条诫命为根据的。"［参见中国基督教三自爱国运动委员会、中国基督教协会2006年印行《圣经（双语并排版）》］在"爱上帝"这一条上中西没有可比性；其"一样重要"的第二条就是集中体现基督教博爱精神的"爱人如己"说。就此而论，与产生于中国本土的爱之"先人后己"说有相似也有不同。

② 〔德〕马克斯·舍勒著《伦理学中的形式主义与质料的价值伦理学》下册，倪梁康译，三联书店，2004，第608页。

③ 《墨子·兼爱中第十五》，孙诒让：《墨子间诂》本，中华书局，2001，第103页。

④ （唐）孔颖达：《礼记正义》，阮元校刻《十三经注疏》，第1612页。

本身，可以在中西得到共同的呼应。而且，就"百姓之身犹吾身"的推论而言，"吾身"的标杆地位俨然已经确立，"爱吾身"事实上成为默认的前提。即便在特定环境下，为了保全群体乃至国家民族利益，自己不得不做出牺牲，但如此"先人后己"之爱不等于排斥了自爱，而恰恰从反方向确认了自爱作为基点的价值。

三　爱人与自爱的协调

仁爱是爱己与爱人、自爱与爱他的统一，只取一面而不及其他，就不能被称作仁。二者之间，如果说爱人离不开理性的直觉，自爱则多半源于本能的情感。人作为理性的动物，在现实生活中发生的情感，往往是需要理性来调节的。自爱落实到理性层面并对自己身体和人格的尊重关爱，实际包含两方面的内容：一是正面的爱自己也爱他人——不爱自己也难以真正爱他人；二是反面的只爱自己而不爱他人。前者属于仁而后者显然不能是仁。这正反两方面内容，在社会生活中，往往是一个问题的两面，而且它不只是存在于人的日常交往之中，更是涉及国家执政者的治国方略。

《礼记·哀公问》接过《礼志》以来的"爱人"先于"爱己"的观念，托孔子之口，言说了"爱人"与我之"有身""成身"的关系。其曰：

> 古之为政，爱人为大。不能爱人，不能有其身。不能有其身，不能安土。不能安土，不能乐天。不能乐天，不能成其身。

"成身"按孔颖达解为"言成身之道，不过误其事。但万事得中，不有过误，则诸行并善，是所以成身也"[1]。意味人与万事和谐，无过不及，德行圆满，善意通达，便是"成身"的最好发明。"为政"的"爱人为大（先）"，将着眼于德行和效用考量的二人之间的爱"人"优先于爱"己"，推广为国家政治的最优先原则。只有从爱人出发才能收获和谐国家、安定社会并实现自身价值的成果。可以说，爱人、成身才是真正的爱己，其中贯穿的是同一个仁爱的精神。此境界虽高，一切为政之君子仍应向此看齐。因为爱人本身就是治国理政的最切近下手处，由此才能保有自身，乐天安土。即将自我的

---

① （唐）孔颖达：《礼记正义》，阮元校刻《十三经注疏》，第 1612 页。

"成身"，建立在了爱人、安土、乐天的普遍之爱基础上。

当然，儒家对于过度自爱也十分警惕，其症结在对"自爱"做何规定并且关联到自爱的主体。即对国家统治者而言，爱人而非自爱才是恰当的选择。按董仲舒的分析：

> 是故春秋为仁义法，仁之法在爱人，不在爱我；义之法在正我，不在正人；我不自正，虽能正人，弗予为义；人不被其爱，虽厚自爱，不予为仁。昔者，晋灵公杀膳宰以淑饮食，弹大夫以娱其意，非不厚自爱也，然而不得为淑人者，不爱人也。质于爱民，以下至于鸟兽昆虫莫不爱，不爱，奚足谓仁！仁者，爱人之名也。①

从《礼志》以降，是讲欲爱己必先爱人，爱己是目的。到董仲舒制定他的"仁义法"，着眼点已有明显变化，他的重心已转移到为统一国家的治理提供对策，所以"爱人"而非"自爱"才是仁者或统治者急需的选择。与此相对应的，是对己之"正"而不是"爱"②。因为"自爱"一旦变成追逐我之欲望的满足，就背离了珍爱、尊重自我价值的本意。仁者爱人本来具有普遍的意义，割裂"自爱"与"爱人"，只爱己不爱人，显然不能被许之为仁。

在董仲舒，处理人与人的关系或治国治民等都属于"外治"，"外治推恩以广施，宽制以容众"③。在一定意义上，这可以看作孔子"博施济众"、墨子"兼爱"和孟子"仁民"思想的发展，因为"推恩广施，可以使多数人得到好处。宽制容众，就是放宽制度，容纳各种各样的人"④。"推恩"是从孟子而来，但与孟子"老吾老以及人之老，幼吾幼以及人之幼"而终至"保四海"⑤ 的由近及远的推广不同，董仲舒的路径是"推恩者，远之为大"⑥，强调的是爱天下之民为先。"故王者爱及四夷，霸者爱及诸侯，安者爱及封内，

---

① （汉）董仲舒：《春秋繁露·仁义法》，苏舆撰《春秋繁露义证》卷八，第 250～252 页。
② 董仲舒理想的大一统盛世，是"欲德教之被四海"的德行光辉的普照，而这首要的步骤就是反本正（君）心，君心正则天下正。从而，"四海之内闻盛德而皆徕臣，诸福之物，可致之祥，莫不毕至，而王道终矣"。见班固《汉书》卷五十六《董仲舒传》。
③ （汉）董仲舒：《春秋繁露·仁义法》，第 254 页。
④ 周桂钿：《秦汉思想史》，河北人民出版社，2000，第 135 页。
⑤ 《孟子·梁惠王上》。
⑥ （汉）董仲舒：《春秋繁露·竹林》，苏舆撰《春秋繁露义证》卷二，第 52 页。

危者爱及旁侧，亡者爱及独身，独身者，虽立天子诸侯之位，一夫之人耳，无臣民之用矣，如此者，莫之亡而自亡也"①。爱及"独身"并非真正的爱身，因为它背弃了"仁者爱人"的基本精神，只能为人民所抛弃。因而，对国家的统治者来说，爱及天下而保有万民才是真正的自爱，尽管董仲舒本人并没有如此来论说。

千年以后，南宋卫湜作《礼记集说》，引佚名作者《讲义》释《礼记·哀公问》，"自爱"被重新强调：

> 我与人本无有异，不能爱人决不能自爱，不能自爱，则虽有此身，犹无有也。所谓有其身者，非有我之谓，知有其身而不至于自弃而已。不能有其身，则心随放荡，岂能安土？不能安土，则以欲恶而为欣戚，岂能乐天安土者，无适而不自得之谓也。②

"我"与"人"都是人，人与人平等，自爱与爱人也就具有同等的价值。作为自爱对象的我身，自然是"有"身。"有"身的价值，不在对"我"的执着，而是"我"作为基础不能忘却，否则，安土、乐天以至无不自得都会成为空话。显然，这里的自爱已基本离开了人的情感，而转向理性对自我价值的体认上。自爱与自重和自我实现实际已融合为一。这意味马斯洛那里爱、自尊和自我实现的人的高级需要的三层次，都被统一到了自爱与爱人的互动之中。而"成己"便是其典型表现。因而，《礼记·中庸》的"成己，仁也"之说，在卫湜（引马睎孟解）这里，就成为"夫成己者，自爱之至，所以为仁也"③。"成己"是自爱的最高表现，所以它才能够被称为仁。

由此来看，从为政治国效用出发的"爱人为大（先）"，最终离不开"爱由中出"的心性根源，推心中所爱以及人，便是《礼记·表记》所言的"爱人之仁"。"爱"须有爱的根源，这便是内在的仁性，仁性自然生成之爱，表现为在自爱即自重基础上向爱人（尊重人）的延伸，故到宋人马睎孟这里，"且自爱犹不足，爱人足乎哉？丰水有芑，出于自然，武王所以有事天下，亦

---

① （汉）董仲舒：《春秋繁露·仁义法》，《春秋繁露义证》卷八，苏舆撰，第250~252页。
② （宋）卫湜：《礼记集说》卷一百一十八，文渊阁《四库全书》本，商务印书馆，1986，第119册，第539页。
③ （宋）卫湜：《礼记集说》卷一百三十三，文渊阁《四库全书》本，第120册，第267页。

出于自然"①。自爱明显不是简单的爱己，因为基于自足仁性而油然生发，就像丰水始终不乏繁茂的苢草一样。周武王当年感念天下之事也正是出于仁性的自然，即"中心恼怛"的"爱人之仁"也。

如此意义的爱人，与作为其推广的普遍之爱——博爱或兼爱，实际上都是源自内在仁性的生发而成。当然，君子的人格在这里必不可少，即其"德有以庇民则爱人，而思以被其泽，兼爱之道也。心不敢以君民，则爱己而思以全其身，自爱之道也。非仁之厚者，其孰能与于此"②。君子之德即在佑民爱人，如果就此去思考人所感受的恩泽，兼爱之道其实已在实践之中。不过，君子虽能使民被其爱，却绝无半点居于民上之心。因为在君子，我身不能离天下民众之身，爱己而想要其全身，名节德行就不能有亏，自爱之道方能够完满。那么，所谓自爱之道，就不是单纯的爱己之道，而是必然包括由内在深厚的仁性生成彰显的普遍爱人之道，最终使自爱与爱人真正融通起来。

至于满足人的物质欲望的利禄方面，对于自爱自敬的主体来讲，则是不当自求而听天由命。叶梦得释《礼记·表记》说："仁以自爱，礼以自敬，而事君有义而已矣。故小心而畏义，求以事君，所以知人；得之不得，自是以听天命，所以知天。"③扬雄当年以自爱自敬为仁礼之"至"，企求从互惠的角度召唤社会成员的互爱互敬，时隔千年的叶梦得重新考虑这一问题，将从仁礼规定的爱敬与事君之义关联起来。人之行仁守礼，目的在促成人的自爱自敬，因而也才有自爱自敬为仁礼之至之说。《表记》本来敷陈的谦卑之德仍然需要，因这本是事君之适宜。事君作为古代士子最不易处的爱人（君）的实践，必须小心谨慎。知道如何事君，也就从根本上知道了（爱）人。孔子以"知人"承接"爱人"，又以知天命为君子的品格，说明智慧和理性在仁学中有至关重要的地位。不论是否得到相应的利禄，君子基于自爱自敬，都是尽心依义而行，这就是知天，也是最终的知人。叶梦得这里，实际是对自爱与爱人（君）的贯通，进行了现实政治层面的疏解。

---

① （宋）卫湜：《礼记集说》卷一百三十七，文渊阁《四库全书》本，第120册，第370页。
② （宋）卫湜：《礼记集说》卷一百三十八，文渊阁《四库全书》本，第120册，第386页。
③ （宋）卫湜：《礼记集说》卷一百三十八，文渊阁《四库全书》本，第120册，第387页。

儒学评论

东亚儒学研究

湖洛论争与朝鲜性理学的心学化

——以栗谷学派李柬为主

宣炳三

摘　要：朝鲜性理学研究产生的三大论争模式即四端七情论争、湖洛论争、心说论争。此三大论争所论之主题渐近于心学方向。作为湖洛论争的开端者，李柬为反驳韩元震未发心体有善有恶说，提出理气同实、心性一致的命题，以此维护其未发心体纯善之说，这与霞谷郑齐斗的理气不二的立场相近。李柬作为性理学者，郑齐斗作为阳明学者，二贤对理气同实、理气不二的想法相近，暗示着朝鲜性理学的心学化倾向。并且，李柬主张未发心体纯善，认为心体即是明德，也即正通之气，其心性一致论的思想接近于阳明心学。通过对李柬的心论与阳明的良知说，可见李柬性理学的心学化倾向。

关键词：性理学　心学化　理气同实　心性一致　良知

作　者：宣炳三，韩国成均馆大学教授。

一　朝鲜性理学三大论争与其心学的倾向

众所周知，朝鲜王朝（1392～1910）的统治理念是儒学，特别是性理学（朱子学），故排斥佛教，甚至贬斥阳明学为异端。当时朱子学者深入研究朱子学，进行集体性学术论争，其学术成就达到了朱子学研究的高峰，这是现在海内外研究者所共同认同的。

近来，韩国的性理学研究者概括朝鲜时代性理学时，爱用所谓"朝鲜性理学三大论争"的模式，即四端七情论争、湖洛论争、心说论争。

第一，四端七情论争发端于 16 世纪，持续了 300 多年，先是退溪李滉（1501～1570）和高峰奇大升（1527～1572）争论了八年（1559～1566），后栗谷李珥（1536～1584）和牛溪成浑（1535～1598）也争论了七年（1572～

1578），这两次争论成为其后四端七情争论的基础。值得注意的是，李栗谷和牛成浑之间的辩论涉及朱熹的人心道心说，因此四端七情论争又称为四端七情人心道心论争。四端七情论争影响韩国性理学的发展很深广，故要研究韩国性理学，则需要精通四端七情论争的原委。

第二，湖洛论争起源于 18 世纪栗谷学派内部，持续了二百多年，巍岩李柬（1677～1727）和南塘韩元震（1682～1751）长达七年（1709～1715）的争论，拉开湖洛论争的序幕。二贤是栗谷学派的继承者遂菴权尚夏（1641～1721）的弟子。后来，支持李巍岩的学者多住在洛下（即首尔附近）称为洛论，左祖韩南塘的学者多住在湖西（即忠清道）称为湖论，合为湖洛论争。

第三，心说论争发生于 19 世纪，正是朝鲜王朝处于内忧外患的时期。当时儒者目睹国内经济和社会的危机，以及西方文化和军事的冲击，为救活濒死的国家和民族，不再着重于理之主宰的所谓主理思想，而围绕心说进行争论：寒洲学派的心即理、定斋学派的心合理气、华西学派的心主理、芦沙学派的心之明德、艮斋学派的心是气。

纵观三大论争，从四端七情到心说，所论之主题渐近于心学方向。作为四端七情论争和心说论争的中介，湖洛论争对心学也有密切的相关辩论。具体而言，当湖洛论争的开端者李柬与韩南塘进行辩论时，李柬曾把论辩整理为两点：第一是未发论辩，第二是五常论辩。五常论辩探讨人性和物性的同异，其中，李重同而韩重异，此可称为人物性同异论辩；未发论辩则探索未发心体的善恶，其中，李主心纯善而韩主心有善有恶，其可称为未发心体有善恶论辩。在两论辩中，未发论辩与心学有着密切的关系。

韩元震主张未发心体乃有气质之性，故以为未发心体有善有恶，而李柬却认为未发心体没有气质之性，故认为未发心体纯善。韩元震批评李柬的立论是佛教和陆王学，为此，李柬提出"理气同实，心性一致"的思想，辩护他的未发心体纯善说。

李柬是栗谷学派的一位干将，分明是性理学者，却提出理气同实、心性一致的思想，主张心纯善，确实与阳明心学的理气心性论不谋而合。为深化研究朝鲜时代性理学的心学化倾向，深论理气同实、心性一致的命题是不可缺少的工作，这有助于我们理解朝鲜性理学的一些特征。

二 李柬的理气同实论：与郑齐斗的理气不二说的比较

如上所论，李柬为反驳韩元震的未发心体有善有恶，而提出理气同实、心性一致的命题，进而主张未发心体纯善。其曰：

> 理无形，故其体段也至通；理无为，故其本然也自若。至通之体，自若之妙，则亦非气之所能局也。故究极于事物之原，性道之全者，必以是言之，而一尘之微，天地之大，无不贯穿于是矣。然是理而已，岂实事哉？所谓实事，则必待夫理气同实，心性一致，然后方可谓实事。何者？盖既有尧舜之性，又必有尧舜之心，然后方唤作尧舜，此实事也。彼跖蹻者，独无其性哉？其心非尧舜，故跖蹻而止。①

据朱子学的公理，理气关系是所谓理气不相杂和理气不相离。就本源而言，有理而有气，没有气仍有理，就是理气不相杂；就禀受而言，气是理的挂搭安顿处，有形气而性理亦禀焉，即是理气不相离。

李柬的理气论，以朱子学的理气不相杂和理气不相离为基础，但他在引文中着重于理气不相离，提出理气同实、心性一致的思想。提出此一思想则是为了论"实事"，因"所谓实事，则必待夫理气同实，心性一致，然后方可谓实事"。然他为何要论实事呢？当然是为了证明他所主的未发心体纯善说。下面依序论述。

首先要注意的是，李柬主张未发有两种含义。李柬在与韩元震进行未发心体的论辩中，觉察到理清未发含义的必要性，即对未发进行浅深之界分的必要性。浅的未发指示着不接事物的不中的未发，这是韩元震的立场；相反，深的未发指示着本明之体的大本的未发，这是李柬的立场。

> 未发二字，然自有浅深界分。即此又必洞关启键，既知其浅，又知其深，竭其两端而后，子思所谓未发本旨，方昭晰呈露矣。何者？
> 朱子曰："喜怒哀乐未发而不中者，是气质块然，如顽石相似。"又曰："众人未发已自汩乱，至感发处，如何会如圣人中节。"此数说者，

---

① 李柬：《巍岩遗稿》卷十二，《未发有善恶辨》。

则盖只以众人之不接事物而浅言之。据其不接事物，故粗谓之未发；不属情用，故亦谓之性，而实则其性粗，在靠不得，故君子有不性焉。自孔子相近之性以下，至退栗性亦有善恶者，皆指此也。故朱子曰："恶者固为非正，而善者亦未必中也。"此不中的未发，自是一界分也。

又朱子曰："人之一心，湛然虚明，如鉴之空，如衡之平，以为一身之主者，固其真体之本然。故其未感之时，至虚至静，所谓鉴空衡平之体，虽鬼神有不得窥其际者。"又曰："喜怒哀乐未发之中，众人与圣人都一般。"此数说者，则盖通圣凡，指其本明之体而深言之。据其本明之体，故圣凡无异致；理气之原，故心性无二本。如德昭（按，韩元震）说心恶而性善，则是二本矣。而人心道心各有苗脉于未发，无乃误乎。而实则其心四亭八当，故其性不偏不倚，此子思未发一言，实发千圣所未发，而其理盖极精矣。故朱子曰："以此心而应万物之变，无往而非中矣。"此大本的未发，真个是筑底处也。

德昭于是二者，盖未尝勘究，故其言或认浅作深，或援精说粗，极其辩给，终不成说话，无乃可笑乎。①

李柬认为，朱熹对未发有两种说法，即浅的界分和深的界分，而子思《中庸》的未发是深的界分，如"实则其心四亭八当，故其性不偏不倚，此子思未发一言，实发千圣所未发，而其理盖极精矣。故朱子曰：'以此心而应万物之变，无往而非中矣。'此大本的未发，真个是筑底处也"。在李柬看来，韩元震着重于不中的未发，反驳他自己所主的未发心体纯善说，乃可笑之举。

根据李柬的逻辑，未发心体是大本的未发。大本的未发又是何种状态？其是"其心四亭八当，故其性不偏不倚"的状态。就是否经戒惧慎独等工夫，以达到理气同实、心性一致之境界的问题，李柬认为："未发是何等精义，何等境界？此实理气之大原，心性之筑底处。而谓之大原筑底处者，无他，正以其理气同实，心性一致而言也。圣人则合下以理为心，故心即性，性即心，体即中，用即和，无容可议矣。自圣人以下，则恒患气不循理，心不尽性，故凡自戒惧慎独，以约之精之，以至于其守不失，无适不然者，正欲其理气同实，心性一致之工也。而其工程阶级，则亦已精深隽绝矣。此鄙说本末也。"②

---

① 李柬：《巍岩遗稿》卷十二，《未发辨》。
② 李柬：《巍岩遗稿》卷十三，《未发辨后说》。

李柬的理气同实、心性一致仅仅是经过工夫而达到的境界吗？若是，则与韩元震的性善心有善有恶没有区别，更难以确立未发心体纯善说。李柬首先承认，一般人应该经过工夫以达到理气同实、心性一致之境界，但他认为，未发心体原是理气同实、心性一致，如"未发是何等精义，何等境界？此实理气之大原，心性之筑底处。而谓之大原筑底处者，无他，正以其理气同实，心性一致而言也"①。

详而言之，未发是心之未发状态，而心是实事也是已然事，故未发心体原本就是理气同实、心性一致的状态。"理气有时一齐都有，本不可以先后论。然原其未然而言，则分明有理而有气；据其已然而言，则又必待气而后，理有所安泊……人物心性，是已然事也，其不可无气而说理，无心而说性……气之正通，理亦正通，气之偏塞，理亦偏塞；而本心存，则天理明，本心亡，则天理灭。此自然不易之实事也。"②李柬认为，心有四亭八当，性才有不偏不倚；若没有四亭八当的心，就没有不偏不倚的性。同理，气之正通，理亦正通，气之偏塞，理亦偏塞，如"鄙说之以为其气也四亭八当，故其理也不偏不倚者，是不惟对高明救弊之论也。自受命以后，则即事之论，不得不先于原本矣"③，因人物心性是已然事，就是实事之故。

李柬所主张的理气同实论，可与霞谷郑齐斗（1649～1736）的理气不二的立场相比。郑霞谷是朝鲜时代最杰出的阳明学者，是在阳明学扎根于朝鲜的过程中具有决定性意义的学者，且他在江华岛所创的学脉后来发展为江华学派。李柬是性理学者，郑齐斗是阳明学者，而二贤对理气同实、理气不二的想法不谋而合，故非常值得细析。④

按照郑齐斗的人心道心说，可知其理气不二的立场。郑齐斗在《存言（下）》的"心身事皆吾理"中，以自问自答的方式表明了自己关于宋明理学和朝鲜儒学中的重要问题的见解：

> （自问）有以为人心之生于形气者为人心，原于性命者为道心，人心气也、道心理也，形气、性命之为心二也，何也？（自答）曰："夫形气、

---

① 李柬：《巍岩遗稿》卷十三，《未发辨后说》。
② 李柬：《巍岩遗稿》卷十二，《未发有善恶辨》。
③ 李柬：《巍岩遗稿》卷七，《答韩德昭别纸》。
④ 详细内容请参考宣炳三《韩国阳明学者霞谷郑齐斗的人心道心说研究》，《哲学与文化》2018年第 524 号。

性命者，大体小体之谓也。心之所在于二者俱有理气，非人心、道心之谓也，非理气之分也。若以理气，形气固气也，心知亦是气也，性命既理，而形气亦无非理也。谓形气无理而为气发，谓性命非气而独理在也，是本末横决而理气其二心乎？"①

在此，郑齐斗认为，朱子将形气、性命与人心、道心相对应的方式是错误的。因为郑齐斗将道心和人心解释为天理和人伪（人欲），所以就会把朱子将形气与人心相应的解释看作对形气的否定。形气与性命就如同小体（耳目口鼻四肢）与大体（心思）的关系、志（志者气之帅）与气（气者体之充）的关系一样，只有轻重本末的差异。

那么，人心也具理气、道心也具理气这一看似理所当然的主张为何重要？这是因为郑齐斗认为，对其自问的众多主题的错误，全部以"理气离之"和"理气二之"这样的错误前提为依据：

凡所以有此者，以其谓理无形而性无生也，以谓理自理、气自气，心、性为各物，理气为两事也。以其谓性自性也，故以性为非心而别具也，即求之于静；以其谓理自理也，故以理为非心而在外也，必求之于外。如是离之，如是二之，此其原头所分以有此故也。不复以理为在于气，心即性、器即道、道即器，即其中指其本体者，是也。其不察此心中自有其本原处有在也，如此。是以，不本诸在我之理，而求之在天地万物者，理离而去之，此其所以为远也。②

这是针对朱子学，即所谓错误的主张是指埋头于朱子学。郑齐斗的这些主张，按照朱子学的公理，难以被接受，因其是以阳明学为基础的逻辑整严的主张。这些主张的核心在于正确理解"心"这个字与否而已。

在郑齐斗看来，从外部寻找道理的"即物穷理"工夫论是因为不知道心中有理。当然朱子学也说心的本体是性，心中也有道理。但是这个"性"是与心无关的，仅仅是抽象的、逻辑存在的"性"。同理，"理"也与"性"一样，只是抽象、逻辑地存在着。为什么会出现这样的问题？这因为朱熹

---

① 郑齐斗：《霞谷集》卷九，《存言》（中），"心身事皆吾理"。
② 郑齐斗：《霞谷集》卷九，《存言》（下），"心身事皆吾理"。

提出了离心之性和离气之理之故，如"凡所以有此者，以其谓理无形而性无生也，以谓理自理、气自气，心、性为各物，理气为两事也。以其谓性自性也。"

总而言之，李柬主张未发心体纯善，提出理气同实、心性一致的命题，与郑齐斗的理气不二的说法相比，可发现李柬的理气同实论非常接近于阳明心学。虽然李柬是不赞同阳明学的性理学者，但韩元震贬斥他是陆王之学，不无根据。反过来，既然李柬是性理学者，则指示着朝鲜性理学的心学化的倾向。

三　李柬的心性一致论：与王阳明的良知说的比较

李柬在辩护他的未发心体纯善说时，提出两个重要的论据：第一是未发含义的界定，即他所着重的未发是大本的未发不是不中的未发；第二是未发心体是已然的实事，故未发心体是理气同实，心性一致。

李柬要反驳韩元震的未发心体有善有恶说，还要解决一个问题，即未发气质之性有善恶说。韩元震认为："气虽有清浊美恶之不齐，而未发之际，气不用事，故善恶未形，湛然虚明而已矣。虽则湛然虚明，其气禀本色之清浊美恶，则亦未尝无也。故即其湛然虚明无所掩蔽于天理者，而单指其理，则为本然之性，因其气禀本色清浊美恶之不齐者，而兼指理气，则为气质之性。"① 他认为未发之际，只是气不用事，故气的状态是湛然虚明，可是气原来是清浊美恶之不齐，应有气禀之清浊美恶，故兼指理气，则未发气质之性有善恶。

对此，李柬主张气不用事有两种含义，试图以此脱离韩元震的攻击。韩元震所主的气不用事，是如"人之气质，得于有生之初，虽未发之前，美恶自在"②。可是李柬自己所说的气不用事，是如"元来不用事一句，彼此所指者异，而古人之论未发，亦原有两般说，于此辨则余可见矣。夫本心宰而血气退听于百体，此愚之所谓不用事也。……善恶混而犹未应接于事物，此彼之所谓不用事也"③。

①　韩元震：《南塘集》卷十一，《未发气质辨图说》。
②　李柬：《巍岩遗稿》卷十二，《未发有善恶辨》。
③　李柬：《巍岩遗稿》卷十三，《未发辨后说》。

那么，李柬所说的气不用事具体是何含义？其曰：

> 小子逐日昏扰中，亦尝痛自检省，则其所昏扰者，专出于受气之驳浊，而于驳浊之实，又尝十分勘究，则即此昏扰之外，更无别样驳浊者。……使小子赖天之灵，或于一生之内，霎时之顷，方寸湛然，无一分昏扰之气，则窃意即此驳浊者澄然，纯于本然之气，而未发之境，始可与闻于此，而圣人之水止镜明者，亦不过无此昏扰耳。①

朱子学者用理同气异说，说明存有的普遍性和个别性，即太极之理为一而禀受的气为异。且气分为正通偏塞以及清浊粹驳：人禀受正通之气，物禀受偏塞之气，又禀受清粹之气为圣人，禀受浊驳之气为众人，物也同样。既然如此，非人没有清浊粹驳之气，这意味着虽未发之际，人们仍受到浊驳之气的影响，这就是韩元震的立场。权尚夏支持韩元震的立场，说："论心体则指未发之虚明，故谓之善；论气质则指本禀之清浊，故谓之不齐。"② 这就是未发气质之性有善恶说。

在李柬看来，人生来禀受浊驳之气，而若没有昏扰的心态，就等于没有浊驳之气。这意味着没有昏扰，就没有气质之性，如"浊驳之气则其所昏扰者，专出于受气之驳浊，而于驳浊之实，又尝十分勘究，则即此昏扰之外，更无别样驳浊者。"以此辩护他所主的未发心体纯善说。

除了界定气不用事的含义以外，再进一步而言，李柬界定心的含义，而又反驳韩元震的未发气质之性有善恶说。他认为："或曰：'德昭全不识未发，其所蔽何在？'曰：'此正坐合下不识本心故也。夫天之命物也，惟人得二五正通之气，具寂感之妙，中和之德，而灵贵于万物。此明德本体，而即圣凡之所同得者也。'"③ 韩元震之所以没能准确理解心体未发，以不知道本心之故，又认为本心就是明德。然则这指示着韩元震不知道明德而主张未发心体有善恶说，因而彼此发生争论。

就心的界定而言，李柬遵守栗谷学派的心论，即性即理而心是气，这与韩元震无有区别。可是对心之气，二贤却有不同。李柬据朱熹对心的界定，

---

① 李柬：《巍岩遗稿》卷四，《上遂菴先生》。
② 韩元震：《南塘集》卷三十五，《杂识》（内篇上）。
③ 李柬：《巍岩遗稿》卷十二，《未发辨》。

如"惟纲纪一身，主宰万变，则特方寸地耳，是朱子所谓气之精爽。比性则微有迹，比气则自然又灵者也。朱子所谓所得乎天而虚灵不昧者也"①。他主张心为天君、明德、神明，而不是血气（血肉之气）、气质、形质、形气、气禀，这与韩元震确实不同。

请看李柬对心之气的具体论述：

> 但于其正通大分者，又不无清浊粹驳之异焉，此即血气之充于百体者，所谓气禀是也。圣凡之间，随其所拘之浅深，而此心为之昏明焉，为之善恶焉，而然其宾主本末之间，心自心而气禀自气禀，界分部伍，亦甚井井矣。故其本明之体，圣凡之所同得者，则终不可得以昧者。②

他认为，无论圣人还是众人，人都禀受正通之气，因此比动物更为尊高，这正通之气就是心，就是明德。"天下之物，莫不有心，而明德本体，则惟人之所独也。天下之性，亦莫不善，而人皆尧舜，则非物之所与也。是谓天地之性，人为贵者，而所贵非性也，乃心也。人贵物贱，所较者此心，则抑其心云者，是只血肉之气欤，将谓本明之体欤？"③

那么，清浊粹驳之气如何处理？李柬认为，清浊粹驳之气构成肉身的血气。如"但于其正通大分者，又不无清浊粹驳之异焉，此即血气之充于百体者，所谓气禀是也。"具体而言，他如此说："鄙见纲领明德本体，则圣凡同得，而血气清浊，则圣凡异禀。明德即本心也，天君也；血气即充于百体者，所谓气质也。"④

按照李柬把明德分属于正通之气，将血气分属于清浊粹驳之气，则韩元震所主未发气质之性有善恶说不能成立，因为本心是正通之气，气质是清浊粹驳之气，同为气而种类相异，故在上引文中，他说："其宾主本末之间，心自心而气禀自气禀，界分部伍，亦甚井井矣。"

李柬所主的心论，与王守仁（1472～1529）良知说可以相比，从此能看到李柬性理学的心学倾向。下面注意朱熹的性本体和王阳明的良知本体之区

---

① 李柬：《巍岩遗稿》卷十二，《未发有善恶辨》。
② 李柬：《巍岩遗稿》卷十二，《未发辨》。
③ 李柬：《巍岩遗稿》卷十二，《未发辨》。
④ 李柬：《巍岩遗稿》卷十二，《未发辨》。

别，简约论述王阳明的良知说。

王阳明爱用是非之心来说良知，他认为："是非之心，不虑而知，不学而能，所谓良知也。"① 若用现代的词语来说，良知是先天道德原则，或者道德判断能力，就是道德理性。值得注意的是，是非之心的道德判断能力是先天的以及现在（现成）的，他说："良知是天理之昭明灵觉处，故良知即是天理。"② 认为良知是天理，也是天理之昭明灵觉。然则与朱熹的性本体对比，良知具有昭明灵觉的现在性。

详细而言，朱熹认为，性即理而界定性为无操作、无情意、无计度，且心即气而界定心为知觉不昧，这样要把性和心明确区别开来。可是王阳明认为，性即理，心即理，如此把性和心合为一理，因为"性无不善，故知无不良"③。又如上所引的"良知是天理之昭明灵觉处，故良知即是天理"，这就是所谓"即存有即活动"。

在朱子学看来，所谓"即存有即活动"的良知说，与佛教的"作用为性"很相似，故多贬斥阳明学为禅佛教。朱熹晚年首弟子陈淳在《北溪字义》的心条里，说："佛家论性，只似儒家论心，他只把这人心那个虚灵知觉底唤作性了。"④ 这是朱子学者对心的典型的理解。

其实，在朱熹与王阳明二贤都重视在道德实践上心的功能之下，朱熹着重于人间的无完全性，故侧重于心的缺乏性，与此对照，王阳明着重于人间的潜在力量，故着重于心的完全性。二贤在对《孟子》中"孔子曰：操则存，舍则亡，出入无时，莫知其乡，惟心之谓与"⑤ 的解释中，可以窥见如此倾向：

（朱熹）孟子引之，以明心之神明不测，得失之易，而保守之难，不可顷刻失其养，学者当无时而不用其力。⑥

（王阳明）出入无时，莫知其乡。此虽就常人心说，学者亦须是知得心之本体亦元是如此，则操存功夫，始没病痛。不可便谓出为亡，人为

---

① 王阳明：《传习录》卷中，《答聂文蔚》。
② 王阳明：《传习录》卷中，《欧阳崇一》。
③ 王阳明：《传习录》卷中，《答陆原静书》。
④ 陈淳：《北溪字义》，"心"条。
⑤ 孟子：《孟子·告子上》。
⑥ 朱熹：《孟子集注》。

存。若论本体，元是无出入的。若论出入，则其思虑运用是出，然主宰常昭昭在此，何出之有？既无所出，何入之有？①

朱熹认为，心易得易失，难保艰守，可是王阳明认为，心本来没有出入，主宰常昭昭在心。从此可知朱熹主张性即理，反对心即理，可是王阳明既主张心即理，又主张性即理的缘故。

总而言之，李柬主张未发心体纯善，根据心性一致，提出心体即是明德，也即正通之气。与王阳明的良知说相比，明显可见李柬的心性一致论非常接近于阳明心学。李柬理气同实、心性一致的思想，以及未发心体纯善的主张，显示着朝鲜性理学发展的心学化倾向。

---

① 王阳明：《传习录》卷上。

中韩朱子学发展模式的比较

邓庆平

摘　要： 中韩朱子学之间的比较研究存在两种模式：一是韩国朱子学与作为本源朱子学的朱熹及其门人所创立学问之间的纵向比较，二是韩国朱子学与同时期的中国朱子学之间的横向比较。在第二种比较的意义上，一方面考察中国宋元明清朱子学发展的不同阶段以及相应的义理展开过程；另一方面考察韩国朱子学从引进到 20 世纪初朝鲜王朝灭亡之间的发展历程以及相应的义理论争。可以看出，中国朱子学的发展模式可以称为多元思想资源并存格局中的三起三落式，韩国朱子学则是单一思想资源下的一起一落式。这一发展模式上的差异，需要综合政治环境、思想文化背景、以身体道的推动力量、学术思想成果以及学派立场等多方面因素才可以得到恰当理解。

关键词： 朱子学　中国朱子学　韩国朱子学

作　者： 邓庆平，江西师范大学马克思主义学院教授。

引　论

朱熹（1130～1200）及其门人所创立的朱子学逐渐成为南宋后期、元、明、清时期中国的主流思想，对中国社会历史发展影响巨大。而且，自元代高丽儒家学者安珦（1243～1306）在出使元朝时购回朱熹的许多书后，朱子学被传入朝鲜半岛。经历代朝鲜学者的努力，朱子学逐渐成为朝鲜半岛的主流学术，对其民族的价值观念、生活方式、文化传统等的形成具有广泛而深刻影响。朱子学集中讨论性理问题，在韩国历史上的朱子学常被称为性理学。在东亚朱子学的视野下，韩国性理学可以被归结为朱子后学的范畴。自 14 世纪至 19 世纪韩国性理学的发展历程，与同一时期中国朱子学的发展历程呈现出许多不同之处，呈现出两种发展模式。这两种发展模式的存在，既彰显了朱子学后续发展的多种可能，也体现了朱子学与社会历史实际相结合的不同方式，证明朱子学具有适应不同历史文化传统的适用价值。就中国朱子学研究者而言，韩国朱子学的存在与发展，构成了中国朱子学的重要"他者"，对于理解朱子学本身的理论性格具有重要启发。

一　中韩朱子学关系的定位——从强调一体到重视多元

自朱子学成为现代学术研究范式下的重要对象开始，除了中国朱子学之外，韩国朱子学也是学界研究的重要对象。特别是随着中韩文化学术交流日益频繁，中国学者对韩国儒学的重视程度也日益增强，对韩国朱子学的研究也逐渐增多，取得了许多重要的成果。代表性的学者有大陆的张立文、李甦平、陈来以及台湾的李明辉、林月惠、杨祖汉等先生。这些研究大略有三大类：一是关于韩国朱子学家或命题的个案研究，如张立文先生对李退溪的研究；二是关于韩国儒学的整体描述，如李甦平先生的《韩国儒学史》；三是对中韩朱子学的比较研究，这是所有中国学者研究韩国朱子学时必然会遇到的问题，代表性成果有张立文先生对朱子与退溪的比较、陈来先生对中日韩儒学的比较，以及李明辉先生以"四端七情"为核心对中韩朱子学的比较、杨祖汉先生从当代儒学的观点看韩国儒学的重要论争、林月惠先生以"罗钦顺与韩国朱子学"的关系为核心的比较等。在这些成果当中，我们可以看到许多细致精微的讨论，但专门的朱子学史研究还比较缺乏，既没有专门的中国朱子学发展历史的研究，韩国朱子学发展历史的描述也多是在儒学史的论域中，从总体上就中韩朱子学发展模式的不同还很少集中讨论。这种状况的造成，也许有人会说是由于中国学者对韩国朱子学的个案研究还不够完整，故无法整体比较。但一方面中国学界已经出现了几种韩国儒学史的整体性著作，对韩国重要朱子学者的个案研究专著也不少，应该说对韩国朱子学的研究已经具有一定规模；另一方面对于中国学者来说，在进行韩国儒学研究时必然带有中韩文化整体比较的视野，因此，整体比较是完全必要的。造成目前中韩朱子学的整体比较研究缺乏的一个重要原因，在于中国学者在进行这种比较研究时对中韩朱子学关系的定位上。

目前韩国朱子学与中国朱子学的关系通常被定位为一体多元的结构。如朱人求先生认为："'东亚朱子学'是'一体多元'的朱子学，'一体'指朱子学说本身，'多元'指朱子学在东亚的不同的发展形态。"① 陈来先生也认为："用'一体和多元'来观察东亚朱子学的横向面貌，目前较为大家所接受，就是说东亚朱子学在体系上内在的是一体的，而中国朱子学、韩国朱子学等不同国家地区的朱子学又有自己关注的问题，形成朱子学的多元面貌。另外也可以看出，16 世纪的朝鲜半岛朱子学与 12 世纪以后的中国朱子学相比，在理学的话语、概念、问题意识方面，哲学的普遍性讨论是主体，而附加其上的具体性、脉络性、地域性的因素是次要的。"②

从根本上来说，这种定位是在朱子学这个论域中做出的。由于朱子学的源头在中国，故更多强调以中华文化即朱子学为体，而中、韩、日朱子学被视为此体的多元化发展与具体呈现之一。但细究起来，这个表述存有一定问题，一方面认为中华文化、朱子学为体，此体即是中国朱子学，另一方面又认为中国朱子学依然是朱子学的多元化发展与具体体现之一。如果中国朱子学是朱子学的多元发展与具体体现之一，又如何能成为统摄其他具体表现的"体"？即便是如陈来先生所说："东亚朱子学在体系上内在的是一体的，而中国朱子学、韩国朱子学等不同国家地区的朱子学又有自己关注的问题，形成朱子学的多元面貌。"③ 这里的"体"是指东亚朱子学的内在统一体系，但这一具有内在统一体系的东亚朱子学无疑是抽象意义上的朱子学，与中韩朱子学之间的关系是本体与具体表现之间的关系，分处于不同逻辑层次。然而，这里作为抽象意义上的"东亚朱子学"，在概念上又包含了并非抽象意义上的具体"东亚"概念。这样一来，如果"东亚朱子学"具有内在的统一性，那么其他非东亚地区如越南等地的朱子学是否就不属于这一统一体系之中。照我们的理解，作为中、韩、日朱子学多元发展与具体体现之基础的那个"体"，应该是朱子及其门人创立的朱子学，这个朱子学可以称为"本源朱子学"④，这个"本源朱子学"是从源头的意义上作为韩日以及此后中国朱子学共同的"体"。作为朱子学多元发展与具体体现之一的中国朱子学，更多的是指本源朱子学之后

---

① 朱人求：《东亚朱子学研究的新课题》，《福州大学学报》（社会科学版）2014 年第 2 期，第 5页。

② 陈来：《中韩朱子学比较研究的意义》，《中国社会科学报》2014 年 3 月 12 日。

③ 陈来：《中韩朱子学比较研究的意义》，《中国社会科学报》2014 年 3 月 12 日。

④ 此一"本源朱子学"的概念与韩国学者郑仁在的"本源朱子学"是不同的，郑仁在先生将朱子学传入韩国后的发展情况，区分为"本源朱子学"（比较符合朱子的学问）和"修正朱子学"（与朱子学说有一定差异的学问），并将栗谷视为"修正朱子学"，将退溪视为"本源朱子学"。

的与韩、日朱子学同样属于朱子后学的部分。也就是说，对于中韩朱子学的比较这一命题来说，存在两种意义上的比较，一是韩国朱子学与朱熹及其门人所创立的"本源朱子学"之间的纵向比较关系，这一比较突出的是朱子学自身的一种发展脉络，可以看出朱子学在传入朝鲜之后的一贯与创新之处；另一个是同样相对于本源朱子学而言的朱子后学之间的横向比较，即处于同一历史期间的中国朱子学与韩国朱子学之间的横向比较，这样的比较突出的是朱子学在不同地区的不同发展轨迹，可以看出中韩朱子学之间的异质性。目前的中韩朱子学比较研究较多的是在第一个方面，因此，陈来先生才会特意指出："16 世纪的朝鲜半岛朱子学与 12 世纪以后的中国朱子学相比，在理学的话语、概念、问题意识方面，哲学的普遍性讨论是主体，而附加其上的具体性、脉络性、地域性的因素是次要的。"[1] 林月惠先生在《异曲同调：朱子学与朝鲜性理学》的"前言"中也自述："事实上，本书所探讨的朱子学与朝鲜性理学，主要集中在朱子思想与十六世纪朝鲜性理学者的对比研究上。"[2] 李甦平先生《韩国儒学史》的"绪论"在韩儒学比较的意义上将韩国儒学的品格定位为"重气、重情、重实"[3]，其具体叙述时所言的中国儒学基本就是朱熹。但对于中韩朱子学来说，既有一体的事实，又存在多元的差异，这里的一体更多的是指纵向意义上的，是指构成中、韩、日等朱子学发展史共同源头的、由朱子及其门人所创立的本源朱子学；多元则是横向意义上的中、韩、日等国朱子学的特殊发展历程及其理论成果。[4] 对于中韩朱子学的比较研究而言，除了进行纵向比较，即与本源朱子学做比较之外，横向比较更能凸显中韩文化的差异性，在强调多元文化交流的今天显得尤其重要。而这在以往研究当中重视不够。本文的重心即在横向比较方面。要进行这方面的比较，就必须突破抽象朱子学的视野，在朱子学发展史以及东亚朱子学的坐标当中，将朱子学放在相应的整个文化传统当中来看待，对造成中韩朱子学

---

① 陈来：《中韩朱子学比较研究的意义》，《中国社会科学报》2014 年 3 月 12 日。

② 林月惠：《异曲同调：朱子学与朝鲜性理学》，台湾大学出版中心，2010，第 2 页。

③ 李甦平：《韩国儒学史》，人民出版社，2009，第 2～21 页。

④ 这里的一体与多元是在中韩比较的意义上来使用，这一对概念同样还可以在中国朱子学和韩国朱子学内部使用。在中国朱子学内部，自朱熹以后，作为一个完整学派的朱子学逐渐分化衍生出多元格局，如朱子经学体系当中的每一部经都有一个相应独立的传承体系。在韩国朱子学内部，本源朱子学作为共同的理论源头与思想资源，而退溪学和栗谷学即构成韩国朱子学多元格局当中最重要的二元。概括起来讲，一体是在尊朱的共同立场上说的，多元是指不同朱子学者在还原朱熹本意的意义上所呈现出来的学术思想的多样化具体差异。

不同发展历程的"具体性、脉络性、地域性的因素"要引起足够重视，这样才可能完整理解中韩朱子学的差异。

这里再就本文的题目作几点说明。"中国朱子学"自然包括朱熹及门人所创立的本源朱子学，也包括此后的朱子后学，"韩国朱子学"则是自本源朱子学传入朝鲜半岛之后逐渐形成的本土化朱子学；从时间跨度上来说，中国朱子学主要包括从朱熹到1912年清亡，韩国朱子学是从高丽末朱子学传入韩国直到1910年朝鲜王朝灭亡。因为无论中国还是韩国，此后朱子学在现代的存在形态发生重大变化，为讨论方便，本文暂不做讨论。谓"发展模式"是在比较意义上提出：一个是本源朱子学在中国的继续存在与发展，也即中国朱子后学的发展轨迹；一个是本源朱子学在韩国被接受、吸收与创新，逐渐实现韩国化的过程。这两种存在与发展轨迹构成了朱子学的两种不同发展模式。

二　中韩朱子学的各自展开

要理解中韩朱子学的不同发展模式，势必需要梳理中韩朱子学各自的发展线索与逻辑展开。这里从纵向历史与横向论争两个角度来阐述。

（一）中国朱子学的发展历史

虽然中国朱子学长期处于官学地位，但其具体发展总是受到具体政治环境与制度变化的影响。因此，对于中国朱子学的发展历史，最常见的做法是按朝代来区分，这样的区分既方便叙述，又能体现朱子学发展的阶段性特征。

1. 宋代朱子学。主要是指朱子及其门人所创立的朱子学以及南宋后期的朱子后学，此时朱子学者主要是朱子及其一传、二传、三传门人，这种师承关系大体反映出朱子学发展的不同阶段。一传弟子留有姓名的就达494名之多，大部分在13世纪20年代之前相继离世，如黄榦（1152~1221）、陈淳（1159~1223）等。这一代人参与朱熹生前的学术思想创建活动，经历了庆元党禁时期朱子学被打压，也迎来朱子学的逐渐解禁。朱子二传弟子时间上限定于此后，一直到1279年宋亡之前，人数也近百人。这一时期朱子学派的成员当中，除了那些师承线索显著的再传之外，还有与朱子门人交往较多且对朱子学的生存与发展做出重要贡献的其他朱子学者，他们当中不仅有人活跃于政治核心领域，如真德秀等，在民间基层也同样有不少以讲学著述为志业的朱子学者，如饶鲁（其生卒年有一种说法为 1193～1264）、何基（1188～1269）等。这一时期朱子学一方面逐渐获得国家政权认可，朱子学的政治哲学部分得到重视与发展，以宋理宗时期（1224～1264）最为明显；另一方面朱子后学的讲学著述活动也非常频繁，成果较多。朱子三传弟子则主要是活跃于宋元之际的一些朱子学者，也有五六十位，其中有著作传世的就有十几位，如车若水、王应麟、王柏、文天祥、马端临、熊禾、陈普、黄仲元等。因为处于社会动荡、政权更替时期，朱子学的存在形态出现了一些新的变化，如逐渐向北方传播、影响金元统治、朱陆合流更加明显与开启元代朱子学等。这一时期是朱子学发展史的第一个兴盛期。

2. 元代朱子学。这一时期朱子学的一些内在矛盾尚处于潜藏阶段，相比于此前与此后，元代朱子学的理论创新并不多。对于元代统治者来说，他们对朱子学的接受过程经历一个从初识到推尊的过程。元代朱子学最突出的一件事，便是 1314 年正式将朱子四书作为科举考试的标准，标志着朱子学正式成为官学，这对朱子学的发展具有深远影响。此时的朱子学者包括朱子四传弟子、五传弟子，以及其他非明确师承线索中的朱子学者，如胡炳文、刘因、许衡、吴澄等。朱子学在元代的发展呈现出较明显的南北差异。大致来说，北学尚道德践履，南学精于义理考辨。最早将朱子学传到北方的是赵复，许衡就是赵复的弟子，北学以许衡为代表，南学以吴澄为代表。此时朱陆合流的趋势更加明显，这在吴澄身上就表现得非常明显。吴澄一方面坚持朱子学立场，试图对朱子学的经注体系进行补充，另一方面也吸收陆九渊的心学思想，在心性修养理论方面具有一定的心学倾向。

3. 明代朱子学。整个明代依然将朱子学定为科举标准，是为官学。就明代学术思想的发展轨迹而言，明代朱子学大概可以分为前期与中后期两个阶段。虽然与宋元朱子学相比，明初朱子学派的师承线索不是特别明晰，但此时朱子学依然是学术的主流，著名朱子学者有曹端、薛瑄、吴与弼、胡居仁等。他们在南北学风相互激荡的格局下，在尊崇朱子学的前提下所关注问题侧重点有不同，对朱子学进行了不同程度的体认和阐发，围绕太极动静、理气先后与心性修养等问题对朱子学进行修正和突破，在朱子学发展史上具有重要地位。总体来说，"一是重视实然宇宙论探讨，强调实然之'气'，凸显下学的躬行践履工夫，发展成为明代气学；二是重视主体心性的探讨，凸显

'心'的本体地位，表现为上达工夫，形成了新的学术取向，发展成为明代心学"①。也就是说，此时是朱子学发展史上第二个兴盛期，也是朱子学向"阳明心学"转型的过渡阶段，具有承前启后的作用。明中后期阳明学逐渐风靡天下，多数精英知识分子纷纷成为阳明学者，朱子学式微。"明代中期以后，朱子学在中国再未出现有生命力的哲学家，虽然朱子学从明代到清代仍然维持着正统学术地位，但作为有生命力的哲学形态在中国已经日趋没落。"② 此时在朱子学史上的重要学者，即被视为"朱学后劲"的罗钦顺，"他在面对当时风靡天下的心学思潮，通过自身数十年的努力，从内外两方面着手，在朱子学的立场上力图进一步完善朱子学体系。从朱学内部来看，罗钦顺在继承之前朱子学者立场的基础上，围绕朱学思想义理方面存在的问题如理气为二物、察识涵养何者为先等，力图多方面深刻且细致地消解朱学的内在矛盾，实现朱子学体系的内在逻辑一致性，这既表现在对朱熹学问思想的质疑上，也表现在对朱子后学的品评上；从朱学外部来看，他积极批判并揭示心学、佛学等异端，极力维护朱子学的儒学正统地位。也就是说，他的学术努力旨在通过消除朱子学命题体系的内在矛盾和判别异端之学，建立一个内部融贯的理学命题体系。"③ 可惜的是，罗钦顺对朱子学的这种诠释在中国朱子学史上并未受到重视与进一步深入展开，相反却得到韩国性理学者的强烈关注与讨论，成为韩国性理学论争当中的重要中国资源。此外，朱子学者还通过辩驳阳明的"朱陆早同晚异"论批判阳明学，申明朱子学立场，如陈建等。

4. 清代朱子学。明亡后，当时知识分子多认为动摇了明朝几百年根基的祸首就是阳明心学，清初学术界几乎全力在检讨阳明心学，一时间，经世致用成为学者的治学宗旨，崇实黜虚成为学者追求的目标。清初学界一反陆王，尤其是王学末流空虚之弊，风习崇实，出现了由王返朱的迹象。顾炎武、陆陇其等人的思想不同程度地反映了这种迹象。朱子学依然成为清代的官学，重要的朱子学家还有陆世仪、李光地、张履祥、李颙、张伯行等。就朱子学义理本身来说，此时学者的朱学立场有所弱化，如李光地虽主程朱，但对程朱理学和陆王心学持比较客观、公允的态度。另外，清代朱子学对朱子小学

---

① 郭锋航：《明初朱子学研究》，陕西师范大学博士学位论文，2012，第1页。
② 陈来：《中韩朱子学比较研究的意义》，《中国社会科学报》2014年3月12日。
③ 邓庆平：《归于至一——论罗钦顺完善朱学体系的努力》，载陈来、朱汉民编《传承与开拓——朱子学新论》，华东师范大学出版社，2014，第436～437页。

特别重视，如张伯行等人。此时可以被视为朱子学的第三个兴盛期。但是就清代整个学术界来说，对朱学的批评自清开国以来一直不断。再加上此时朱子学者多沉迷于庙堂，其中一些学者虚伪喜党争，使得不断强化思想控制的清代统治者在意识形态方面保留朱子学统治地位的同时，亦厌弃了朱子学，转而倡导经学，汉学应运成显学。其间，虽然朱子学者也曾抗争，但终究挽救不了颓运。随着学术形态逐渐转向汉学以及今文经学的兴起，在清代中后期，朱子学的理论研究更为沉寂。朱子学由荣而衰的命运，可以说就是清代政治的一个缩影，是历史的必然。因此，清代朱子学对朱子学本身并没有带来多少变化，无论是在理论上还是在实践上，朱子学并没有开出多少新局面。

（二）中国朱子学的义理展开

就中国朱子学来说，自朱熹及其门人共同创立朱子学之后，南宋末、元、明、清均出现了不少朱子学者。中国朱子学自南宋末年成为科举考试标准开始，元、明、清均独据科场，于是我们常称之为官学。但此一官学的概念与韩国朱子学的官学地位存有差异，无论是对社会的控制面还是对学术思想的控制力，中国朱子学都要弱于同期的韩国。就思想发展来说，中国朱子学长期处于朱陆合流的整体趋势当中，本源朱子学重视注释经典的经学研究方式自南宋末期之后逐渐式微，心性修养实践成为朱子学者努力的重心，在朱子学义理诠释方面的推进也多是基于此一工夫实践，故而对朱子学当中的心性修养理论有所强调。在朱学义理诠释方面，元明清朱子学者就太极能否动静、理气为二物还是一物、理气有无先后等问题，对朱子学当中存在的不同讲法有所讨论。但整体上来看，其讨论的深入程度远不及同期的韩国性理学，其主体依然是停留在朱子学本身的讨论范围，虽然略有向心学、气学偏出的趋向，但并未贯彻到底。具体如：元代吴澄一方面完善朱子经注体系，另一方面通过对心的强调推进朱陆合流；明代早期的吴与弼、胡居仁、曹端、薛瑄等朱子学者多注重心性道德的日常践履，并对太极动静、理气聚散与先后等问题提出自己的看法，然而"有明学术，从前习熟先儒之成说，未尝反身理会，推见至隐，所谓'此亦一述朱，彼亦一述朱'耳。高忠宪云：'薛敬轩、吕泾野《语录》中，皆无甚透悟。'"① 胡居仁"思想属于程朱一系，广泛论

① （清）黄宗羲：《明儒学案》，中华书局，1985，第179页。

说了程朱理学的主要问题，尤其对理气、心理、主敬、穷理、仁体等问题的论说，有某些独到的见解。当然，对于这些问题所作讨论的深度和广度，未必都能够与程朱相并列。"① 曹端其学以躬行实践为务，而以存养性理为大端，在太极之动静、理气聚散等问题上有所推进。在明中期虽然罗钦顺对朱子学的理气二元、人心道心等有所批判，特别强调理气一物与气的本原地位，对朱子学有所推进，但此时整个社会的学术思想主流转向阳明心学，罗钦顺的这些思想并未受到其他学者重视。明末清初由于对阳明学的批判而为朱子学的复兴提供了契机，但由于政治与学术思想自身的原因，清代科举虽然以朱子学为标准，但清代学术重心在回归汉学，而非朱子学，故清初朱子学者除在朱子小学方面有所重视之外，义理讨论并未出现较大进展。

（三）韩国朱子学的发展历史

由于韩国朱子学的主体在朝鲜时代，这里可以借鉴的是关于朝鲜时代儒学的分期。如韩国学者玄相允先生在《朝鲜儒学史》中将儒学分为：李朝初期的儒学，至治主义的儒学，性理学为中心的儒学，礼学为中心的儒学，党争时代的儒学，阳明学的流入及其排斥为主题的儒学，经济学派的出现、湖洛学派的分裂、以性理学的再生为点缀的儒学。这里基于各个时代的主要学术亮点来分期，其中不全是朱子学。此外还有韩国学者李丙焘在《韩国儒学史略》中将朝鲜时代儒学分为三期：第一期过渡期儒学，第二期士祸期儒学，第三期学派及党派分裂时代之儒学。这里突出的是政治环境与学术思想的紧密关联，学术思想本身的发展逻辑并不清楚。中国学者也主要是在儒学史的体系中对韩国朱子学的发展进行分期。李甦平先生的《韩国儒学史》将有关朱子学的发展历史放在第二章高丽儒学、第三章朝鲜前期儒学、第四章朝鲜后期儒学与第五章近代儒学当中，以一般的王朝更替与历史发展为标准。林月惠先生对韩国朱子学的发展历史有过专门叙述。我们认为韩国朱子学的发展历史包括以下发展阶段：

1. 传入与初步消化理解时期（高丽末朝鲜初，约 14~15 世纪），这里指高丽末期朱子学首次传入朝鲜半岛，并迅速占据学术与政治上的主导地位。其中既包括典籍传入、人才培养，也包括制度重建、崇儒斥佛。比较重要的事件

---

① 杨柱才：《胡敬斋思想研究》，《中国哲学史》2008 年第 4 期，第 101 页。

有 1290 年安珦（1243～1306）从元都带回《朱子全书》，后有白颐正（1260～1340）、权溥（1262～1346）、李齐贤（1287～1367）、李穑（1328～1396）、金九容（1337～1392）、郑梦周（1337～1392）、李崇仁（1347～1392）以及朝鲜初期李穑的门人郑道传（1342～1398）、权近（1352～1409）、吉再（1353～1419）等重要人物；制度方面，在李穑的建议下，高丽于 1367 年始行科举，朱子学正式成为官学，郑道传支持李成桂为王，成为朝鲜王朝的第一功臣，全盘设计朝鲜建国的所有体制，确立以儒教治国与排斥佛教的理念，自此朱子学在朝鲜成为官学，在知识分子阶层影响越来越大。

2. 义理诠释走向成熟时期（16 世纪）。经历前期的消化吸收，朝鲜学者对朱子学的理论研究走向深入，韩国朱子学逐渐形成自己特有的问题体系，在义理诠释上出现深化与分化。从徐敬德（号花潭，1489～1546）开"气论"之先，李彦迪（号晦斋，1491～1553）与孙叔暾（号忘斋）、曹汉辅（号忘机堂）有无极太极之论辩，开韩国朱子学义理论争之先河，到李滉（号退溪、陶翁，1501～1570）与李珥（号栗谷、石潭、愚斋，1536～1584）这两个朝鲜朱子学代表性人物出现后，围绕四端七情、理气动静等论争，陆续出现了一大批思辨水平极高的朱子学者。朝鲜性理学可以说在朱子学核心义理的诠释方面，不仅努力穷尽本源朱子学的诸多逻辑可能，而且其辨析精微也远超出同时明朝朱子学者，标志着韩国朱子学理论走向成熟。无论是朱子学的理论研究兴趣，还是取得的理论成就，都堪称本源朱子学之后的第二个高峰。

3. 以礼学为核心的朱子学全面社会化时期（17 世纪）。我们知道，儒学一直具有强烈的实践性，在朱子学当中，最能体现其实践性的有两个方面，一个是偏重个人德性成就的工夫论，另一个是偏重社会秩序建设的礼学。韩国朱子学在义理诠释上获得充分展开的同时，朱子学当中的礼学资源也得到士人的充分重视，相继出现一批研究朱子礼学的名家，其中以金长生（号沙溪，1548～1631，著有《家礼辑览》与《丧礼备要》）与郑逑（号寒冈，1543～1620，著有《五先生礼说》）为代表。而且，这一时期，以《朱子家礼》为核心，借助作为朱子学信徒的两班逐步在地化趋势，朱子学当中的礼学资源不仅流行于士大夫阶层，而且在普通韩国人的日常生活方面（冠、婚、丧、祭）也逐渐得到忠实而全面落实，韩国逐渐成为礼仪之邦。也许从义理诠释上说，"韩国的儒学家对中国儒学的'礼仪'体系仅仅是原封不动的吸收和再现，并没有形成具有韩国特色的内容"①，但正是这种面向社会各阶层的礼学化，朱子学真正成为高丽以来塑造韩民族的行为方式、生活方式与民族性格的最重要文化资源，影响至今。

4. 卫正斥邪时期（18～19世纪）。经过朱子学学者长期论争，朱子学的义理诠释渐至高峰；经过以身体道阶层的社会推广，朱子学中的礼学社会化得到全面落实，这两个方面的发展都可以说是朱子学本身的理论本性所致。此后18、19世纪韩国朱子学的发展是在与其他异端的斗争中被推动。这里的异端不仅有传统的佛教，也有朝鲜前期一直被压抑批判的"阳明学"，还有受清代实证学风影响的"实学"和来自西方的科学技术与天主教，这些思潮的存在自然直接与一直作为正统的朱子学产生冲突，因此，这个时期的韩国朱子学主要表现为卫正斥邪。例如李恒老（号华西，1792～1868）以朱子理气论为基础对天主教的天主观念进行批判，认为朱子学以理为主，而天主教的天主以气为主。这在理论的严密性上是不够的。正如有学者认为，在理论创造性上，可以说韩国朱子学发展至此，已是强弩之末，反映的只是朱子学为应对当时的时代状况与要求而做出自我防御的痛苦挣扎。② 此时韩国朱子学逐步走向衰微。

（四）韩国朱子学的义理展开

韩国朱子学的横向展开是指韩国朱子学在义理上对本源朱子学的逻辑推进，也是韩国朱子学的理论贡献。朝鲜性理学家以异常认真严谨的学术态度对待朱子学，因此无论是朱子学文献考辨还是义理诠释，都非常出色，特别是学者之间的往复论辩，最终形成了韩国朱子学内部的多元格局。重要的哲学论辩主要有：太极论争、主理主气论争、四七理气论争、人心道心论争、人物性同异论争、心说论争。这些论争主要集中在理气心性论方面，属于朱子学本体论范畴，哲学的思辨性极强，一直是朝鲜性理学的核心主题，历代朝鲜精英知识分子几乎都卷入其中而成为性理学家，他们对朱子学本体论的逻辑可能性，殚精竭思，辨析入微，形成典型的哲学论争，往复论辩，留下了异常丰富的书信文集，其呈现的思辨图景令人叹为观止，其哲学思辨水平

---

① 李相益：《中国儒学的韩国收容与开展》，载《首届韩中人文论坛论文集》，2014年12月5日，第745页。

② 崔根德：《韩国儒学思想研究》，学苑出版社，1998，第257页。

远超出同一时期的中国朱子学者，以致有学者认为朱子学的重心已经转向朝鲜半岛①。而这种转向与其说是朱子学自身逻辑展开的结果，不如说是朱子学在韩国实现本土化的结果。

这些论争都是在朱子学的论域展开，都是以回归朱子本意为宗旨。而这些之所以能够成为哲学论争的议题，其原因不仅仅在于韩国学者对于朱子学的理解与解释水平问题，更在于朱子学乃是朱熹与其500余弟子共同创立，时间长达六七十年②，留下的著述异常丰富，因而在言说与义理本身存在一些内在不能自洽的地方，这些地方经过反复的论争逐渐被彰显出来，形成如在本体论意义上的主理与主气两大派，这种彰显成为韩国性理学所取得的主要理论成就。

简单地讲，带着官学身份的朱子学进入韩国后，顺应高丽末朝鲜初排斥佛教重建国家制度文明的需求，迅速得到上层知识分子的认同与接受，在朝鲜王朝500余年的历史发展过程中一直居于主流与正统的独尊地位，知识分子一方面在义理诠释上以论争的形式深化与彰显朱子学的内在逻辑可能，取得了朱子学创立后的最主要理论成就，另一方面积极向社会底层民众全面推广与落实朱子学围绕日常生活方式的礼学文化，全面塑造韩民族的生活方式与民族性格，使得朱子学真正实现韩国化，韩国朱子学也成为韩国传统文化的核心部分。

另外，中韩朱子学在各自发展过程中存在交流互动，这种交流互动在长期历史中是以中国向韩国输入为主。因此，韩国朱子学在发展过程中存在一个受中国朱子学发展所影响的问题，如罗钦顺在韩国性理学论争中所引起的热烈反响。但是，需要指出的是，韩国性理学经过500余年的充分论辩，其取得的朱子学研究成果达到了极高的水平，与现代哲学研究视野下的中国朱子学研究有许多相似之处，值得现代中国朱子学研究者重视。"总的说来，朝鲜朝时代的朱子学家，如李退溪、李栗谷，对朱子有深刻的理解，对朱子哲学的某些矛盾有深入的认识，并提出了进一步解决的积极方法，揭示出某些在朱子哲学中隐含的、未得到充分发展的逻辑环节。"③ 就中国朱子学来说，朱子学内部隐含的未得到充分发展的逻辑环节，一直到20世纪，现代学术研

---

① 陈来：《中韩朱子学比较研究的意义》，《中国社会科学报》2014年3月12日。
② 这个讲法主要基于朱子学派的形成过程得出的，参考了朱熹开始授徒与其门人离世时间而定，即自朱熹20岁开始授徒，至朱熹主要门人大约在朱熹71岁去世后的20年左右也多已离世。
③ 陈来：《中韩朱子学比较研究的意义》，《中国社会科学报》2014年3月12日。

究兴起后，借鉴于西方哲学研究的范式，方才将之充分展现出来。这当中最重要者如牟宗三先生等。牟宗三借鉴康德等西方哲学思想资源，对朱子学进行了细致入微的分析，揭示出朱子哲学理气二元论结构，并提出朱子之理只存有而不运动的结论。这样的辨析与理解在朝鲜性理学者的辨析当中早有类似的观点，如四端七情的讨论中，退溪认为："四端乃理发而气随之，七情乃气发而理乘之"，而栗谷则认为理不能动，四端七情均为"气发"，其反复论辩所达到的水平与现代哲学研究视野下的朱子学研究大家有许多共通之处，因此，牟宗三的弟子杨祖汉先生就认为："栗谷对朱子学的理解，与中国当代牟宗三先生对朱子哲学的论释，大体上是一致的。"[①] 韩国朱子学的这些义理辨析成就，在今后的中国朱子学研究当中值得充分借鉴。

综上所述，中国朱子学发展模式可以归结为多元思想资源并存格局当中的"三起三落"。朱熹及其门人是朱子学的创立时期，是第一起；随后到元代朱子学定为科举考试标准时期，这一时期朱子学理论成果不大，是为一落；此后明早中期阳明学出现之前，是朱子学发展的第二起；此后随着阳明学的兴盛，朱子学进入第二个低落时期；明末清初，随着阳明后学的被批判，朱子学伴随着汉学的复兴而逐渐回到思想界主流正统地位，是为朱子学发展的第三起；清代中后期汉学的重兴意味着朱子学的第三落。韩国朱子学的发展模式为单一思想资源当中的"一起一落"。所谓一起是指传入朝鲜半岛之后，韩国学者在推尊朱熹的前提下，一方面从理论上深入辨析朱子学相关概念与命题，在性理学内部形成不断论辩的不同学派；一方面则将朱子礼学向民间社会进一步推广与落实，重塑韩民族的日常生活方式。所谓一落是指近代以来包括佛学、阳明学与西方文化等异端冲击下，韩国朱子学的逐渐衰微与转型。

三 两种发展模式的比较分析

任何一种学术思想传统，都是在特定社会历史与学术思想环境当中产生与发展，由某一特定群体推动与落实，并取得特定理论成果，具有特定理论立场，并对社会历史发挥特定影响的学术思想史现象。为了深入理解中韩朱

---

① 杨祖汉：《李栗谷对朱子哲学的诠释》，《延边大学学报》（哲学社会科学版）1995 年第 1 期，第 67 页。

子学的不同发展历程，更好理解中韩朱子学的不同发展模式，我们不仅需要在朱子学领域内描述朱子学在中韩分别展开演化的过程，更需要综合各自政治环境、学术思想背景、以身体道的推动力量、学术思想成果以及学派立场等方面——进行分析。

1. 从朱子学所处的政治环境来说，朱子学的产生与发展都受到当时政治社会状况的影响。中国朱子学自 12 世纪后期形成以来，历经宋元、元明以及明清之间的朝代更替以及一系列政治环境的剧烈变革，再加上商品经济的新发展，朱子学的发展呈现一些特殊的朝代特色。而韩国朱子学自高丽末期传入之后，其主要的发展都处于朝鲜王朝时期，没有大的改朝换代，政治环境虽也有变化如士祸、党争乃至倭乱等，但总体上政治制度与社会结构变化不大，比如李氏王朝以两班为首的，包括中人、平民与贱民界限清晰的社会阶层结构与身份等级制度一直非常严苛，官职制度基本上遵循 1469 年所颁布的《经国大典》的规定，因此，相对于中国朱子学来说，韩国朱子学所处的社会结构与政治环境在整个朝鲜王朝时期基本未变，相对稳定单一。这种严苛的社会阶层结构和相对稳定的政治环境，与讲求等级名分的朱子学一经接触便日益紧密结合，逐渐在理论与实践两方面展现出良性而深入的长期互动。

2. 就朱子学发展的学术思想环境来说，其所面临的其他学术思想资源的复杂程度对朱子学的发展具有重要影响。中国朱子学自形成之初，从儒学内部来说，就处于与张栻的湖湘学、陆九渊的江西之学、吕祖谦的浙东之学、陈亮与叶适的事功学派等学派的长期互动之中，从儒学之外来说，就处于儒释道长期以来的三教冲突与合流的进程之中，这是中国朱子学生长的起点。到元代，一方面延续着儒释道的三教合流，另一方面朱子学又处于朱陆和会、理学心学互动的进程中，这一格局大体上一直伴随此后朱子学的存在与发展；朱子学内在的潜在矛盾没有得到充分彰显，反而形成一种根源于学派间互动而导致其生命力逐渐衰退的发展模式，具体表现为程朱理学、陆王心学相互兴替乃至宋学汉学相互兴替的发展模式。这样的结果便是，朱子学虽然一直作为科举的标准，但其在学术思想领域并非一直居于绝对的主流。对于韩国朱子学来说，朱子学进入韩国时正是朱子学在中国被定为官学的元朝，到明代，朱子学也被定为官学，在慕华与事大心理的推动下，朱子学进入韩国后就扮演着排斥佛教的功能，并逐渐获得文化与思想正统的地位，而且陆王心学始终在韩国受到批判与排挤，远不能构成朱子学的对立面，朱子学在 500 多年的历史上居于独尊的地位。因此朱子学在韩国的发展，就走上一条在义理上围绕特定论题而促使朱子学本身的潜在矛盾逐渐显现化、在社会实践上围绕《朱子家礼》而逐步实现朱子学的礼学化社会实践的发展模式，这样的结果便是朱子学在韩国社会居于绝对的主流地位。

3. 就朱子学的以身体道阶层来说，这一阶层的成员稳定性、影响力以及生活方式等对朱子学的发展具有直接影响。在宋末以后，具有明确师生传承线索的朱子学派逐渐衰微，再加上朝代更替与政治环境变化等影响，作为朱子学文化的承载者，士大夫阶层的流动性很大，朱子学的存在与维系更多的是依赖于作为个体的接受朱子学影响的知识分子。这些朱子学者既有位居高位的上层士大夫，也有民间的知识分子，除了元代与明代早期之外，朱子学者之间的相互学术联系不多，较少以学派的形式活跃于当时的学术思想界。在韩国，长期存在的两班（凡有资格仕官身份者，都被列入"两班"之列）是朱子学的忠实信徒。他们是专业的读书人，是朱子学的以身体道阶层，是朱子学稳定的继承者、主导者、传播者。在朝鲜严格的身份制度下，这个朝鲜社会的统治阶层具有成员稳定、社会影响力强的特点，他们以科举考试作为目标，接受朱子学的影响，这使得两班身份除了最初的政治身份外，后来逐渐具有更多的文化内涵；由于后来分化为在京与在地两类，故上可达王（即社会最高层），下可至奴仆（即社会最底层），社会影响面极广①。其中在地两班人数居多，以家族聚居的形式居住稳定②；同时由于出仕机会较少③，

① 据现存首尔大学奎章阁所藏中的庆尚道大邱的户籍大账对人口的记载，1609 年大邱的总人口为 13913 人，其中两班为 1027 人（7.4%），两班的奴婢为 5992 人（43.1%），常民为 6894 人（49.5%），可见两班的直接影响面就超过人口一半以上（转引自潘畅和、何方《论古代朝鲜的"两班"及其文化特点》，《东疆学刊》2010 年第 3 期，第 4 页）。

② 两班在地化的过程中形成了在地两班的世居地。这些世居地大部分由同族集居而成。这种同族集居而成的同族聚居地，在 16 世纪的朝鲜农村迅速兴起并广泛、长期存在。日本在朝鲜的总督府于 1930 年出于殖民统治的需要，调查了朝鲜最著名的 1685 个两班同族聚居地的形成时间，结果表明 12.3% 在 500 年以上，38.8% 在 500～300 年之间，20.8% 在 300～100 年之间，1.4% 不到百年，27.296% 时间不明，而且这些同族聚居地在 1431～1630 年间形成的居多。这就是说，在地两班的形成过程同时也是他们的世居地的同族聚居地形成的过程（引自潘畅和、何方《论古代朝鲜的"两班"及其文化特点》，《东疆学刊》2010 年第 3 期，第 3 页）。

③ 朝鲜是比中国和日本官吏少得惊人的国家，朝鲜王朝末期，除京城以外，统治朝鲜八道的官吏还不到 1000 人（转引自潘畅和、何方《论古代朝鲜的"两班"及其文化特点》，《东疆学刊》2010 年第 3 期，第 4 页）。

使得他们大多数人在仕途之外的读书讲学、心性修养、社会教化等方面实现自我价值，这既促进朱子学义理论争深化，又推动朱子学的社会落实，最终加强了朱子学对社会政治、经济、文化的全方面控制，通过推广《朱子家礼》等对社会各阶层生活方式实现全面培养与塑造。

4. 从学术思想立场的坚定与忠诚性来看，由于中国朱子学一直处于学派互动当中，对一般读书人来说，往往面对多种学术思想资源，例如宋明理学家多有出入佛老的经历，即便是重视心性修养也易滑向注重主体性的心学。知识分子的朱子学立场在明中期以后更加弱化。相反，在韩国，由于身份等级观念，朱子学之外的学术思想很难构成对朱子学的冲击，佛教受到排挤，道教几乎没有，故知识分子面对的学术思想资源比较单一，自幼接触朱子学之后，接触其他学术思想的机会不多。他们的朱子学立场异常坚定与忠诚，故对阳明心学的批评与拒斥更严厉，朱子小学与家礼的社会落实更彻底且更紧密。

5. 从学术思想成就来说，正如上面所提到的，自15、16世纪，韩国朱子学经过长期集中而深入的反复论争，其在朱子学义理诠释方面取得了丰富的理论成就，而相应的，同期中国朱子学在义理诠释方面则突破不多，相对比较贫乏。

6. 就朱子学的社会影响来说，朱子学在中国经历了一个由南向北的流传，同时也经历了由私学向官学的地位上升，但此官学主要体现于科举考试当中；与此同时，也存在一个由知识分子向民间推广落实的过程，但此推广与落实主要是朱子学义理而非礼学，且一直未能成为所有社会成员的专一信仰。在韩国，朱子学作为一种当时最先进的思想文化，在对抗韩国佛教等异端的同时，也自一传入就受上层知识分子的认可、接受以及逐渐消化，不仅作为科举的标准，还居于学术思想的正统主流，而且同时以礼学化的形式不断向民间拓展与落实，具体参与韩民众生活样式与民族性格的塑造过程，成为韩国文化传统当中最重要的组成部分。

以上分析告诉我们，中韩朱子学的不同发展模式体现在不同环境（包括社会政治环境与学术思想环境两方面）、主体、思想格局、理论成果以及社会影响等多方面。

四　结论

总的来说，历经朝代更替的中国朱子学长期处于多种学术思想流派的互动当中，自朱子与其门人创立朱子学之后，朱子学创立时期的经学研究模式逐渐衰微，朱子后学的主要任务转变为一方面是以个体道德实践的形式践行朱子学，另一方面是受到其他学派影响的情况下积极理解与捍卫朱子学的立场，对于朱子学义理的内部矛盾有所涉及但未能深入，对朱子学的边界有所突破但并未走远，对于朱子礼学的社会落实一直不能全面实现。这构成本源朱子学之后元明清朱子学的基本存在与发展模式。对于韩国朱子学来说，长期处于相对统一稳定的政治环境之中，在相对持续稳定的两班阶层的推动下，朱子学获得绝对独尊的地位，故其走上的是一条一方面朱子学义理的内在矛盾以反复论争的形式逐渐显现，另一方面以《朱子家礼》为核心向社会全面落实的发展道路。在尊重"他者"差异性的前提下，通过比较的视野详细剖析"他者"，进而确定中韩朱子学的不同发展模式，有助于我们更好地理解朱子学本身，对思考中国儒学的未来命运也将具有一定启发。当然，无论是就中文学界还是我个人而言，中韩朱子学比较研究都是一个有待深入的领域。

孔孟思想在现代马来西亚影响的分野

郑文泉

摘　要：本文旨在从儒家诸子的角度，重新爬梳现代马来西亚儒学的学理统绪，探析孔、孟思想在现代马来西亚儒学史、子思想的影响与分别。从事实面来看，孔、孟思想在现代马来西亚的影响都有迹可循，前者如史部政书类的李绍茂（1915～1989），子部儒家类的刘果因（1904～1991）、严元章（1909～1996）、石诗元（1928～2014）等；后者如史部传记类的郑良树（1940～2016）、子部儒家类的沈慕羽（1913～2009）等。从规范面来看，史部方面的孔子以其"君子不器"的通才型人格思想受重视，孟子则是其"民胞物与"路上"威武不能屈"的人格形象；至于子部方面的孔子影响或较孟子为大，前者明显可识的有以儒学为"述而不作"天下为公、世界大同的"原生文化"、为以学生为主体的"柔道"教育思想、为"万有知识归于仁"的"人本主义哲学"等，后者则主要表现为"爱护母语母文，是人的良知良能"的"华教与孔教殊途同归"的思想。以上虽在外围上共同表现为儒家之思想，但其内涵上的孔、孟思想之分殊还是不能被泛化来处理的。

关键词：孔子　孟子　儒学　马来西亚

作　者：郑文泉，拉曼大学中文系教授。

前言　现代马来西亚儒家思想的孔、孟渊源

随着个人对近二百年马来西亚儒家学术史的整理与爬梳，特别是《马来西亚近二百年儒家学术史》一书于 2018 年初在北京的出版，[①]我们对儒家学术的理解也逐渐有了不再止于目前的通论、泛论的形式与条件。从儒家内部的

---

① 见郑文泉《马来西亚近二百年儒家学术史》，华文出版社，2018。

构成来看，通论、泛论的形式无法让我们看清是哪一家、哪一部儒家人物与典籍的传播与发展，连带的严格意义的思想史、学术史也无法得以进行和完成。实际上，儒家思想不外是由人和书两种构成，儒家思想的传播也是以人和书为媒介的，只有在谈论儒家文化的课题上，我们才需要加上典章制度这一媒介。所以，对马来西亚儒家思想的整理和爬梳，进一步提升到专家、专书的视角和平台，是一个合理的推演和进展。

笔者此前曾以朱子学为例，阐发朱子《四书》学传入马来西亚的历史与意义。从狭义朱子学也就是朱子本人的学术角度来看，以《四书》学为内涵的朱子学至迟在 1818 年马六甲英华书院（The Anglo – Chinese College at Malacca）的成立，已经是马来西亚教育一学术史的一环，但其学术意义先后有"理学"、"孔学"与"汉学"的三个时期之分：（一）在 1800 ~ 1876 年的"理学"时期，儒家思想是按照朱子《四书章句集注》一书来定义的，朱子的注文甚至被当时的人视作经文一起来译出；[①]（二）在 1877 ~ 1956 年的"孔学"时期，包括朱子《四书》学在内的宋明理学被视为仅是"孔子修己之学"，无法胜任时代所需要的"孔子救世之学"；（三）在 1957 年迄今的"汉学"时期，朱子《四书》学与理学进一步被视为传统经、史、子、集四分的四部学或"汉学"的一部分来理解，也并未获得特别重视与讲习。[②]由此可见，朱子学在马来西亚有一个由定义项发展成后来被定义项的历史过程，从中也可以看出马来西亚儒家思想既有朱子其人其书的组成，也有其他儒子、儒书的存在，未可简单化处理。

为此之故，本文拟从宋后孔、孟二子并称的角度一探 1957 年以来现代马来西亚儒家思想的孔、孟渊源与流布，以收管窥之效。具体地说，本文仍从经、史、子、集四分的四部学框架入手，以为：（一）现时期之儒家经学乏善可陈，暂可从缺；（二）儒家在集学方面的表现又流于繁复，如孟子之"穷则独善其身，达则兼济天下"演为当地文言诗坛所信守的白居易"仆志在兼济，

---

① 通论见邓联健《委屈求传：早期来华新教传教士汉英翻译史论 1807—1850》，清华大学出版社，2015；专论见郭磊《新教传教士柯大卫英译〈四书〉之研究》，北京外国语大学比较文学与跨文化研究博士论文，2014。

② 详见郑文泉《东南亚朱子学史五论》，吉隆坡：马来西亚朱熹学术研究会，2014 年。至于广义朱子学的进一步补充，见郑文泉《从陈宏谋〈五种遗规〉看朱子学的当代东南亚意义》，四川师范大学"朱熹思想的当代价值"兼纪念朱熹诞辰 888 周年国际学术研讨会论文，2018年 11 月 3 ~ 4 日。

行在独善……言而发明之则为诗。谓之讽喻诗，兼济之志也；谓之闲适诗，独善之义也"之处世观，非简短篇幅之本文所能一时考究者；（三）史、子两方面之线索，丰沃易识，请暂以此二者为据。换句话说，本文撰述主旨，即在探究马来西亚自 1957 年独立以来至现时期儒家思想之史、子两方面，孔、孟二子之思想传播与流衍之形式，以收思想史与学术史之具体情事与内涵。

一　孔子思想对现代马来西亚儒家史、子思想的影响

与本文将时间上限至 1957 年的原因同理，对现时期孔子思想在马来西亚儒家史部思想的影响作穷尽式的挖掘与阐述，也非一简短本文之所能胜任的。按清末张之洞《书目答问》一书体例，史部下隶十四子类，包括正史、编年、纪事、古史、别史、杂史、载记、传记、诏令、地理、政书、谱录、金石、史评。对史类十四子部儒家思想的全面析释，是包括《马来西亚近二百年儒家学术史》一书在内的儒家论著所未进行过的，本文姑以政书类著作为例，以证其事。

孔子思想对现代马来西亚史部政书类思想的影响，可以曾任职财政部隶下国民公积基金（Employees Provident Fund，简称 EPF）总经理及顾问的李绍茂（Lee Siow Mong，1915—1989）及其《回忆》《中华文化》两书为例。李绍茂 1915 年生于新加坡，7～12 岁被父亲带回中国广东家乡就读，此后才重返新加坡英校续学，奠下他一生甚为感念的双语、双文化之教育与背景。自莱佛士学院（Raffles College）1937 年毕业起（与开国功臣陈祯禄同为校友），先后在英殖民、新加坡自治政府及马来西亚联邦政府体系任职，最后 15 年之公职即为财政部国民公积基金的总经理与顾问。此一生之公职经历，使他在回忆录《回忆》（原英文书名为 Words Cannot Equal Experience，1985）中对职官体系有不少评释，从而成为本时期仅见的政书类著作。也许是出于这样的公职背景，李绍茂对孔子思想的"君子不器"别有会心，以为这是"远比一个专业人士更能成为好的管理者或经理"的"通人"（a rounded person）之意。

按李绍茂《回忆》一书共十一章，除三至五章为其各阶段公务员生涯的纪事外，以第六章"论公务员"、第七章"论公共决策"（因其为高级公务员，有决策之责）二章，最能见出他 43 年公务员的操守与理念，从而具有古代官箴书的内涵与意义。试以第六章为例，首先，李绍茂认为公务员的首要

原则就是务必扮演好"服从员"（an obedient servant）的职责，即凡公务员都务须是公正且非党性的（impartial and non – political）实施政府的政策，而不能以一己的政治好恶为取舍，可说是对古代"忠"一义的现代阐释；其次，李绍茂花了很大的篇幅讨论公务员的第二原则，即务须尽其所能地确保公共行政体系的效、能、廉（efficiency，competence and cleanness）三大基本特征，并以近年愈趋低效、低能与腐败（inefficiency，incompetence and corruption）的趋势与现象为耻，[1]和宋人吕祖谦（1137~1181，官至著作郎直秘阁）《官箴》一书之主"当官之法，唯有三事：曰清；曰慎；曰勤"的思路，[2] 也可说是一脉相承的。

读者可能会以李绍茂在《回忆》中没有以儒者自居而怀疑这部书的儒家意义，但他其实素以"通人式的儒家君子"（a well – rounded Confucian gentleman in true Confucian tradition）形象闻名于朋辈、同侪之间，这点时任新加坡第四任总统的黄金辉（Wee Kim Wee）在其《中华文化》（原英文书名 Spectrum of Chinese Culture，1986）一书序言中也如此暗示。[3]实际上，李绍茂甚为关心"儒家通人"（a Confucian rounded person）的养成平台，他之撰述《中华文化》一书即是按此一"通人"养成所需的文化成分来进行的，故其英文书名题为中华文化之"系谱"（spectrum），即是此故。本文之译"a rounded person"为"通人"而不是常译的"全人"，因为李绍茂自己的说法是倾向于其"通"而不是"全"（当然"通"也有"全"的意思）：

> 儒家培养"通人"的方式是透过一套通识性的文化教育。在此之中无须专业化，因为专业化意味着你只能胜任你所专业的那一面。即使是孔子逝世后的两千多年，今天许多教育家和研究者都一致地认为，一个接受过人文科学教育的人远比一个专业人士更能成为好的管理者或经理。按照孔子，一个人应尽可能地接受仪礼教育，俾在文、质之间有一个良好的结晶。换句话说，教育应该是培养这种人格的途径，本身不应该成为目的。[4]

---

[1] 见 Lee Siow Mong, *Words Cannot Equal Experience*（Petaling Jaya：Pelanduk Publications，1985），pp. 71 – 82。

[2] 见陈宏谋辑《五种遗规·从政遗规》，中国华侨出版社，2012，第345~480页。

[3] 见 Wee Kim Wee，"Foreword"，in Lee Siow Mong，*Spectrum of Chinese Culture*（Subang Jaya：Pelanduk Publications，2006），p. x。

[4] 本文中译，见 Lee Siow Mong，*Spectrum of Chinese Culture*，p. 91。

　　为此，李绍茂《中华文化》一书第一章就以这一通识性的文化教育来源为主题，强调儒、道、佛三家都是人文主义（humanism）而非宗教，并以"若干西方人士很难理解，华人怎么能够同时追随三位不同师尊的教导，因为在很多西方作者甚至也包括一些华人作者看来，他们同时也是三种宗教的创造者"，凸显华人可在生活的不同层面分别接受儒、道、佛三家的融通无碍的文化性格，可见他意指"通人"而非"全人"。尽管如此，李绍茂自第二章"国与家"开始就强调"儒家世代以来就渗透进华人社会的生活"①的事实，所以第三章"人生各阶段"、第四章"人生目标的文化达成"都是儒家的说法，第八章"游于艺"即一个通人在现实上还有赖诗、书、礼、乐、画、印等艺术的涵养而成，最后第九章"处世哲学"更指出不充分了解华人社会的俗语（proverbs，李绍茂认为华人自己的说法是 Common Sayings），就无从了解华人社会的生活哲学。换句话说，关联其《回忆》一书，李绍茂这部《中华文化》的特点，就在它不是一部通泛的中华文化介绍之作，而是环绕在一个"儒家通人"得以养成的中华文化氛围与其要素，俾能促成他所期许的"更能成为好的管理者或经理"的人才目标。

　　李绍茂的《回忆》《中华文化》及其他主要专书都是用英文写成的，面向的也是英语读者与世界，但他对中文典籍之娴熟，甚至对中国或华人社会（指华文教育源流的社会）之批孔反儒风潮也知之甚深。他这些英文著作，其实都有力挽儒学于狂澜的企图，但因为面向的是没有批孔反儒背景的英语社会，所以多不明指。然而，他在《中华文化》前言一开始，就针对传统文化在今世的流失或遗忘，并不全是其不合时宜之故，而是：

　　　　某些可能是因为如此，但很多传统价值被否决，是因为对它在现代世界脉络的意义的解说的努力还很不足够。②

　　而在结语一章，他对他在《中华文化》一书所说的"中华文化"在未来世纪的人对它的兴趣与意义，将会比眼前的世界来得还要大，以为：

　　　　每一次孔子与其著作在历史上被谴责时，在再次复兴的时候，他和

---

① 见 Lee Siow Mong, *Spectrum of Chinese Culture*，p. 14。
② 本文中译，见 Lee Siow Mong, *Spectrum of Chinese Culture*，p. 1。

他的著作的重要性变得更大。①

据此，李绍茂是指他在《中华文化》一书所说的传统"儒家通人"不为时人了解而没落吗？是指"儒家通人"在未来将以比现在更重要的形式和意义而被理解和接受吗？

按张之洞《书目答问》一书之意，子部是由其下十三子类构成的，但是孔子思想在本时期的影响当以儒家类为主，其余医家、术数、艺术、小说家等请俟他日另文为之。在这方面，孔子思想对子部儒家类思想的例子很不少，既有就儒典而论的（如石诗元），也有在教育（如严元章）或文化（如刘果因）发挥儒家道理的，不一而足。本文以下姑以此三例为事，以见其概。

按本时期就儒典而论的儒家类思想，最典型的例子来自石诗元（1928～2014）。按石诗元 1928 年生于马来亚波德申，原籍中国福建南安。先后在多地公立华文小学任校长，终老于柔佛州昔加末，在 1983 年退休前的著作多是一般文人作家的新诗、旧诗、杂文、议论文。他的儒学论文与专著，都是退休后的作品，但血气既衰，其行文、思路多有跳跃而未易卒读，先后有《易学理象数揭谜初探》（1988）、《孔子大道与易经思想体系探源》（1990）、《易经历数揭谜解中庸之道》（1991）、《儒学与精神文明建设》（1992）等学术会议论文和《中华文化人生艺术全貌：揭开易经知识天文历算之神秘数字之谜》（1998）、《中华文化基因：揭开易数地"方"神秘数字》（2001）等专著。此后少文，仅保存以旧体诗弘扬儒学的习惯，至 2014 年逝世乃止。

石诗元的易学思想，可从"中国人以自然科学和经验科学的知识为基础，开辟心灵领域而观民设教激发真善美的艺术进展，所以能树立一支与世不同的文化，垂直延续数千年"这个概括解析出来，即（一）以自然科学为基础的《易经》思想是儒家之源；（二）孔子"把万有（自然、经验及心灵的领域）知识归于仁"，不纯是一位道德家；（三）儒家仍是重建未来华人文明的核心所在等三大论题，大致环绕在"《易经》、儒家与现时代文明"这个范围而作。试以上述第二论题为例，一窥石诗元的孔子思想如下：②

　　对石诗元而言，"孔子学说是《易经》学说延伸的"（1990：2），但

---

① 本文中译，见 Lee Siow Mong, *Spectrum of Chinese Culture*, p. 258。
② 见郑文泉《马来西亚近二百年儒家学术史》，第 128～130 页。

是后者"由孔子继绝学,使之成为华夏文化的总枢纽"(1992),这点显然符合他所谓的"集中国古代文化的大成"之意。这句话的具体意思,倘若说"《易经》是讲自然科学的"(1990:2),那么孔子"是以客观物质世界的知识"再加上"经验世界的知识,作为道德规范来开拓心灵世界成一统,以整个人类的利益为依归而曰:'仁',这是他讲学的法则"(1990:7)。很明显的,石诗元认为孔子"仁"的哲学亦不离其自然科学的基础。

但是,孔子之学虽然承自《易》学,所揭示的"自然科学知识不多,不过他的谈话很少违反自然法则,而绝大多数是属经验世界范畴"(1990:5),表示孔子是进一步成《易》学之大的。所谓孔子的"经验世界的知识",石诗元指的是"以适当的'取'与'舍'的讲究,为道中庸。对人类共同生存有利的便'取',对人类共同生存有害的便'舍'"(1990:6),他另为与"客观物质世界的知识"的"见闻之知"相对而称此为"德性之知"。除此以外,孔子"依据自然知识、经验知识合并转化为道德规范所开辟的心灵世界"的"化育之知"(常指宗教、艺术之类),他认为是为了"促成人性进化,把仁义礼智的根苗引发完成人格"而有(1990:7),才成孔子"一统"之学。

上述见闻之知、德性之知与化育之知的一统,也是石诗元最终所谓的"孔子把万有知识归于仁",或下表的"孔子大道"之意(1990:8,45~7)。

孔子大道统纲表

大道所以变化而凝成万物者				
天 (阴阳)	人(仁义)			地 (刚柔)
自然演化 穆穆纯纯 其莫能循	客观物质世界认识	实践扩大经验世界	开拓心灵世界	自然进化 若天之司 莫之能职
	裁天、制天	建立文化	生发地利	
	理然、不然根源	取舍根源	应变不穷固善	
	见闻之知	德性之知	化育之知	
	自然科学	经验科学	宗教、艺术	
圣人测万物之情性者也、知通乎大道				
人本哲学				

由此可见，孔子大道最终归穴于前文提及的人本哲学，即"反对任何对人类无益有害的事务"、"以整个人类的利益为依归而曰：'仁'"的哲学。[①] 至此而言，他认为"这便是《易经》：天道主阴阳，人道主仁义，地道主刚柔……人性本向善固善为'仁'，真理（见闻之知）公理（德性之知）合参即为'义'……常情（化育之知？）、公理、真理的持中使之有益于人类，便是'中庸之道'"（1990：10）。

基于上述，石诗元毫不怀疑历史上的"孔子传六经分三境界"，即"他传授六经：（一）使学生认识客观物质世界——《易经》——自然科学，（二）使学生认识客观经验世界——《书经》、《春秋》（历史、舆论）——经验科学，（三）使学生固善开拓心灵世界——《诗经》、《礼经》、《乐经》——宗教、艺术"（1990：44）。因此，他对于他同时代的儒学研究，不是认为"许多学者，习惯地把中华文化当道德型的，西方文化是科学型的，更把孔子当是道德学家，专为道德而道德来讲学，最具误导性的"（1990：31），就是针对"今（中国）大陆依凭马克思历史辩证学来讲儒学，难免有偏颇；港台新儒家多注重精神部分，力创生命的学问来和西化、俄化分庭抗礼，要显出中国文化的特色"表明"我们可收集他们的著作做参考资料，但不可受他们的蒙蔽"（1990：1）。如果我们了解了他自《易》而儒的上述观点后，并不难于明白为何这些儒学称不上孔子"一统"之学的研究结果。

按石诗元基于以上的孔子思想内涵与认识，进而主张中华文化"应以孔子学说为文化核心"，下启他的第三论题"儒家仍是重建未来华人文明的核心所在"之意，也就很可以被理解。从现时期马来西亚整体儒家思想界来看，石诗元还算是论述比较完整有思想体系可言的一位儒家学者，自有其时代的代表性。

相较之下，严元章所发挥的孔子思想，就具体而微至他所从事的教育领域，化成一套他名之为"柔道教育思想"。

按严元章（1909~1996）留驻马来西亚的时间虽只有1951~1965年的十

---

① 说实在的，石诗元的"仁"、"人生哲学"或"人本哲学"的内涵除了"反对任何对人类无益有害的事务""以整个人类的利益为依归"之类松泛的讲法之外，很少看到他特以儒家的那部经典说明，即迄今仍然未见任何内容的界定。

五年光景，但却是"五六十年代的新、马华人，没有人不晓得……历任教总顾问，与教总主席林连玉齐名"[①]的历史人物，为新、马二地华文教育史所不可切割。严元章1909年生于广东新会，1951年英国伦敦大学博士毕业后即"出于一种使命感"而南来马来西亚，历任多间中学教务主任、校长及参与马来西亚华校教师会总会的"华教的救亡运动"。后任南洋大学文学院院长兼教育系教授，因抵触当局于1965年遭遣返出境，自此任教于香港中文大学教育学院并老卒于1996年。最能证明严元章在马来西亚地位的，就是他的著作一再被马来西亚华校教师会总会重印，包括《教育论》（1988年版，此后多次重印）、《严元章文集》（2002），他任教、任职过的六大学校、团体甚至在他逝世后出版《严元章纪念文集》（2001），可见一斑。至于严元章在《教育论》基础上扩写的《中国教育思想源流》一书，中国大陆多次出版（有1993年上海三联书店版、2012年广东教育出版社版两种），马来西亚则未有重印。

按严元章的教育思想名为"柔道教育思想"，由"九论"组成，分别为主体论、宗旨论、方法论、材料论、制度论、效果论、动力论、本质论和观点论，《教育论》仅提大意，《中国教育思想源流》才补上文献依据，彼此思路却是大同。对严元章来说，"柔道教育思想"是对儒家原始教育思想的回归，一扫两汉以来儒家教育思想之歧出传统：

> 这样，今后的师生关系，也就是教育关系，应该不再是董仲舒式的，隔离疏远而划清界线的两个世界，却应该复古到孔子式的，亲切接近而共同生活的一个世界。[②]

第一章即开宗明义指出的孔子式的教育思想，在最后一章"观点论"中再重申为"孔子教育工作的总成就，可说是柔道教育的远古创造"[③]，可见作者是将之视为儒家的教育思想来看待的。至于"柔道教育"之意，也指"柔和主义教育"，特别表现在第一章"主体论"的"学生主体教师客体的新关系"，也就是第三章"方法论"所说的"在学校里学生永远是作主而不当家"：

---

① 见邓日才《严著〈教育论〉代序》，见严元章，《教育论》，吉隆坡：马来西亚华校教师会总会，1988，第7页。

② 见严元章《教育论》，第15页。

③ 见严元章《教育论》，第63页。从这个地方来说，严元章虽然也将柔道教育归源于道家、墨家的部分线索（见第62页），但根本上还是归诸于孔子的儒家传统。

在学习自治的过程中，他们随时随地都需要教师从旁帮忙，与从中协助；但是，这决不是命令式的管，不是旧意义的管。不是管训、训导、训话、指导之类，而是"辅导"。这是照顾式的管，是新意义的管。①

这种柔道也表现在评鉴方法上的第六章《效果论》：

所以，教师必须有一份无比的耐心，坚定不移地照顾学生的成人成才；小成也好，大成也好，总之不要着意于求速成。如同农家那样地辛勤劳动，"只问耕耘，不问收获"，这就行了。虽然，不问收获而收获有期，到了"春华秋实"的季节，收获就在眼前，并且还会丰收。②

至于其他各章的新宗旨、新材料、新制度之说，其之所以为"柔道教育"的宗旨、材料、制度之事，主要还是基于上面所说的教师为一客体、从旁协助式的方法、不急于求成的效果观之下进行所致。当然，严元章的这种"柔道教育思想"，在其于马来西亚十五年期间是否有机会付诸实际，则是另一有待来日以为考察的问题了。但是，严元章的"柔道教育思想"是他自认是"复古到孔子式"的思想结果，则是没有疑义的。

本时期刘果因（1904～1991）对孔子思想的演绎，则较严元章为广博，是包括教育在内的整个中华文化。刘果因1904年生于中国广东梅县，日本东京日本新闻学院毕业，南来马来亚后多在槟城、太平等地中学任高中文史教师。著作、译作不少，儒学方面可提者有《论中华文化》（1986）一书和个人诗文集《历史与文学》（1987），为1991年逝世前的主要著作。和时下马来西亚华人社会宁谈中华文化而不提其核心儒家文化的时尚相反，刘果因《论中华文化》就直以马来西亚华人文化（马华文化）为中国先秦文化的发展结果：

马华文化，是中华文化的支流，所以要论马华文化，应先从中华文化论起；要论中华文化，又应先从先秦时代着手。因为先秦时代，是中华文化的形成期。"三岁定八十"，以后历代虽有演变，但由于最初所形成的核心思想，还是一脉相传，支配着今日中国人及海外华人的行为。③

---

① 见严元章《教育论》，第24页。
② 见严元章《教育论》，第45页。
③ 刘果因：《论中华文化》，吉隆坡：马来西亚雪兰莪中华大会堂，1986，第1页。

按刘果因所说的"先秦时代的文化传统",细说还有"'天下为公'时代的文化和'天下为家'时代的文化。前者是'原生文化'后者是'次生文化'"之分,而其文化精神又各自不同:

> 人类当未有阶级之前,即是原始公社时代。在经济上是共同生产,公平分配,没有剥削者,也没有被剥削者,所以此时的文化还是非常单纯,没有受到物质文明的影响,而是纯粹出自于人类之本性所形成的。在中国历史上是正当"天下为公"的尧、舜时代。以后因为生产工具的改良,人类的劳动有能力生产剩余物资时,便进入于所谓的文明时代,此时阶级已开始分化:一方面占据剩余物资为自己私有的氏族奴隶主;另一方面便有供给剩余物资为氏族奴隶主享受的氏族奴隶。此时在历史上,是谓之为奴隶制时代。在中国古史上,是正当"天下为家"的夏、商、周时代。①

按作者,"原生文化"是指"天下为公"的尧、舜时代,"次生文化"指"天下为家"的夏、商、周三个时代,而孔子一再被定位为对此"原生文化"的"述而不作"者:

> 如所周知,孔子是"祖述尧、舜,宪章文、武"的。尧、舜时代,是原始公社制时代;文、武时代,是奴隶制时代。所以尧、舜时代的文化,还是没有受到经济关系的影响,是纯粹由人类社会关系所产生的"原生文化"……这是人类最基本的道德,也是一切文化所由来的根源。但西方文化是缺乏了这一环而只能远溯到私有制,即奴隶制时代。因为文化起源的上限不同,因此由文化所构成的民族思想也因而各异。中华民族是起源于"天下为公";西方民族的民族思想是起源于"天下为家"。以"天下为公"的民族思想是讲王道,重理想;以"天下为家"的民族思想是讲霸道,重实际。这是东西方文化的分野。②
>
> 孔子本人也曾坦白说过,他是"述而不作"的人。所谓"述而不作",即是客观地"祖述先王之道",归纳其得失,提出结论以为当时做

---

① 刘果因:《论中华文化》,第 2 页。
② 刘果因:《论中华文化》,第 2 页。

人和处世之道。换句话说，也就是修身和治国之道。所以一部《四书》，与其说是孔子的创作，不如说是孔子当时的调查记录，或者是经验之言较为适当。①

按此一中华文化对刘果因而言，在当世有其"将来挽救世界人类危机的问题，便只有向中华文化中去寻求其答案了"的潜能与发展契机：

> 人类的历史，发展到二十世纪以后的今日，两次世界大战，都是由西方人所引起，将来的第三次世界大战，由今日的情势看来，也还是一样会由西方人所发动。问题是非常简单，因为西方人的文化，是亚非文化被游牧民族消灭了以后，才间接由游牧民族承继下来传到西方而兴起的文化。所以他们的文化是只有"国家主义"和"民族主义"的狭隘思想；而没有"天下为公"和"世界大同"的伟大精神。因此他们对世界问题，也只知道为自己的国家和民族打算，而没有想到对方和整体的人类前途……我在本书研究的结果，得到的结论：今日挽救世界危机的，是有待于中华文化的发挥。②

很显然，刘果因的"中华文化"从理想上是指以孔子述而不作的先秦"原生文化"的"天下为公"思想为代表，此一文化于今"国家主义"和"民族主义"盛行的时代尚有待发挥，间接亦证成其思想的时代意义，诚可成一家言。

二　孟子思想对现代马来西亚儒学史、子思想的影响

一旦我们把现时期马来西亚儒家思想的渊源转移到与孟子的可能联系上，我们发现它的线索可能未有如孔子那么多，能见度也没有那么高。单是与上提子部儒家类孔子思想相比较，以孟子或亚圣为据来诠解儒家思想的本来就少见，单以《孟子》一书来阐述中华文化（如）也不如孔子之有《论语》、五经等文献来得多源而丰沃，孟子或《孟子》在现实史、子二部的直接影响，

---

① 刘果因：《论中华文化》，第 4 页。
② 刘果因：《论中华文化》自序，第 7～9 页。

不若孔子来得巨大，或是情理中事。

考察孟子思想对本时期马来西亚儒家史部的影响，来自传记类的郑良树（1940～2016）与其著作是一个显著的例子，诚可一析。郑良树1940年生于柔佛新山的郑良树，是一典型儒生，但反映在学术上，可被视为儒家类的著作却主要来自那些被他称为"马来西亚华社文史研究"的作品，而不是其古典汉学（特别是史、子）专业。在后一领域，郑良树提出来的学术著作都是道、法诸家的著作，如《淮南子斠理》（1969）、《商鞅及其学派》（1989）、《韩非子之著述及思想》（1993）、《老子新论》（2011）等，和儒学扯上关系的主要是他个人著作目录都不入列的早年作品如《仪礼士丧礼墓葬礼研究》（1971）、《春秋史考辨》（1977）等，可见一斑；① 郑良树的儒学著作最具特色的可能是他称为"世家"类的儒家人物，他明显点名的是林连玉、沈慕羽二人，但相信也会接受另二位他也极赏识的薛文舟、陈祯禄，这是在他文史研究当中占有相当显著位置的四位人物。

郑良树对"世家"人物的推崇，除了他们在史上彪炳的功绩外，另一标准就是孟子式的人格典范。林连玉于1985年逝世时，社会悼念之声不绝，郑良树更直以司马迁《史记》体例誉之为"华族社会第一世家"：

> 从建国以来，华族社会尽管出现了许许多多的人物和事情，但是，那些都只是供"白发渔樵江渚上"闲聊的资料。在青史的纪录里，华族社会几乎一直在交白卷。司马迁当年撰述《史记》时把万世师表的孔子升入世家；如果今天要我来撰述大马华族史的话，我会把林连玉先生从列传里编入世家的第一篇。让这一地区的各民族知道，华族社会已经在白卷上写上第一名人物，一位秉承及发扬华族传统文化及精神的人物。②

至于林连玉秉承的"华族传统文化及精神"，郑良树是直指孟子的"富贵不能淫、贫贱不能移、威武不能屈"的气节与操守：

---

① 这些儒学著作，都不在他晚近"郑良树主要著作表"之内，例见郑良树《百年汉学论集》，台北：学生书局，2007，第567～568页；郑良树：《马来西亚华社文史续论》，新山：南方学院出版社，2008，第439～440页。

② 见郑良树《马来西亚华社文史论集》，新山：南方学院出版社，1999，第61页。

其实，在其他诗篇中，林（连玉）先生经常流露出那种"富贵不能淫、贫贱不能移、威武不能屈"的崇高人格和精神。试读这些诗句……也都表达了林先生这种富民族气节、不畏强暴的崇高人格及精神。在五六十年代华教波涛汹涌、华族前途塞厄的当际，林先生这些诗章，正可以和他写的文告及讲词等合观，成为我们这个民族的文化遗产。①

为此，郑良树日后有《林连玉先生言论集》（2003）、《林连玉评传》（2005）之编著，正是其为儒家"世家"撰史的第一步。沈慕羽还在世时，郑良树早已视他为"马六甲第一世家"而为另一马来西亚华族世家人物，②并在后来他人编纂的《沈慕羽资料汇编》（已出齐八册）总序阐明他的儒家—孟子谱系所在：

> 那么，沈家父子（按：沈慕羽及其父沈鸿柏）两代这种精神和心愿来自何处呢？是什么文化培养出这种至高的精神和至诚的心愿呢？儒家，毫无疑问的是儒家。爱国爱民，民胞物与，老吾老以及人之老，幼吾幼以及人之幼；这些，都是沈家父子种种活动的出处和依据。富贵不能淫、贫贱不能移、威武不能屈，更是沈先生入狱种种表现的渊源。这些儒家文化，就展灵在沈家父子的言论、思想及行动上，而成为大马华社的表率。③

郑良树这种孟子式儒家史笔的华人人物研究，是为马来西亚其他学者所少见，其人为儒者、其文为儒学于此可以证示。同理，在郑良树研究过的华人历史人物里面，薛文舟、陈祯禄也是另两位被他视为"儒家的实践者"的典型。④换句话说，郑良树的儒学研究，来自他按《史记》"世家"之意，为马来西亚华社撰述二或四位堪列"世家"典型的儒家人物之著作，从而证明了孟子对其"世家"人物精神与形象的理解与影响。相较之下，尽管郑良树同一时间用力于马来西亚华文教育史撰述也甚深，且著有四册本《马来西亚

---

① 见郑良树《马来西亚华社文史论集》，第 71~72 页。
② 见郑良树《马来西亚华社文史论集》，第 62~65 页。
③ 见郑良树《马来西亚华社文史论集》，第 81 页。
④ 郑良树对薛文舟、陈祯禄的研究，可分见《马来西亚华社文史论集》《马来西亚华社文史续集》二书。

华文教育发展史》（1998～2003），当中对包括王宓文在内的某些儒士也有所阐述，但离"儒林传"意义的研究与要求还有不少距离，未可与上述"世家"研究并观。

要阐明孟子对本时期马来西亚子部思想的影响，来自儒家类的例子，可能就是被郑良树视为"马六甲第一世家"的沈慕羽（1913～2009）了。

按沈慕羽1913年生于马六甲，原籍中国福建晋江，自幼追随其父参与国民党事业。在抗日援华、反殖建国的年代，曾先后追随陈嘉庚、陈祯禄所领导的运动，独立后则继林连玉之后于1965年起领导马来西亚华校教师会总会（简称"教总"）至1996年止，赓续华人社会的"华教的救亡运动"。此外，他自1974年起亦领导马六甲孔教会，至2009年逝世乃止，为其"华教与孔教殊途同归"之说留下行动明证。沈慕羽的著作（多文告、发言等言论形式）已被今人辑为《沈慕羽资料汇编》（已出八册），依次为《沈慕羽翰墨集》（1995）、《石在火不灭》（1996）、《沈慕羽事迹系年1913～1994》（1997）、《沈慕羽言论集（上下二册）》（1998）、《沈慕羽翰墨集二》（2002）、《沈慕羽翰墨集三》（2006）、《晚节飘香续集》（2006）及《沈慕羽图片集》（2008）。

从儒家谱系的角度来看，沈慕羽在领导地方性的孔教会时虽然也主张"华教与孔教殊途同归"之意，但其背后的精神奥援仍然是孟子的，如下所释：[①]

> 和陈嘉庚不同的是，沈慕羽出生于本土，但与陈祯禄不同的是，他又有机会接受正规的华语文教育，这是"儒家的沈慕羽"形成的一大特点。至于"沈慕羽的儒家"，从其《沈慕羽资料汇编》（已出八册）看来，很明显的大同于陈嘉庚而非与其同为马来亚国民的陈祯禄之儒家类型：
>
> 一、心：沈慕羽的"华教的救亡运动"是直接诉诸孟子的"良知良能"，这点本文上文已有数处例证。仔细说来，他之"不忍眼看着本族的语文教育日趋衰微"、"不平则鸣"、"为正义而牺牲，为华族而吃亏，我都心甘情愿"等，均是本于"人是有自尊心的，每个人都爱护自己的文

---

① 见郑文泉《儒家仁爱思想在二十世纪大马的历史作用》，载《儒学评论》，河北大学出版社，2009，第五辑，第234～252页。今亦辑入郑文泉《东南亚儒学：与东亚、北美鼎足而三的新兴区域儒学论》，吉隆坡：马来西亚孔学研究会，2010，第163～180页。

化，是良知良能"、"爱护本族文化，是良知良能，不能看作是沙文主义或种族主义，如我是沙文主义，则马来人及印度人色彩更浓，岂能例外"等心理与自信。①从这个"良知良能"的角度，他和陈嘉庚的本乎"四端之心"而有种种"兴学"与"纾难"之举同为孟子式的仁爱思想，当无疑义；

二、礼：沈慕羽上提所说的"文化"，主要是指华文学校与教育，即表现为"华教的救亡运动"之举。关于这点，他的"救亡"既包括个人亲身从事教师、教育行业，也包括"为了争取华文的地位，我被开除党籍；为了华人的大团结，吃两年官司；前年为了华小高职的事，而被坐牢"等等之事，可说是数十年如一日，迄今耄耋之年（1913年生）犹未稍歇。沈慕羽所从事的既然是华教的"救亡"运动，那么从古代"五礼"的话语来说，与上述陈嘉庚一样亦属"凶礼"之事；

三、天：沈慕羽对自己所从事的"华教的救亡运动"与儒家"天下"的理想之差别与关系，显然有很清醒的认知与分疏，即"我呼吁大家接受孔子的道理，学习孔子的精神，以天下为己任，服务华社，解救华人的困境"一语所示。这也是说，儒家虽欲"以天下为己任"，但现实华人在马来西亚的处境却不容他不得不以自家族群的文化之救亡计，如其自述"我虽然吃尽了苦头，但是我并没有低头，也没有认错，我的意志是一贯的，我的立场及原则是坚持到底的，除非我们华裔公民能够与人平坐平起，不被人看衰，否则我是不会停止我们的斗争的……诸位同学，我们华人的命运太苦了，应该设法解救它。这个解救的责任，你有份，我有份，每一个华人都有份。所谓天下兴亡，匹夫有责。假如华人没得救，你我大家都受苦，永远没有幸福"。换句话说，对沈慕羽来说，按眼前马来西亚华人社会的处境，"以天下为己任"不是"不为"而是"不能"，因为欲"以天下为己任"者自身就面对需为自身之存亡作优先考虑计。

综上所述，沈慕羽的"爱护本族文化，是良知良能"之心是直承孟子，

① 分见沈慕羽《沈慕羽言论集》上册，吉隆坡：马来西亚华校教师会总会，1998，第31、168页。

并以孟解孔，已经是很分明的关系。在郑良树这些外人的眼中，如果他也被视为是孟子式的马来西亚世家人物，也就不足为奇了。

结语　现时代马来西亚儒家思想所见的孔、孟思想流衍

综上所析，马来西亚现时期儒家思想之有孔、孟统绪，直证本文起首所言：儒家思想经常总是儒家诸子（及诸书）的思想。本文此前已举证过朱子学在过去二百年的马来西亚，已历经"理学"、"孔学"与"汉学"的三个时期的发展过程，如今以1957年起史、子二部的儒家思想也可见出孔、孟二子的流行，足证孔、孟、朱三子并存于当世马来西亚思想界的现实。推开地说，我们不但可以想象孔、孟思想与朱子一样同具两百年的发展历史，而且包括荀子、王阳明一直到今天的牟宗三在内的其余儒家诸子，[①]也可能各有其一席之地。这么一来，儒家诸子之间是如何流衍与分工的，进而合成当世儒家思想的总体，就变成学人当前的阐释工作之一了。

如果我们暂时聚焦当前马来西亚儒家思想的孔、孟二子之流布，很可以反证当年朱子的《四书》读书法，不为无理。按孔子对史、子二部的影响，既深且广，前者是其"君子不器"的通才型人格思想甚受重视，后者则从儒学作为一"万有知识归于仁"的"人本主义哲学"、以学生为主体的"柔道"教育思想，再到"述而不作"天下为公、世界大同的"原生文化"，无所不有；孟子的影响，似乎相对集中在心性面的人格形塑，即表现为"爱护母语母文，是人的良知良能"的"华教与孔教殊途同归"的思想及其"威武不能屈"的人格形象。从儒典的角度来说，孔子的影响除《论语》外还包括《易经》（石诗元）、《礼记》（刘果因）等，孟子则单赖《孟子》一书，自不可谓平衡。如果单就《论语》和《孟子》二书来诠解上述孔、孟二子影响的差别，朱子有几则相关的语录，颇可为证：

> 次读《论语》，以立其根本；次读《孟子》，以观其发越……《论语》却实，但言语散见，初看亦难；《孟子》有感激兴发人心处。[②]

---

① 按牟宗三的最近研究著作，来自祝家华《朝向儒家德治民主：牟宗三"开出民主论"研究》，新山：南方大学学院出版社，2018。作序人之一为牟宗三之台湾门生林安梧。

② 朱熹：《朱子语类》，卷十四。

> 问孔子教人就事上做工夫，孟子教人就心上做工夫，何故不同？曰：圣贤教人，立个门户，各自不同。①

以上二则语录，朱子以为《论语》是"就事上做工夫"的"立其根本"，《孟子》是"就心上做工夫"的"感激兴发人心处"，和我们当前史、子二部所见孔、孟思想的影响分别，很可印证。换句话说，孔、孟二子在当世马来西亚儒家思想影响的不同，或彼此在儒家内部的思想分工，仍然不悖于《论语》《孟子》二书本身的思想内涵与性质。

上述归纳仅是一暂时性的观察结果，原因即在它们出自本文对儒家史、子二部的局部性研究与爬梳，既未涵盖二部全部子类的考析，也不包括经、集二部的其余范围。在集部，不仅本地文言诗坛持守的白居易"仆志在兼济，行在独善……言而发明之则为诗。谓之讽喻诗，兼济之志也；谓之闲适诗，独善之义也"之处世观源自孟子"穷则独善其身，达则兼济天下"的思想传统，现代白话文坛的现实主义文学和孔子思想的渊源也并不为学者所陌生，②而此中孟子的影响已逾出"就心上做工夫"的"感激兴发人心处"一义。由此可见，上述归纳充其实只能是当前孔、孟思想影响的部分论据，全面的影响分野还有待进一步的爬梳与总结，始为允当。

---

① 朱熹：《朱子语类》，卷十九。
② 例见张均《中国现代文学与儒家传统（1917—1976）》，岳麓书社，2007。

儒学评论

宋明理学研究

关洛互动视域下吕大临的《大学》诠释

曹树明

摘　要：至少有三条证据表明，吕大临注解《大学》发生在洛学阶段，因而兼受张载、二程相关思想的影响。在此基础上，加之自己的理论思考，吕大临的《大学》诠释特色鲜明。异于郑玄、孔颖达等汉唐儒者偏重从治国理政或说从外王方面对《大学》主旨的概括，吕大临偏重从道德修养或说内圣方面对之进行归纳。在中国哲学史上，他首倡"大学者，大人之学也"。此说被朱熹直接继承并由此而成为理学家普遍接受的观点。不止于此，吕氏还把本属易学系统的"穷理尽性"作为"大人之学"的具体修养工夫。在诠释架构上，吕大临则以《中庸》统摄《大学》。他将"在止于至善"释为"学至于诚"，即是以《中庸》之"明""诚"为思想架构而把《大学》的思想融摄其中，而"诚"在《大学》里仅在"诚意"的人道层面使用，尚未进至《中庸》的天道层面的"诚"。吕氏之以《中庸》之"明""诚"解释《大学》之"致知""诚意"，亦是如上诠释架构的体现。在"格物""致知"的解释上，吕大临以声训方式继承二程之"格，至也"的说法，并提出"致知，穷理也"的新说，且其"穷理"不同于程颐之穷万物之理为一理的考索，而是致力于体会"万物一体"之境，此中更多程颢思想的痕迹。反观其理论体系可知，吕大临对《大学》义理的如上创造性阐发，乃基于其对道德修养工夫的注重。

关键词：吕大临　《大学》　诠释　张载　二程

作　者：曹树明，陕西师范大学哲学系教授。

众所周知，吕大临最先师从张载，张载去世后又转投二程之门。所以，探讨其《大学》诠释，首先要确定该项工作完成于关学阶段还是洛学阶段。至少有三条证据表明，吕大临注解《大学》发生在洛学阶段：其一，元丰二年（1079），他东见二程，记下来的《东见录》中有三条是关于《大学》的；其二，他改定《大学》文本①，应是赞同二程认为古本《大学》存在错简的表现；其三，他主张"格之为言至也"②，是以声训方式对二程之"格，至也"③的说法的继承。

既然吕大临是在洛学阶段诠释《大学》，那么其诠释就有可能受到关、洛两派思想的影响。因而，本文不仅旨在揭示吕氏在诠释《大学》过程中的独特理论创获，而且试图分析其与张、程相关思想的关联。以下，将从三个方面进行讨论。

一 《大学》主旨的探讨

关于《大学》的主旨，可谓意见纷呈。最早提及这个问题的是西汉史学家刘向。其《别录》认为《大学》属于整个《礼记》系统的"通论"。与之一并被刘向列入"通论"的还有《礼记》的《檀弓》《表记》《经解》《玉藻》《哀公问》《礼运》《学记》等篇。所谓"通论"，"顾名思义，意思就是对学术或文化的某个方面所进行的综述或概括"④。《大学》概括学术或文化的哪个方面呢？刘向并未明言。东汉经学家郑玄则做了具体解释："名曰《大学》者，以其记博学，可以为政也。……大，旧音泰。"⑤ 在郑氏那里，"大学"即"太学"，而太学就是官学。既然是官学，将《大学》一书视为治国理政之书就很自然了。唐代孔颖达的注解顺此思路而有所拓展："此《大学》之篇，论学成之事，能治其国，章明其德于天下，却本明德所由，先从诚意为始。"⑥ 在孔氏眼中，《大学》的首要功能仍是治国，但他已意识到该书"章明其德于天下"的作用。郑玄、孔颖达是汉唐时期的著名学者，他们对《大学》主旨的概括具有代表性。而从上可知，他们都偏于从治国方面立论。

---

① 在对《大学》之"《康诰》曰：'惟命不于常。'……"一条的注释里，吕大临说："自此至'骄泰以失之'，宜在'平天下在治其国'一章后。"（吕大临等：《蓝田吕氏集》，曹树明整理，西北大学出版社，2015，第182页。）

② （宋）吕大临等：《蓝田吕氏集》，第175页。

③ （宋）程颢、程颐：《二程集》，王孝鱼点校，中华书局，2004，第21页。

④ 杨燕：《四书概论》，宗教文化出版社，2014，第11页。

⑤ （汉）郑玄注、（唐）孔颖达疏：《礼记正义》卷60，阮元校刻，中华书局影印《十三经注疏》清嘉庆刊本，2009，第3631页。

⑥ （汉）郑玄注、（唐）孔颖达疏《礼记正义》卷60，第3631页。

这与汉唐儒学的主调偏重政治哲学是一致的。

到了北宋，对《大学》主旨的定位开始转向偏重道德修养方面。遗憾的是，我们没有发现张载的相关语句。或许可以认为，他根本没有概括《大学》的主旨，因为其理论体系"以《易》为宗，以《中庸》为体，以孔、孟为法"①，而与《大学》关系不大。张载注解《大学》最主要的贡献是阐发了与众不同的"格物"观念。② 然而，翻检其全部著述，除卫湜《礼记集说·大学》中保留的相关资料外，他处再也没有见到张载关于"格物"的阐释。因此在某种程度上可以推断，这是张载早年的看法，到后来他则放弃了此种观念，因为其"格物"说无法融入其后创造的成熟的理论体系，至少是不能在其中占有重要的地位。

二程则一再强调《大学》是"入德之门"，从道德修养角度对其主旨进行总结。比二程更进一步，吕大临在中国哲学史上首次对《大学》主旨做了系统的阐述。他认为，古人的学习有一个从小学到大学的过程，在小学阶段学习六艺和具体行为规范，在大学阶段则学习修身之德和治国之道，直至成德，但处于小学阶段的"学者"要有"至于大学所止"的理想，大学阶段的"成德者"也要以小学之事为基础：

> 《大学》之书，圣人所以教人之大者，其序如此。盖古之学者，有小学，有大学。小学之教，艺也，行也；大学之教，道也，德也。礼乐、射御、书数，艺也；孝友、睦姻、任恤，行也；自致知至于修身，德也；所以治天下国家，道也。古之教者，学不躐等，必由小学，然后进于大学。自学者言之，不至于大学所止则不进；自成德者言之，不尽乎小学之事则不成。③

吕氏这一主张极大地影响了南宋的朱熹，为其所继承和深化。关于此点，后文详谈。吕大临反对汉儒没有实际功用的章句训诂之学，也鄙视不顾人伦、视天地万物为幻妄的佛教异端，认为二者或不及、或过，没有掌握"大学"的奥妙。可是，圣人所以教人的"大者"到底是什么呢？吕大临指出，"大学

---

① （元）脱脱：《宋史》卷427，中华书局，1985，第12724页。
② 参见曹树明《修养工夫论视域下的张载"格物"说》，《深圳大学学报》2013年第3期。
③ （宋）吕大临等：《蓝田吕氏集》，第174页。

者，大人之学也，穷理尽性而已矣"①。这是一种新的创说。需要追问的是，"穷理尽性"本是易学系统的命题，吕大临为何将之与《大学》主旨相连？这要从张载和二程身上寻找根源。我们知道，关于如何理解《说卦传》的"穷理尽性以至于命"是张、程争论的重要话题。张载不仅把孔子的"五十而知天命"注为"五十穷理尽性，至天之命"②，而且以《中庸》的"诚""明"与《易传》的"尽性""穷理"互释。二程则注重阐发"穷理"、"尽性"与"至命"之间的关系。他们认为，"三事一时并了，元无次序"③，"才穷理便尽性，尽性便至命。因指柱曰：'此木可以为柱，理也；其曲直者，性也；其所以曲直者，命也。理，性，命，一而已。'"④ 但在张载看来，二程之说"失于太快"，因为三者之间应存在先后次序："此义尽有次序。须是穷理，便能尽得己之性。既尽得己之性，则推类又尽人之性。既尽得人之性，须是并万物之性一齐尽得。如此，然后至于天道也。"⑤ 把张载、二程都重视且存在激烈争论的问题作为自己的重要问题，进而视为"大人之学"的具体修养方法，对吕大临而言，顺理成章。那么，吕氏赞同谁的观点呢？且看两条他的话：

> 理、性与命，所言三者之状犹各言之，未见较然一体之实，欲近取譬，庶可共言所见。
>
> "穷理尽性"，性尽至命。理穷无有不尽性者，所谓未善但未化；所云入性之始，非尽性而何？正犹骤居富贵之人，富贵已归，尚未安尔。不已之说，恐未尽"至命"之义，更愿求之。⑥

此中，"三者之状犹各言之"与二程的"柱"之喻在思维理路上颇为相似，"较然一体之实""'穷理尽性'，性尽至命"的表述更是与二程的"才穷理便尽性，尽性便至命"如出一辙。上引"元无次序"之说本是吕大临对程颢语录的记载，这里则清楚地彰显了他对程颢观念的吸纳。由此可以说，吕

---

① （宋）吕大临等：《蓝田吕氏集》，第 174 页。
② （宋）张载：《张子全书》，林乐昌编校，西北大学出版社，2015，第 407 页。
③ （宋）程颢、程颐：《二程集》，第 15 页。
④ （宋）程颢、程颐：《二程集》，第 410 页。
⑤ （宋）张载：《张子全书》，第 390 页。
⑥ （宋）吕大临等：《蓝田吕氏集》，第 337 页。

大临"穷理尽性"的问题意识或源自张、程双方，但在此问题上的理解模式则采自二程。不止于此，他还对"穷理尽性"做了自己的阐发。与张载"性者万物之一源"的观念不同，吕大临的"性"是"合内外之道，以天地万物为一体"的，因之，内在的"人伦"和外在的"物理"均在"吾分"之内，内在的"居仁"和外在的"由义"也皆属于"吾事"，物的种类虽然不同，"所以体之则一"，事情虽然多变，"所以用之则一"。吕大临认为，知道了这个道理，就是"明"，就是"穷理"；达到了此种境地，就是"诚"，就是"尽性"①。于此可见，在汇通《中庸》之"诚""明"与《易传》之"穷理""尽性"这一点上，吕大临与其师张载的做法是一样的，尽管二人对"穷理""尽性"的理解有异，但将《中庸》《易传》的这些重要概念用于诠释《大学》则是吕大临不同于张载之处。

二 诠释架构的嵌入

吕大临用"穷理尽性之学"概括《大学》的主旨，与二程选取的道德修养的视角是相同的，然而他并不赞同二程以《大学》为"入德之门"的主张。这主要是因为，吕大临建构其理论体系所依据的经典中，《中庸》才是最为重要的，其学以《易传》《中庸》与《大学》合，而以《中庸》为主。所以，他强调《中庸》才是"入德之大要"②。"门"和"要"的含义是不同的。"门"仅指方法、门径，而"要"则指关键、要领，隐含"在某事上起决定作用"之意。吕大临以《中庸》为"入德之大要"，即是认为该书在道德修养过程中起着最为关键的作用。他还仿照二程将《大学》说成"孔氏遗书"的做法，提出《中庸》之书是"孔子传之曾子，曾子传之子思，子思述所授之言以著于篇"③。认定孔子是该书作者，并设置这样一个传授谱系，显然是为了增加《中庸》的权威性。针对《大学》的诠释，吕大临则以《中庸》统摄《大学》。

《大学》开篇说："大学之道，在明明德，在亲民，在止于至善。"二程的解释是："《大学》'在明明德'，先明此道；'在新民'者，使人用此道以

① （宋）吕大临等：《蓝田吕氏集》，第174页。
② （宋）吕大临等：《蓝田吕氏集》，第83页。
③ （宋）吕大临等：《蓝田吕氏集》，第83页。

自新；'在止于至善'者，见知所止。"① 此种解说包含了对《大学》文本的改定，理论阐发也有创见、有深度，但记录这条语录的吕大临并不以为然。他另辟新解：

> "在明明德"者，穷理以自明其明德者也。"在亲民"者，推吾明德
> 以明民之未明。……"在止于至善"者，所谓诚也。善之至者，无以加
> 于此也。……盖学至于诚，则天之道也，非有我之得私也。故不勉而中，
> 不思而得，从容中道，虽善不足以明之。②

吕大临认为，"穷理"能够自明其明德，但不能止步于此，而应"推吾明德以明民之未明"，否则即是"不知""不仁"，而非"穷理尽性"的"大人"之事。在他看来，《大学》的"穷理尽性之学"的最终目的是达到《中庸》所云"诚"的境地，此种境地处于天道层次，从而是无以复加的"至善"，修养到这种境界，则人之所作所为"莫非天道之自然"，"盛行不加，穷居不损"，"不勉不思，自中于道"③。可见，吕大临是以《中庸》的思想来统摄《大学》。在某种程度上，"学至于诚"之"学"即是吕氏视为《大学》主旨的"穷理尽性"的过程，亦可说是《中庸》之"明"，其"诚"即是《中庸》所云"诚者，天之道也"之"诚"。换言之，吕大临"学至于诚"的命题实际是以《中庸》之"明""诚"为思想架构而将《大学》的思想融摄其中。此一思路既不同于张载，也不同于二程。

《中庸》提出"自诚明"与"自明诚"两种修养路径。吕大临进一步发挥此说，指出前者是"性之者也"，乃"自成德而言，圣人之所性也"，后者是"反之者也"，乃"自志学而言，圣人之所教也"④。在此基础上，他把《大学》从"致知"到"诚意"的过程等同于《中庸》之"明则诚"的过程。吕大临说："志学者致知以穷天下之理，则天下之理皆得，卒至于实然不易之地，至简至易，行其所无事，此之谓'明则诚'。"⑤ 此处的"实然不易

---

① （宋）程颢、程颐：《二程集》，第22页。
② （宋）吕大临等：《蓝田吕氏集》，第174~175页。
③ （宋）吕大临等：《蓝田吕氏集》，第175页。
④ （宋）吕大临等：《蓝田吕氏集》，第109页。
⑤ （宋）吕大临等：《蓝田吕氏集》，第109页。

之地"不过是他注解"诚"的"理之实然,致一而不可易者也"① 的别种表述,故而也是"诚"。可知,吕大临是以"致知"为"明","实然不易之地"为"诚",《大学》里原本的从"致知"到"诚意"在这里变成了从"致知"到"诚"。

吕大临主张,"致知"在《大学》里是第一序位的修养工夫,其目的是领悟"万物同出于一理",领悟了这个道理就达到了"知至"的状态,而"知至则心不惑而得所止,心不惑得所止则意诚矣";但他同时又说,如果"疑存乎胸中,欲至于诚,不啻犹天壤之异,千万里之远"②。合而观之,在吕大临的思想逻辑中,"意诚"与"诚"处于同一层面。但这显然不是对《大学》本义的还原,而是通过以《中庸》之"诚"去统摄《大学》之"诚意"的方式进行的理论创造。关于何以"致知"能达到"诚"的目的,吕大临有所说明:"盖明善则诚,诚则有物,不诚则无物矣。明善者,致知之所及也。及乎知至,则所谓善者乃吾性之所固有,非思勉之所能及也。"③ 也就是说,"诚"需要"明善"这样一个前提,而"明善"的达成则需要"致知"的工夫。

在《孟子解》中,吕大临将"致知"与"诚意"描述为一种回互的关系:"反身而诚,知未必尽,如仲弓是也;致知而明,未必能体,如子贡是也。惟以致知之明诚其意,以反身之诚充其知,则将至于不勉而中、不思而得。"④ 这里,"诚"与"诚意"、"明"与"致知"均是在同一含义上使用,且"致知"(明)与"诚意"(诚)不再如《大学》文本里所展示的那样,是一种由"致知"而"诚意"的单线下贯关系,而是呈现为相互作用、相辅相成的思想架构。不难发现,其中渗透着《中庸》"诚则明矣,明则诚矣"的思维模式。

其实,"诚"在《大学》里仅在"诚意"的含义上使用。"诚意"只是一种人道层面的道德修养的手段、工夫,没有上升到天道的高度。《中庸》之"诚"则不然,它分"诚之者,人之道"的层面和"诚者,天之道"层面。吕大临则用《中庸》天道层面的"诚"来统摄《大学》人道层面的"诚"。

---

① (宋)吕大临等:《蓝田吕氏集》,第106页。
② (宋)吕大临等:《蓝田吕氏集》,第176页。
③ (宋)吕大临等:《蓝田吕氏集》,第445页。
④ (宋)吕大临等:《蓝田吕氏集》,第442页。

在他对《大学》"所谓诚其意者，毋自欺也，如恶恶臭，如好好色……"一条的注解中，此种意向更为清楚地体现出来："诚者，天之道也，性之德也，非人知之所能谋，非人力之所能造也。"①"天之道""性之德"显然不是"诚其意"之"诚"的本义，二者分属不同的层面。就此而言，吕大临的诠释确系自创之说。

必须强调的是，吕大临之以《中庸》统摄《大学》，绝非随意的义理比附，而是立基于其整个理论体系而为。首先，吕大临认为《大学》是"穷理尽性"的"大人之学"，但在《大学》的注释中，他却只描述了达致"穷理尽性"后的精神状态，至于如何"穷理尽性"则没有提供入手之处。而在吕氏的思想世界里，"《中庸》之书，圣门学者尽心以知性、躬行以尽性，始卒不越乎此书"②。在这个意义上，《中庸》思想于吕大临正好为《大学》的"穷理尽性之学"提供了具体的工夫手段。其次，吕大临赞同孟子"大人者，不失其赤子之心者也"的观念。那么，怀有"赤子之心"的人处于怎样一种状态呢？他在注解《大学》"所谓修身在正其心者"条时说："赤子之心，良心也，天之所以降衷，民之所以受天地之中也，寂然不动，虚明纯一，与天地相似，与神明为一"③。此处的"良心"就是吕氏他处所云"本心""天心"。而恰恰在《中庸》注解中，他又说："君子之学，将以求其本心之微，非声色臭味之得比，不可得而致力焉，唯循本以趋之，是乃入德之要。"④ 由此可以认为，在吕大临，《中庸》"将以求本心之微"的"君子之学"正好能为《大学》中具备"赤子之心"或说"本心"的"大人"提供"入德之大要"。再次，吕大临以《中庸》之"诚"统摄《大学》之"诚意"，旨在服务于其成圣的修养目标。在他看来，《中庸》描述的"无勉无思""自然"的天道之"诚"，正是圣人的境界，"若至乎诚，则与天为一"⑤，"天即圣人，圣人即天"⑥。于吕大临而言，此种圣人之境必须经过修养工夫方可企及，而"学""问""思""辨"等"致知"工夫是修养的起点，在此基础上，"学而

① （宋）吕大临等：《蓝田吕氏集》，第177页。
② （宋）吕大临等：《蓝田吕氏集》，第83页。
③ （宋）吕大临等：《蓝田吕氏集》，第179页。
④ （宋）吕大临等：《蓝田吕氏集》，第119页。
⑤ （宋）吕大临等：《蓝田吕氏集》，第120页。
⑥ （宋）吕大临等：《蓝田吕氏集》，第446页。

行之，则由是以至于诚，无疑矣"①。

三　"格物""致知"的阐发

"格物""致知"作为《大学》的核心概念，自始即是学者们的诠释重点。郑玄注曰："格，来也。物，犹事也。其知于善深则来善物，其知于恶深则来恶物，言事缘人所好来也。此'致'或为'至'。"②此中渗透着汉代天人感应的神秘成分。孔颖达继承并发挥郑说。北宋司马光则将"格物"解释为"格，犹扞也，御也。能扞御外物，然后能知至道矣"③。张载的思路与司马光有相似之处，他把"格"释为"去""外"，主张"格去物，则心始虚明。……外其物则心无蔽，无蔽则虚静，虚静故思虑精明而知至也"，"虚心则能格物，格物则能致知。其择善也必尽精微，无毫发之差，无似是之疑。原始要终，知不可易，然后为至也"④。这是从心性修养的角度对"格物致知"的阐发。与之不同，程颐对"格物致知"的注解发生了某种程度的认识论转向。他说："格，至也，言穷至物理也。"⑤"格犹穷也，物犹理也，犹曰穷其理而已也。穷其理，然后足以致之，不穷则不能致也。"⑥"格，至也。物，事也。事皆有理，至其理，乃格物也。"⑦在理学史上，程颐的此种注释具有一定的典范意义。程颢则说："'致知在格物'，物来则知起。物各付物，不役其知。"⑧其格物致知的目的或许是为了"识仁"。

夹在张载与二程之间，吕大临是如何建构自己的格物致知论的呢？他说：

> "致知在格物"，格之为言至也，致知，穷理也。穷理者，必穷万物之理，同至于一而已，所谓格物也。合内外之道则天人物我为一，通昼夜之道则生死幽明为一，达哀乐好恶之情则人与鸟兽鱼鳖为一，求屈伸消长之变则天地山川草木人物为一。……故知天下通一气，万物通一理。

① （宋）吕大临等：《蓝田吕氏集》，第108页。
② （汉）郑玄注、（唐）孔颖达疏《礼记正义》卷60，第3631页。
③ （宋）司马光：《司马温公集编年笺注5》卷71《致知在格物论》，巴蜀书社，2009，第345页。
④ （宋）张载：《张子全书》，第403页。
⑤ （宋）程颢、程颐：《二程集》，第277页。
⑥ （宋）程颢、程颐：《二程集》，第316页。
⑦ （宋）程颢、程颐：《二程集》，第365页。
⑧ （宋）程颢、程颐：《二程集》，第84页。

此一也，出于天道之自然，人谋不与焉。故《大学》之序，必先致知，致知之本，必知万物同出一理，然后为至。①

"格之为言至也"仅是对二程观点的直接采用，在吕大临的格物致知论里未起到参与理论建构的作用。"致知，穷理也"的说法则令人耳目一新，但他的"穷理"或"致知"旨在"必穷万物之理，同至于一""必知万物同出于一理"。从表面上看，吕大临之说是对程颐的"穷至于物理，则渐久后天下之物皆能穷，只是一理"②的汲取。其实，吕大临的"穷理"乃致力于体会"万物一体"之境，这与其说是对"理"的探究，不如说是对"德"、"诚"或"仁"的体认，或者说是通过"万物通一理"的认知而达到万物一体之仁的体认③。我们这样认为，不止可以从上文所引其"穷理以自明其明德者也"的话语中得到支撑，而且此处所引"合内外之道则天人物我为一，通昼夜之道则生死幽明为一，达哀乐好恶之情则人与鸟兽鱼鳖为一，求屈伸消长之变则天地山川草木人物为一。……故知天下通一气，万物通一理。此一也，出于天道之自然，人谋不与焉"也清楚地彰显了吕氏所认定的"穷理"后万物一体的精神状态，而上文已明，"天道之自然，人谋不与"在吕氏即是"诚"。我们知道，程颢追求"浑然与物同体"的"仁者"境界。在吕大临的著述里，他也多次表达类似观点："仁者以天下为一身者也"，"仁者之于天下，无一物非吾体，则无一物忘吾爱"，"仁者以天下为度者也"。解释"致知"时，吕氏不过是把此种境界理念融入其中而已。由此我们认为，在格物致知的解释上，吕大临更多地继承了程颢的思路。程颢去世时，吕大临为其撰写《哀词》，其中盛赞其"知《大学》之要"④，则多少表明了他对程颢之《大学》诠释的推崇和认可。

从朱熹对吕大临的批评，我们亦可反观吕氏与程颐朱熹一系的不同。首先，朱熹曰："必欲训'致知'以'穷理'，则于主宾之分有所未安。"⑤此句

---

① （宋）吕大临等：《蓝田吕氏集》，第175～176页。
② （宋）程颢、程颐：《二程集》，第144页。
③ 关于此点，方旭东有所讨论（参见方旭东《早期道学"穷理"说的衍变》，载陈来主编《早期道学话语的形成与演变》，安徽教育出版社，2007，第268页）。
④ （宋）吕大临等：《蓝田吕氏集》，第747页。
⑤ （宋）朱熹：《答江德功》，朱杰人、严佐之、刘永翔主编《朱子全书》第22册，上海古籍出版社、安徽教育出版社，2002，第2038页。

并未明说是批评吕大临，但可以显示程颐朱熹一系与吕大临的思想差异。在吕大临，"致知"被视为"必知万物同出于一理"，而诚如方旭东所说，"当致知被理解为获得（致）'万物同出于一理'这样一种认识（知）的过程，这种致知与穷理就不可分割，在近似的意义上不妨说，致知就是穷理"①。但于程颐朱熹，"知者，吾心之知。理者，事物之理"②，"格物，以理言也；致知，以心言也"，"致知，是自我而言；格物，是就物而言"③，二者有主客的不同。其次，朱熹说："吕与叔说许多一了，理自无可得穷，说甚格物！""吕与叔谓：'凡物皆出于一'，又格个甚么？"④ 意即，以天人物我、生死幽明、人与鸟兽鱼鳖、天地山川草木人物等为一，达不到格物穷理的目的。朱熹进而还强调这种格物说有悖于程颐之说："然其欲必穷万物之理而专指外物，则于理之在己者有不明矣；但求众物比类之同而不究一物性情之异，则于理之精微者有不察矣。不欲其异而不免乎四说之异，必欲其同而谓极乎一原之同，则徒有牵合之劳而不睹贯通之妙矣。其于程子之说何如哉？"⑤ 吕大临是否如朱熹所言忽视了"理之在己者""一物性情之异"固然值得商榷，但朱熹的评论则确然显示了二人在思维理路上的不同：程颐朱熹一系的格物重在从分殊到理一的穷理，吕大临的格物则重在通过认识"万物通一理"而体认万物一体之仁。也正是在此种思路下，吕大临径把"致知""穷理""格物"等同起来。这在其理论体系里自然说得通，但与《大学》的原义或有较大出入，它至少消解了"格物"在《大学》里独立的修养工夫意义。

四 结语

在张、程相关思想的影响下，加之自己的理论思考，吕大临将《大学》的主旨概括为"大人之学"，以《中庸》统摄《大学》，用"致知"解释"穷理"，从多个维度显示了其《大学》诠释的特色。反观其理论体系可知，

---

① 方旭东：《早期道学"穷理"说的衍变》，载陈来主编《早期道学话语的形成与演变》，第267页。
② （宋）朱熹：《答江德功》，《朱子全书》第22册，第2038页。
③ （宋）朱熹：《朱子语类》卷15，王星贤点校，中华书局，1994，第292页。
④ （宋）朱熹：《朱子语类》卷18，417页。
⑤ （宋）朱熹：《四书或问》，《朱子全书》第6册，第530页。

吕氏对《大学》义理的这些创造性阐发，当与其注重道德修养工夫紧密相关。在《大学》主旨的概括上，从汉唐儒者的治国理政之学转向"大人之学"，即是从外王向内圣的转变，用"穷理尽性"对"大人之学"的框限更加贞定了其道德修养的方向；以《中庸》之"诚""明"统摄《大学》之"致知""诚意"，也旨在"求其本心之微"；其所描述的"致知，穷理"后的状态亦是一种"万物一体"的道德修养境界。吕大临强调"人道具则天道具"[1]，因而不仅重视自身的道德践履，而且与其兄弟努力推行乡约，致力于民间礼俗的改善。关涉具体的道德修养工夫，他则兼重外在的礼仪规范和"求其本心"的内在涵养。这些思想特征皆贯彻于其《大学》诠释中。

放眼整个理学史，吕大临《大学》诠释的思想史意义也是显而易见的，理学集大成者朱熹的《大学》诠释即包含了对吕氏相关内容的继承、批判和反思。首先，吕大临"大学者，大人之学也"的说法被朱熹直接采用[2]，进而成为理学家普遍接受的观点，以致学界一度认为该说为朱熹所首创。真德秀、邱濬等引用这句话时都直接冠以"朱子曰"或"朱熹曰"，毛奇龄虽认为朱熹提出此说没有根据但并未怀疑是朱熹的观点："朱子注《大学》，不知何据曰：'大学者，大人之学'。"[3] 当然，也并非无人了解历史真相。清代胡渭就曾明确指出："自吕与叔解云'大学者，大人之学也'，而《章句》因之。"[4] 事实上，朱熹的确对"大学者，大人之学也"做了进一步的阐发，如说"方其幼也，不习之于小学，则无以收其放心，养其德性，而为大学之基本。及其长也，不进之于大学，则无以察夫义理，措诸事业，而收小学之成功。……今使幼学之士，必先有以自尽乎洒扫应对进退之间，礼乐射御书数之习，俟其既长，而后进乎明德、新民，以止于至善，是乃次第之当然，又何为而不可哉？"[5] 但与上文所引吕大临的话语相较，可显见朱熹对吕氏思想的继承。其次，朱熹以程颐之说为本，评判包括吕大临在内的程门弟子的格物说。在他看来，程颐的格物致知论"意句俱到，不可移易"[6]。而"诸门人

① （宋）吕大临等：《蓝田吕氏集》，第 216 页。
② （宋）朱熹：《大学章句》，《朱子全书》第 6 册，第 16 页。
③ （清）毛奇龄：《四书胜言》卷 1，影印文渊阁《四库全书》本。
④ （清）胡渭：《大学翼真》卷 1，影印文渊阁《四库全书》本。
⑤ （宋）朱熹：《四书或问》，《朱子全书》第 6 册，第 505 页。
⑥ （宋）朱熹：《答江德功》，《朱子全书》第 22 册，第 2037 页。

说得便差，都说从别处去，与致知、格物都不相干，只不曾精晓得程子之说耳"。① 朱熹欣赏谢上蔡以"寻个是处"解释"穷理"②，但如上文所示，却认为吕大临以"致知"为"穷理"模糊了主客，且其"万物皆出于一"导致"格物"工夫的无法实施。在某种程度上可以说，吕大临等程门弟子的相关观念为朱熹深入理解并确定其格物观念提供了反思素材。需要强调的是，吕大临的《大学》诠释只是朱熹关注的对象之一，其对朱熹的影响不可夸大，但完全忽略不计，恐怕也是不客观的。

---

① （宋）朱熹：《朱子语类》卷18，第421页。
② （宋）朱熹：《朱子语类》卷18，第418页。

朱熹的告子和陆九渊的告子

——以对"不动心"的诠释为中心

张元泰

摘　要：朱熹主张陆九渊之学有类于告子者之处不胜枚举，那陆九渊是否同意此种说法？陆九渊 1181 年与朱熹相会于南康白鹿洞书院之后许久，即于 1188 年寄予朱熹书信一封。信中提及，二人在南康相会时就告子之不动心展开过论争。依此可见，陆九渊不但了解朱熹对告子不动心的解说，还不苟同朱熹将自己称为告子的说法。若根据现存文献重构双方的解释，便可知双方不但对告子不动心之含义的理解迥然相异，而且还依各自的理解而批判对方为告子。两人对告子不动心之含义的解释差异，导源于对不动心的基本理解的差异。朱熹将不动心解释为不惑，不动心不只是没有恐惧，还是没有疑惑。因此朱熹强调知言—穷理，并主张知言优先于养气。相反，陆九渊将不动心当成了为"三十而立"所做的工夫，即确保道德主体性的工夫。然而，陆九渊在讨论不动心时，仅仅依据养气而论，却未依据知言而论。而且他也并未论及与知言相关联的"人类道德性起源于何处"与"道德主体性如何确立"等问题。考察陆九渊讨论知言的段落可知，知言乃知人的前提，知人并非了解他人外在所展现的行为，而是了解他人的德性，而且知人的目标在于明确把握并批判世上错误的理论和行为。因而对陆九渊而言，知言在对道的明确理解（即明道）之后，是已经确立道德主体性者的工夫。大概陆九渊认为，在通过养气来确立道德主体性之后才能知言。这样的解释上的差异为王夫之、黄宗羲等传统注释家所继承，也深深影响了唐君毅、李明辉、David S. Nivison 等人的解释。

关键词：朱熹　陆九渊　告子　不动心

作　者：张元泰，首尔大学哲学系教授。

绪　论

　　朱熹曾多次指出陆九渊的学问与告子相同，[①] 这种对陆九渊的评价并不是肯定性的。那么，陆九渊会同意朱熹的这种说法吗？换一种比较正确的问法，也就是说，陆九渊了解朱熹对告子的诠释吗？陆九渊赞同这种诠释吗？这一问题不难回答。1181 年，陆九渊在南康白鹿洞书院见过朱熹之后很久，于1188 年才在写给朱熹的信中说道：

> 　　向在南康，论兄所解"告子不得于言，勿求于心"一章非是。兄令某平心观之。某尝答曰："甲与乙辨。方是是其说，甲则曰愿某乙平心也，乙亦曰愿某甲平心也，平心之说，恐难明白，不若据事论理可也。"[②]

　　可见，在南康会见时，朱陆已就告子"不动心"展开了辩论。信中虽然并未表明自己如何理解告子，但有如下两点可以得到确认：陆九渊不仅熟知朱熹对告子的诠释，而且并不认同。陆对朱提出反驳，朱熹亦不肯接受，反而认为陆错。[③] 如此看来，陆九渊与朱熹持不同观点，当然明显不会同意朱熹将自己称为告子的说法。

　　那么，还可以提出另一个问题。若陆九渊对告子持有特定的理解，在他自己理解的基础上，他会不会将自身与告子等同而视？换言之，陆九渊会认为自己的观点与告子相似吗？对这一问题的回答并不简单。他将告子与荀子相提并论，说告子的"不动心"先于孟子，告子资质优异。[④] 并在论述告子"不动心"的同时，将告子归为"孔门别派"。[⑤] 仅考察以上事实，

---

① 朱熹把陆九渊视为告子的理由参照陈荣捷《朱子新探索》，台湾学生书局，1988，第 591 ～ 592 页。

② （宋）陆九渊著，钟哲点校《陆九渊集》，中华书局，1980，第 25 页。以下《陆九渊集》的引文均以简标卷数和篇名的方式标记。

③ 《朱子语类》中也有相关内容，朱熹提起以前与陆九渊就"义外"而争辩的内容。见（宋）黎靖德编，王星贤点校《朱子语类》，中华书局，1994，第 2976 页。以下注释中的《朱子语类》的引文均以"卷数：条目数"的方式标记，如《朱子语类》124：37。

④ 《陆九渊集》卷三十，《天地之性人为贵》篇："然告子之不动心实先于孟子……故必有二子之质，而学失其道。"

⑤ 《陆九渊集》，《语录下》篇："告子之意：'不得于言，勿求于心'，是外面硬把捉的。要之亦是孔门别派，将来也会成，只是终不自然。"

可能会误认为陆九渊高度评价告子，而朱熹正因此而批评陆九渊即告子。①

　　然而，从上下文来看，很难说陆九渊给予了告子高度的评价。从孟子自身的脉络上看，孟子说告子先自己而"不动心"的话语，不能说具有高度评价告子的意图。正相反，孟子举出告子"不动心"的事例，可能是为了列出"不动心"的错误典型而加以批判。同样，陆九渊也说过告子"不动心"虽然更早一些，但是他的"不动心"是不正确的。② 更重要的事实是，陆九渊将告子归为异端。③ 陆九渊将告子与杨朱、墨翟、许行共同列为错误言行者。④ 因此，陆九渊将告子称为"孔门别派"，并不具有高度评价之意，更可能是相反的意思。对陆九渊来说，异端并非如佛家、道家那样，是远离儒家的存在，相反，是同师尧舜却别有端绪。⑤ 照此看来，异端近在咫尺。因此陆九渊称告子为"孔门别派"与称告子为异端并不矛盾。相反，他认为近距离的比远距离更为危险，即"似而非"更危险。实际上，他将弃自己所授而投奔朱熹的朱季绎就叫作"异端"。⑥ 因此，像朱熹将自己的论敌陆九渊比作告子一样，陆九渊也可能将告子这位儒家内部的"似而非"，比作朱熹。

　　如此说来，陆九渊是如何理解告子的呢？考察现有《陆九渊集》中关于告子的见解，最为引人注目的事实是，陆九渊没有对《告子上》中

---

① 彭永捷认为，从文脉上看，很难说陆九渊真的高度评价告子。见彭永捷《朱陆之辩：朱熹陆九渊哲学比较研究》，人民出版社，2002，第167~169页。
② 《陆九渊集》卷三十五，《语录下》篇："学问须论是非，不论效验。如告子先孟子不动心，其效先孟子，然毕竟告子不是。"
③ 《陆九渊集》卷三十四，《语录上》篇："告子与孟子并驾其说于天下，孟子将破其说，不得不就他所见处细与他研磨。一次将杞柳来论，便就他杞柳上破其说；一次将湍水来论，便就他湍水上破其说；一次将生之谓性来论，又就他生之谓性上破其说；一次将仁内义外来论，又就他义外上破其说。穷究异端，要得恁地，使他无语始得。"
④ 《陆九渊集》卷二，《与王顺伯》篇："杨墨告子许行之徒，岂但言说？其所言即其所行，而孟子力辟之者，以为其学非也。"《陆九渊集》卷三《与刘淳叟》篇："杨墨交乱，告子许行之道，又各以其说肆行于天下，则孟子之辨岂得已哉？"
⑤ 《陆九渊集》卷三十四，《语录上》篇："盖异与同对，虽同师尧舜，而所学之端绪，与尧舜不同，即是异端，何止佛老哉？有人问吾异端者，吾对曰，'子先理会得同底一端，则凡异此者，皆异端。'"
⑥ 《陆九渊集》卷三十五，《语录下》篇p.443："先生云，'立是你立，却问我如何立？若立得住，何须把捉。'吾友分明是先曾知此理来，后被异端坏了，异端非佛老之谓。异乎此理，如季绎之徒，便是异端。"

告子的主张加以阐释。到目前为止，对《告子上》中所录告子的主张，存在多种诠释。然而，陆九渊对《告子上》中告子的主张，虽然有所批判，但几乎没有分析也没有提出自己的解释。例如，言及《告子上》中孟子和告子的论辩过程时，他只说孟子逐一反驳了告子的观点，而未做更多说明。① 因为他时常举论并批判以"义外"和"外"为根据的"学"，所以可以认为陆九渊对"仁内义外"有着自己的解释。然而，陆九渊对《告子上》的"仁内义外"没有做出任何说明，对孟子和告子关于"白""长"的论争也非但不去说明，反而持不必过多纠缠的态度。② 陆九渊言及"义外"之处，在内容上多与《知言养气章》孟子对告子"义外之"的批判有关。③

陆九渊对告子的论述大部分与《知言养气章》相关，其中以对告子"不动心"的方法，即"不得于言，勿求于心"的批判为主要内容。此外，虽然也有区分"集义所生"和"义袭而取之"来说明"义外"的内容，但仍然在对告子"不动心"的说明方式的延长线上。这一事实与朱熹的记录也相当一致。朱熹主要以这两点为中心批判陆九渊的解释。在这两个问题上，朱熹和陆九渊二人对彼此的立场都了然于胸。

本文以告子"不动心"引起的两个问题为中心来考察双方的解释，在确认主要争点之后，考察二人的解释如何在后世流传。因为朱熹的解释已有诸多研究成果，所以在此会尽可能简略说明，本文将详细讨论研究成果相对较少的陆九渊的解释。

① 《陆九渊集》卷三十四，《语录上》p.426："告子与孟子并驾其说于天下，孟子将破其说，不得不就他所见处细与他研磨。一次将杞柳来论，便就他杞柳上破其说；一次将湍水来论，便就他湍水上破其说；一次将生之谓性来论，又就他生之谓性上破其说；一次将仁内义外来论，又就他义外上破其说。穷究异端，要得恁地，使他无语始得。"
② 《陆九渊集》卷六，《与邵中孚》篇："《告子》一篇自'牛山之木尝美矣'以下可常读之，其浸灌、培植之益，当日新日固也。其卷首与告子论性处，却不必深考，恐其力量未到，则反惑乱精神，后日不患不通也。"《陆九渊集》卷十，《与江德功》篇："白白长长之言，是古人辨论处，非用工处。言论不合于理，乃理未明耳，非诚意之罪也。"
③ 此点可以从朱熹处的记录得以确认。《朱子语类》124：37 又曰："它寻常要说'集义所生者'，其徒包敏道士说成'袭而取'，却不说'义袭而取之'。它说如何？"正淳曰："它说须是实得。如义袭，只是强探力取。"曰："谓如人心知此义理，行之得宜，固自内发。人性质有不同，或有鲁钝，一时见未到得；别人说出来，反之于心，见得为是而行之，是亦内也。人心所见不同，圣人方见得尽。今陆氏只是要自渠心里见得底，方谓之内；若别人说底，一句也不是。才自别人说出，便指为义外。如此，乃是告子之说。"

一　朱熹对告子"不动心"的理解

（一）"不动心"和"不惑"

朱熹对"不动心"的最基本的理解见于《孟子集注》中对公孙丑的问题说明。

> 此承上章，又设问孟子，若得位而行道，则虽由此而成霸王之业，亦不足怪。任大责重如此，亦有所恐惧疑惑而动其心乎？四十强仕，君子道明德立之时。孔子四十而不惑，亦不动心之谓。（《孟子集注》卷三）

赵岐并没有将"不动心"和"不惑"联系起来，只论述了"动心"的理由是恐惧，即"畏难、畏惧"。[①] 然而朱熹认为"动心"出于恐惧、疑惑，添加了"没有疑惑"的含义，将"不动心"释为"不惑"。[②] 像这样，将"不动心"加上"没有疑惑"的含义，用"不惑"来把握的见解，是认为"知言"重于"养气"的朱熹诠释《知言养气章》的重要特征。朱熹认为，孟子的"不动心"是"知言""养气"消除恐惧和疑惑的结果，这与告子的"不动心"相对。也就是说，告子的"不动心"并不是以"知言""养气"为根据的"不动心"。由此可以推论，朱熹试图使孟子的"知言""养气"与告子的"不得于言，勿求于心。不得于心，勿求于气"中的"言"与"气"相呼应。用《孟子或问》中的话来说，即"告子所不得之言，即孟子所知之言；告子所勿求之气，即孟子所养之气。"[③]

朱熹在解释告子"不动心"时，首先注意到了告子的主张中所谓"言""心""气"的所有者。赵岐认为"言""心""气"均为他人所有，朱熹则

---

① 《孟子注疏》："丑问孟子，如使夫子得居齐卿相之位，行其道德，虽用此臣位，辅君行之，亦不异于古霸王之君矣。如是，宁动心畏难、自恐不能行否耶？丑以此为大道不易，人当畏惧之，不敢欲行也。"（参见《孟子注疏》，北京大学出版社，2000，第73页）

② 朱熹对《礼记·曲礼》"四十曰强，而仕"的解释可能参考了孔颖达《礼记正义》："'四十曰强，而仕'者，三十九以前通曰壮，壮久则强，故'四十曰强'。强有二义，一则四十不惑，是智虑强；二则气力强也。"（参见《礼记正义》，北京大学出版社，2000，第21页）

③ 《孟子或问》："告子所不得之言，即孟子所知之言，告子所勿求之气，即孟子所养之气也；以其异者而反之，则凡告子之所以失，即孟子之所以得，孟子之所以得，即告子之所以失也。"（《四书或问》卷二十八）

认为"心"和"气"为自身所有。然而，对于"言"，朱熹既存在"自身之言"，也存在"他人之言"，甚至存在未明示所有者的解释。"自身之言"的解释见于《孟子或问》：

> 盖告子不自知其言之所以失，而孟子乃兼贯物我，举天下之言所以失者而知之。（《四书或问》卷二十八）

在这一部分，朱熹认为，告子"不得于言"的"言"字，是告子自身之言，而孟子所谓"知言"的"言"，则包含了自身与他人之言。而且他在《朱子语类》中，也将"不得于言"的"言"看作自身之言，并以《告子上》中孟子与告子的论辩为例进行说明。

> "不得于言，勿求于心"，此正孟子告子不动心之差别处。当看上文云："敢问夫子之不动心，与告子之不动心。"孟子却如此答，便见得告子只是硬做去，更不问言之是非，便错说了，也不省。如与孟子论性，说"性犹杞柳也"，既而转"性犹湍水也"。他只不问是非，信口说出，定要硬把得心定。"不得于言"，谓言之失也；"勿求于心"，谓言之失非干心事也。此其学所以与孟子异。故孟子章末云："我故曰：'告子未尝知义，以其外之也。'"（《朱子语类》卷五十二）

朱熹说道，《告子上》中，告子提出自身的主张，在遭遇孟子的反论之后，并不回击，而是换个头绪继续说下去，他评价道，告子只是硬说去，即使说错了也不反省。错误的"言"源于错误的判断，可以说是自己的"心"错了，然而告子却不反省内心。由此可见，告子即使说错，也毫不介意，只将自己的"心"硬下来，毫不动摇。

然而，朱熹在《朱子语类》中又修正了上一种看法，提出了另一种解释。

> 问："向看此段，以告子'不得于言'，是偶然失言，非谓他人言也。"曰："某向来亦如此说，然与知言之义不同。此是告子闻他人之言，不得其义理，又如读古人之书，有不得其言之义，皆以为无害事，但心不动足矣。不知言，便不知义，所以外义也。如诐、淫、邪、遁，亦只是他人言，故曰'生于其心'；'其'字，便是谓他人也。"（《朱子语类》卷五十二）

朱熹承认，如果按照前面所解释的那样，将"言"视为"自身之言"，那么，"不得于言"的"言"和"知言"的"言"就产生了不一致的问题。所以这里的"言"应是"他人之言"。朱熹以读书不知所言的情况为例，将"不得于言"解释为听到他人的话却没有完全理解的意思。而且，在别处也将"不得于言"与"知言"，即理解了他人的话对立起来，将"不得于言"解释为不完全理解之义。① 依据这种解释，对告子的主张可以做如下解读：即使不被他人的批判说服，或者读书有不能领会的部分，也不去自己的内心寻"理"，而是搁置不顾，只努力安定自己的心而已；由于他人或书中之言对自己的内心并不造成影响，所以内心不会动摇。因此，可以说，告子不动心的方法之一就是，即使世上的是非或者书籍中记载的教诲与自身所想不同，也维持毫不介意的态度，这种立场变化是按时间顺序展开的。而理解为"他人之言"的解释，似乎是朱熹晚年的解释。

尽管提出了两种互不相同的见解，朱熹的解释还是有几个共同点。第一，不管采取哪一种解释，朱熹都认为告子具有减弱外部影响、坚持内心的倾向。在此，朱熹参考了告子"生之谓性"是知觉运动的主张，重新梳理了告子"不动心"的含义。人的内心只有不关乎道德性的知觉运动，道德性是外在的规范，含于"言"中。像这样将知觉运动和道德性完全分开时，会产生两种选择的可能性：要么维持没有道德性的状态，要么接受外部存在的规范。依据朱熹的说明，告子并不在意外部，只坚持自己的内心，努力去定心，因此选择了前一种可能性。第二，对告子的批判也是类似的。不管采取哪一种解释，告子舍弃外部的这一点，只能汇出这样的评价，即外部既已犯错，如果不回头反省自身，那么自身的内心也终将被舍弃。最后，虽然第一种解释存

---

① 《朱子语类》52：25："不得于言，勿求于心；不得于心，勿求于气。""不得"，犹曰失也。谓言有所不知者，则不可求之于心；心有不得其正者，则不可求之于气。孟子谓言有所不能知，正以心有所不明，故"不得于言，勿求于心，不可"。其不得于心者，固当求之心。然气不得所养，亦反能动其心，故"不得于心，勿求于气"，虽可而未尽也。盖知言只是知理。告子既不务知言，亦不务养气，但只硬把定中间个心，要他不动。孟子则是能知言，又能养气，自然心不动。盖知言本也，养气助也。三者恰如行军，知言则其先锋，知虚识实者；心恰如主帅，气则卒徒也。孟子则前有引导，后有推助，自然无恐惧纷扰，而有以自胜。告子则前后无引助，只凭孤立硬做去，所以与孟子不动心异也。"不得于言"以下，但作如此看，则此一章血脉贯通，而于知言养气，诐、淫、邪、遁之辞，方为有下落也。至于集义工夫，乃在知言之后。不能知言，则亦不能集义。（言，如观古圣贤之言，与听今人之言，皆是。）

在"不得于言"的"言"和"知言"的"言"不一致的问题，但是，朱熹的解释全部以告子的主张为前半部分，把它视为后面孟子提出"知言"的直接由头。

朱熹认为，告子只致力于"心"，不求助于"气"，而孟子同意告子这一见解的理由是，切中了根本。① 不过，朱熹也主张，孟子所谓"可"，并不是全盘同意，而是"仅可"之意。朱熹之所以这样认为的理由如下：对告子来说，如同"言"和"心"互不影响一样，"心"和"气"也毫无影响。② 然而，孟子在接下来的部分提出"志"引领"气"，有时"气"还对"心"造成影响。因此如果不养气以求助于"气"，即不养"浩然之气"的话，就会产生恐惧和疑惑，发生无法实践道义的情况。③ 既然认定在不养气的状态下，"心"或"志"或许会产生动摇，这种解释就蕴含了对不养"浩然之气"的告子，其"不动心"很难维持，或者是原本无法实现的批判。

综上所述，根据朱熹的说明，告子的"不动心"就是"心"努力不被"言"和"气"所影响。按朱熹的说法，孟子的"不动心"正与此相反。根据朱熹的解释，孟子"不动心"的方法在于"知言"和"养气"。"言"和"气"，在告子那里断绝了与"心"的相互影响关系；在孟子这里，前者是积极探求的对象，后者是通过实践培养的物件。穷理以培养智慧，集义以培养勇气，都是为消除内心的疑惑和恐惧。朱熹认为，这有一个顺序。先要通过"知言"分辨是非，此后方能"养气"。④ 也就是说，若不能穷理知晓道义，那么培养"浩然之气"也是不可能的。

朱熹在说明告子"不动心"的同时，指出告子的想法和陆九渊的想法相

① 《孟子集注》，《公孙丑上》篇："于心有所不安，则当力制其心，而不必更求其助于气。……孟子既诵其言而断之曰，彼谓不得于心而勿求诸气者，急于本而缓其末，犹之可也。"（《孟子集注》卷三）
② 《朱子语类》52：27："不得于言，勿求于心"，是心与言不相干。"不得于心，勿求于气"，是心与气不相贯。此告子说也。
③ 《孟子集注》，《公孙丑上》篇："人能养成此气，则其气合乎道义而为之助，使其行之勇决，无所疑惮。"（《孟子集注》卷三）
④ 《朱子语类》52：49："知言，然后能养气。"52：50："孟子说养气，先说知言。先知得许多说话，是非邪正（人杰录作'得失'）都无疑后，方能养此气也。"52：51："孟子论浩然之气一段，紧要全在'知言'上。所以大学许多工夫，全在格物、致知。"52：52："知言养气，虽是两事，其实相关，正如致知、格物、正心、诚意之类。若知言，便见得是非邪正。义理昭然，则浩然之气自生。"52：54："知言，则有以明夫道义，而于天下之事无所疑；养气，则有以配夫道义，而于天下之事无所惧。"

同。朱熹主张，陆九渊不鼓励读书①，只求"静坐澄心"，这与勉强求定心的告子"不动心"相同。② 其实朱熹知道陆九渊并非主张不读书。朱熹计较的似乎只是"义外"的意思。

> 尝与金溪辨"义外"之说。某谓事之合如此者，虽是在外，然于吾心以为合如此而行，便是内也。且如人有性质鲁钝，或一时见不到；因他人说出来，见得为是，从而行之，亦内也。金溪以谓，此乃告子之见，直须自得于己者方是。若以他人之说为义而行之，是求之于外也。遂于事当如此处，亦不如此。不知此乃告子之见耳。（《朱子语类》卷一二四）

朱熹此处提到以前与陆九渊关于"义外"含义的论争，也许就是二人在南康就告子的"不得于言，勿求于心"而展开的论争。朱熹回忆当时争辩的情形，他认为听到他人之言，自己觉得对，就去实践的情况是"内"；而陆九渊认为，这正是告子的见解，只有自得于己，才会觉得是对的。实际上，朱熹在说明《告子上》的"义外"之时说道，因弟弟是受祭的代理人而恭敬弟弟的这种"知"，是通过"讲问商量"得到的，无法出自"内"。③ 而且，如果连他人之言都被视为"义外"的话，那么只能承认"生而知之，安而行之"，而"学而知之"以下的都要被否定了。④ 从这样的批判可以看出，朱熹

---

① 《朱子语类》52：28："陆氏之学不甚教人读书看文字，与告子相似否？"先生曰："便是。"先生又谓："养气一段，紧要处是'自反而缩'，'以直养而无害'，'是集义所生者'。紧要处在此三句上看。"

② 《朱子语类》52：154："问：集注云：'告子外义，盖外之而不求，非欲求之于外也。'曰：'告子直是将义屏除去，只就心上理会。'因说：'陆子静云："读书讲求义理，正是告子义外工夫。"某以为不然。如子静不读书，不求义理，只静坐澄心，却似告子外义。'"

③ 《朱子语类》59：22：李时可问"仁内义外"。曰："告子此说固不是。然近年有欲破其说者，又更不是。谓义专在内，只发于我之先见者便是。如'夏日饮水，冬日饮汤'之类是已。若在外面商量，如此便不是义，乃是'义袭'。其说如此，然不知饮水饮汤固是内也。如先酌乡人与敬弟之类，若不问人，怎生得知？今固有人素知敬父兄，而不知乡人之在所当先者；亦有人平日知弟之为卑，而不知其为尸之时，乃祖宗神灵之所依，不可不敬者。若不因讲问商量，何缘会自从里面发出？其说乃与佛氏'不得拟议，不得思量，直下便是'之说相似，此大害理。又说'义袭'二字全不是如此，都把文义说错了。只细看孟子之说，便自可见。"

④ 《朱子语类》124：37：曰："谓如人心知此义理，行之得宜，固自内发。人性质有不同，或有鲁钝，一时见未到得；别人说出来，反之于心，见得为是而行之，是亦内也。人心所见不同，圣人方得尽。今陆氏只是要自渠心里见得底，方谓之内；若别人说底，一句也不是。才自别人说出，便指为义外。如此，乃是告子之说。如'生而知之'，与'学而知之，困而知之'；'安而行之'，与'利而行之，勉强而行之'；及其知之行之，则一也。（转下页注）

认为陆九渊与告子一样，只重视自己的内心，因而否认读书、讨论等活动，即对穷理持否定的态度。类似的观点，在联系"求放心"而批判告子"不动心"时也有所表露。他说，若不穷理，只将空心来"正心"，就是告子的"不动心"。[①] 他还主张，须是穷理之后"求放心"，而不是"求放心"之后穷理。由上可知，朱熹认为，陆九渊因为不穷理，所以无法知"义"。

朱熹对告子"不动心"的理解，其要旨如下。第一，朱熹将"不动心"视为"不惑"，强调知言、穷理的重要性。第二，他认为告子是拒绝外部影响、只持守内心的思想家。第三，以上述两条为根据，他认为告子与陆九渊和禅宗相似。然而，虽然朱熹的这一诠释对后世有着深远的影响，但是继承了朱熹解释的后世思想家对上述三种特征并不完全接受。下一节将通过简略分析王夫之、丁若镛二人的解释，来考察后世对朱熹解释的接受情况。

（二）朱熹诠释的传人：王夫之和丁若镛以及现代研究者

虽然并不完全接受朱熹哲学，但在朱熹对告子"不动心"的解释上受其影响的思想家，可以王夫之和丁若镛为例。他们不完全接受朱熹哲学，也不同意他对孟子"不动心"的解释。尽管如此，在朱熹对告子以及告子"不动心"的解释上，他们持大致赞同的立场。本小节以讨论朱熹解释的多种可能性为宗旨，简单研究王、丁二人的事例。

王夫之将"不动心"理解为"无恐惧疑惑"，接受朱熹将"不动心"视为"知言""养气"的结果的解释。[②] 而且对告子和告子"不动心"也采取了

(接上页注④)岂可一一须待自我心而出，方谓之内？所以指文义而求之者，皆不为内？故自家才见得如此，便一向执着，将圣贤言语便亦不信，更不去讲贯，只是我底是，其病痛只在此。只是专主'生知、安行'，而'学知'以下，一切皆废。又只管理会'一贯'，理会'一'。且如一贯，只是万理一贯，无内外本末，隐显精粗，皆一以贯之。此政'同归殊涂，百虑一致'，无所不备。今却不教人恁地理会，却只寻个'一'，不知去那里讨头处？"

① 《朱子语类》59：150："'学问之道无他，求其放心而已。'旧看此只云但求其放心，心正则自定，近看仅有道理。须是看此心果如何，须是心中明尽万理，方可；不然，只欲空守此心，如何用得！如平常一件事，合放重，今乃放轻，此心不乐；放重，则心乐。此可见此处乃与大学致知、格物、正心、诚意相表里。"学问："若不于穷理上作工夫，遽谓心正，乃是告子不动心，如何守得？"曰："然。"又问："旧看'放心'一段，第一次看，谓不过求放心而已。第二次看，谓放心既求，仅当穷理。今闻此说，乃知前日第二说已是隔作两段。须是穷理而后求得放心，不是求放心而后穷理。"曰："然。"

② 《读四书大全说》，《雍也十九》篇："在乐上做工夫，便是硬把住心，告子之所以无恐惧疑惑也。在道上做工夫，则乐为礼复仁至之候，举凡动静云为，如驰轻车、下飞鸟，又如杀低棋相似，随手辄碎，如之何无乐！如之何其改也！"参见王夫之《读四书大全说》，河洛图书出版社，1974。

与朱熹一致的观点。

> 告子谓"不得于言，勿求于心"，只缘他自认此心与天下之言判然为
> 二，不当强引言入，而役心以出。直安顿者心，教在未有名言上一层，
> 笼罩着天下，俾是其所是而非其所非者，至我之前，如蚊子呵铁牛，丝
> 毫摇动他不得，所谓"你若无情他也休"也。若必求之于心，则将役其
> 心以穷理格物，是非得失先积于我而心为之动。故程、朱于此，识得他
> 外义处。乃其云"生之谓性"者，亦谓有义有理，因而言有得有不得，
> 皆非性之所有，非其所有，故不当求也。（《读四书大全说》，《公孙丑
> 上·五》）

依他所见，告子将自己的心与天下之言判而为二，认为没有必要细究世
上那些难辨是非得失的事情。而且告子认为，如果求之于心，势必要穷理，
那么反而因此而动心。王夫之认为，告子的主张是以本性所无莫求于外为前
提的。如此，王夫之断定告子是努力去定心而不受世上是非得失影响之人，
是渊源于老子和庄子的思想家，具有与后世佛教相似的见解。[①] 这种观点为后
来的徐复观所传承。[②]

王夫之虽然全盘接受了朱熹关于"不动心"的解释，但在"知言""养
气"方面却与朱熹的解释不同。他反对先"知言"后"养气"的立场，他说
不"集义"就不知"义内"。既然朱熹在说明"知言"时论及"尽心知
性"[③]，"知言"就不能说是初学者之事，在内容上，"知言"达到"大而化
之"的境地，就相当于"养气"到了"充实而有光辉"的境地，因此，不能
说先"知言"后"养气"。[④] 因此，他虽然遵循朱熹对告子和告子"不动心"
的解释，但对孟子和孟子"不动心"的理解却与朱熹背道而驰。

---

① 《读四书大全说》，《公孙丑上·五》篇："盖亦源本老庄，而后世佛氏之言亦相承以立说焉。"
② 徐复观：《〈孟子·知言养气章〉试释》，见徐复观《中国思想史论集》，商务印书馆，2004，
　第123~125页。
③ 《孟子集注》，《公孙丑上》篇："知言者，尽心知性，于凡天下之言，无不有以究极其理，而
　识其是非得失之所以然也。"（《孟子集注》卷三）
④ 《读四书大全说》，《公孙丑上·二》篇："苟不集义，如何见得义在内？既不灼然精义之在吾
　心，而以求知天下是非得失之论，非屑屑然但从事于记诵词章，则逆诈、亿不信，为揣摩钩
　距之术而已矣。集注于'知言'下个'尽心知性'，是何等语！此岂漫未集义者初学之始事？
　知言至处，是'大而化之'之境；养气至处，只得'充实而有光辉'。若以为学之序言之，
　养气以徙义为初功，知言以穷理为始事，内外、主辅虽并进，而自有别。"

与王夫之不同的是，丁若镛不接受朱熹对《知言养气章》的大部分解释。特别是，就连将"不动心"看成"不惑"这一点，即可以说是朱熹解释最重要的特征的这一点，丁若镛也不接受。他认为"不动心"是拥有"大德"，因而无惧，而"不惑"是与"知"有关的问题，所以"不动心"和"不惑"是两回事。① 然而，在对告子"不动心"方面，丁若镛和朱熹提出了相似的解释。有趣的是，朱熹将"不得于言"的"言"看作自身之言，丁若镛也提出了类似的观点。

> 不得于言，谓言有所跲；[犹言一毫挫于人] 不得于心，谓心有不慊。[犹言自反而不缩] 告子以为言有所跲，便当弃置，勿复其故于吾心，所以自守而不动心也。心有不慊，便当弃置，勿复求其验于吾气，亦所以自守而不动心也。告子之学，盖不问是非，惟以不动心为主。（《孟子要义》，《公孙丑第二》篇）

丁若镛认为，"不得于言，勿求于心"的意思是，即使自己的话遭到他人的非难或反驳，也就是说，即使自己的话有误，也不要从自己的内心寻找理由，告子"不动心"主要是不纠缠是非，只致力于内心不动摇而已。② 虽然他没有将告子指定为道家或禅宗，也没有提及陆九渊，但做出了与朱熹、王夫之相同的评价。他不仅在对孟子的解释上，而且在对其他经典的解释上也批判朱熹，但在这一部分却参考了朱熹的见解。与此类似的现代版解释可以杨伯峻为例。他认为"得"的意思是胜利，在争吵中词穷的情况之下，有可能是自身存在问题，而告子并不反省自身，这就是"不动心"。③

---

① 《孟子要义》，《公孙丑第二》篇："特以诸情之中，恐惧之情，最难裁制。故不动心者，以无惧为首。此孟子所以历言北宫黝、孟施舍之所守，曾子、子襄之所言，以明无惧之义。其实不动心，不止于无惧而已，至若先儒之所言，恐非本旨，何也？我之大德，有足以受大任行大道，则当自无惧，我之才德，本自不足，君子宜逡巡退缩，以让贤路，岂可强求其无惧乎？况惑与不惑，系于知识，知所不及，安得不惑？孔子称四十不惑，孟子称四十不动心，故朱子遂以不动心为不惑。然经所云不动心，非谓是也。古人称定大事决大议，垂绅整笏，不动声色而措天下于太山之安。一问一答，当以是求之。"参见丁若镛《与犹堂全书》，首尔：民族文化推进会，2002。
② 《孟子要义》，《公孙丑第二》篇："告子'不得于言，勿求于心'，孟子'不得于言，必求于心'，此其所以相反也。诐、淫、邪者，言之有失者，所谓不得于言也。即言之诐，而知其心之有所蔽，即言之淫，而知其心之有所陷，即言之邪，而知其心之有所离，所谓'不得于言，必求于心'也。"参见丁若镛《与犹堂全书》，首尔：民族文化推进会，2002。
③ 杨伯峻：《孟子译注》，中华书局，1960，第70页。

丁若镛虽然像朱熹一样，认为孟子用"知言""养气"来恰当应对告子"不动心"存在的问题，但是他不仅不接受朱熹的理气论，而且也不接受格物致知论，所以对"知言""养气"的解释也不同。

> 明理不足以知言，必其心秉义正直，无所蔽陷，然后乃无诐淫之病。如浩然之气，生于集义，不可作明理说。（《孟子要义》，《公孙丑第二》篇）

他认为，不是通过"明理"，即"穷理"而"知言"，而是通过"集义"来"养气"之后，才可"知言"。虽然在不强调"穷理"的一点上，与王夫之的观点有异，但在"知言""养气"之中，优先"养气"的一点上，与王夫之相类似。

王夫之和丁若镛虽然都相当赞同朱熹对告子和告子"不动心"的解释，但都不认同"知言""穷理"的地位。最初，朱熹把"不动心"理解为"不惑"的目的是，以"知言"和"穷理"为中心批判告子"不动心"，并在此基础上，凸显孟子的"不动心"。然而王、丁是以"养气"而非"知言"为中心来理解"不动心"，因此对孟子的"不动心"出现了不同的理解。

像这样，即使受朱熹解释影响的人，就"知言"和"穷理"的地位问题也提出了不同解释，其原因不仅仅是因为王夫之和丁若镛与朱熹具有不同的理论倾向。在朱熹生前，朱熹弟子中就有人针对以"知言"和"穷理"为中心解释"不动心"的方式提出了疑问。

> 问："'四十不动心'，恐只是'三十而立'，未到不惑处？"曰："这便是不惑、知言处。可见孟子是义精理明，天下之物不足以动其心，不是强把捉得定。"（《朱子语类》卷二十三）

上述问答虽然较为简短，但朱熹门人的提问可谓意味深长。提问者问道，"不动心"怕只是"三十而立"，还没到"不惑"，即"不惑"是不是比"不动心"更为圆熟的境界。朱熹如前所说，把"不惑"和"知言"并举，答曰孟子是因为"义精理明"，所以"不动心"。他认为不通过"穷理"而实现的"不动心"，不过是勉强定心而已。对他来说，"知言"和"穷理"是理解

"不动心"的关键。① 然而正是这一问题，成了陆九渊对告子"不动心"解释的出发点。

二　陆九渊对告子"不动心"的解释

（一）"不动心"和"三十而立"

陆九渊对"不动心"的理解与朱熹的理解方式有着根本差异。虽然朱熹将"不动心"理解为"不惑"②，但陆九渊独树一帜地将"不动心"理解成为"三十而立"而下的工夫。

> 或问，"吾十有五而志于学，三十而立，既有所立矣，缘何未到四十尚有惑在？"曰，"志于学矣，不为富贵贫贱患难动心，不为异端邪说摇夺，是下工夫。至三十，然后能立。既立矣，然天下学术之异同，人心趋向之差别，其声讹相似，似是而非之处，到这里多少疑在？是又下工夫十年，然后能不惑矣。又下工夫十年，方浑然一片，故曰五十而知天命"。（《陆九渊集》卷三十四，《语录上》）

如上所述，"不为富贵贫贱患难动心，不为异端邪说摇夺"等于是"志于学"之后奔向"三十而立"的工夫。③ 由此可见，陆九渊将"不动心"等同于"三十而立"，理解成道德主体的确立。然而，与"三十而立"相关联而提出的"不为异端邪说摇夺"，和与"不惑"相关联的内容似乎有所重复。

---

① 朱熹在针对"养气"是否比"知言"更为迫切的问题上，也做了类似的回答。《朱子语类》52：5：德修问："公孙丑说不动心，是以富贵而动其心？"先生曰："公孙丑虽不知孟子，必不谓以富贵动其心。但谓霸王事大，恐孟子了这事不得，便谓孟子动心，不知霸王当甚闲事！"因论"知言、养气"。德修谓："养气为急，知言为缓。"曰："孟子须先说'我知言'，然后说'我善养吾浩然之气'。公孙丑先问浩然之气，次问知言者，因上面说气来，故接续如此问。不知言，如何养得气？"德修云："先须养。有尺，便量见天下长短。"曰："须要识这尺。"

② 对相关争议，黄俊杰先生已经做出了详细的论述。参考黄俊杰《孟学思想史论》（卷一），台北：三民出版社，1991，第337～340页。

③ 这种观点又见于向李伯敏说"立"的条目之中。伯敏云，"如何立？"先生云，"立是你立，却问我如何立？若立得住，何须把捉。吾友分明是先曾知此理来，后被异端坏了"（《陆九渊集》卷三十五，《语录下》p. 443）。陆九渊说"立"时，使用了他在说明告子"不动心"时使用过的"把捉"一词，指责李伯敏接受了异端的影响，即未能做到"不动心"。

如果要指出二者的差异，那么陆九渊似乎认为，不受异端邪说影响，确立道德主体，然后在此基础上，明确判断多种理论的是是非非，不陷于"疑惑"之中，才是"四十而不惑"。

笔者认为，陆九渊对"不动心"的理解，不是与"不惑"而是与"而立"相联系的，这一事实，不仅是理解陆九渊对告子"不动心"解释的重要线索，也是明确朱陆解释差异的重要线索。朱熹为达到"不动心"，强调"知言""穷理"的必要性。相反，陆九渊在论述"不动心"时，几乎不联系"知言""穷理"，只强调"养气"的重要性，并提及与此相关的"义"。

（二）"不得于言，勿求于心"和"养气"

陆九渊对告子"不动心"最为详尽的说明出现在与李伯敏的对话之中。[①]其中陆九渊论述告子"不动心"的主要内容，如下所示。

> 1. 告子硬把捉，直到不动心，岂非难事？只是依旧不是。
> 2. 告子之意"不得于言，勿求于心"，是外面硬把捉的。要之亦是孔门别派，将来也会成，只是终不自然。
> 3. 又问养勇异同，先生云，"此只是比并。北宫用心在外，正如告子不得于言勿求于心。施舍用心在内，正如孟子行有不慊于心则馁矣。而施舍又似曾子，北宫又似子夏。谓之似者，盖用心内外相似，非真可及也。……"（《陆九渊集》卷三十五，《语录下》）

如上所述，陆九渊认为告子致力于牢牢抓住外面的东西。而且，如3所说，"不得于言，勿求于心"是"不动心"的方法，是与养勇相关的。因而，把捉于外，就是外面的东西对内心施加某种影响，这才是正确的想法。那么，"不得于言，勿求于心"这一以"不"和"勿"开头的否定句该如何理解呢？虽然只用上面的例句很难理解，但从下面引文对话中可以找到理解的线索。

> 伯敏云，"如何立？"
> 先生云，"立是你立，却问我如何立？若立得住，何须把捉。吾友分明是先曾知此理来，后被异端坏了。异端非佛老之谓。异乎此理，如季

---

① 《陆九渊集》卷三十四，《语录上》。

绎之徒，便是异端。孔门惟颜、曾传道，他未有闻。盖颜、曾从里面出来，他人外面入去。今所传者，乃子夏、子张之徒，外入之学。曾子所传，至孟子不复传矣。吾友却不理会根本，只理会文字，实大声宏，若根本壮，怕不会做文字？今吾友文字自文字，学问自学问，若此不已，岂止两段？将百碎。"（《陆九渊集》卷三十五，《语录下》）

他说没有必要为"立"而把捉于外（何须把捉），并揭示了如下两种对立。

颜子、曾子—从里面出来—根本／子夏、子张—外面入去—文字

参考这种对立，把捉于外的话语意为外面的进到里面来，此时外面进来的东西与"文字"联系在一起，如此看来，陆九渊所理解的告子"不动心"，也许可以说是牢牢抓住外在的"文字"所记载的理念或规范，以此作为行为准则，并以此追求和实现内心的不动摇。考虑到陆九渊认为"不动心"是为实现"三十而立"下的工夫这一点，陆九渊很可能认为，对告子来说，主体性的根源不是自己的心，而是外面、文字。也许这就是陆九渊对"不得于言，勿求于心"的大致理解。

综上所述，陆九渊可能为告子的"不动心"提供了相当有趣的解读。然而告子"不动心"是"如果不能 A（不 A），则不要 B（勿 B）"的形式，陆九渊并没有配合这种形式进行说明。因此倘若配合原文形式对陆九渊的解释重组的话，陆九渊将通过以下两个步骤完成自己的诠释。

（1）如果不能从"言"中获得"不动心"的话，则不必从"心"中去找。

之所以不需要从"心"处寻找，是因为也许"心"本来就不具有道德性。因此，在这种情况下，"言"就更为重要了。

（2）如果存在"不动心"的道德原则，可以从"言"中寻找。

对告子来说，人类具有的道德性其根源并不在人内部而只存在于外部。然而，这里有一点值得注意，人内部本来不具有道德性的主张，具有两种互不相同的实践性含义。如果内面没有道德性，就好比一文不名的人决心去过一无所有的生活一样，觉得一无所有也很不错。因为导入外部的道德性使之成为内面的原则，是伤害自身本来面貌的事情，在这种意义下，可以认为道

德性是有害的。因此，在这种情况下，"言"就成了否定的对象，而"心"就是守护的对象。杨朱或部分道家学者所走的道路可能就与此类似。前面所见朱熹的解释，及朱熹解释的继承者们也循这条路而行。

然而，鉴于陆九渊的说明，很难说告子走的是这条路。陆九渊将告子视为"孔门别派"的事实，说明了告子是拥有自身特有道德理论的思想家。而且，陆说告子处于异端的边缘。那么告子应被视为一反其道才对。人类内面没有道德性的情况，可能与前面论述的正相反，会使人心怀不满。好比一文不名的人对拥有一切的人感到不满，为将财富据为己有而努力奋斗那样。不具有道德性的事实，成了为拥有道德性而努力的理由。荀子正是如此。荀子认为我们本性中没有"礼义"，因此要为拥有"礼义"而努力。① 他认为成圣是人类的"性"与"伪"相结合的产物。②

如此看来，告子提出的"不动心"的方法，就有着如下含义。

（3）须将得于"言"的东西用"心"的原则来把捉，以做到"不动心"。

即不具备道德的"心"认知"言"中的道德规范，并以此作为行为准则。这是将"不得于言，勿求于心"简化成"得于言，求于心"来理解。虽然陆九渊并未论及告子"不动心"的后半部分，但对"不得于心，勿求于气"也可以使用相同方法。考虑到这里的"气"跟"勇气"有关，可以进行如下重组。

（4）如果不能在"心"中获得可靠的原则，则不必从"气"中寻找。

（5）如果存在可以使"气"不萎缩的原则，那么只能从"心"中寻找。

（6）须将在（3）的"心"中所找到的与"气"相结合。

（4）和（5）中的"心"所具备的原则来源于（1）和（2）的"言"。将"言"中所找到的与"心"结合，获得道德性的"心"或"志"就成为"气之帅"，这样"气"也就有了道德性。虽然"气"和（1）（2）的"心"相呼应，但是"气"无法直接与"言"中所寻得的原理相结合，需要经由获得道德性的"心"，才能具备道德性，在这一点上与"心"相异。

---

① 《荀子·性恶》篇："凡人之欲为善者，为性恶也。……苟无之中者，必求于外。……苟有之中者，必不及于外。用此观之，人之欲为善者，为性恶也。今人之性，固无礼义，故强学而求有之也。"

② 《荀子·礼论》篇："故曰：性者，本始材朴也；伪者，文理隆盛也。无性则伪之无所加，无伪则性不能自美。性伪合，然后圣人之名，一天下之功于是就也。故曰：天地合而万物生，阴阳接而变化起，性伪合而天下治。"

当然陆九渊对"不得于心，勿求于气"并没有做出这样的解释。然而，只要对这一解释稍做考虑，就可以清楚地把握他是如何理解与"养气"相关的"义外"的。陆九渊将"集义所生"和"义袭而取之"的差异，与孟子和告子"不动心"的差异相提并论。① 也许是因为他认为它们的差异，如前所述，都是内心出来和外面进入的差异。因此，"义外"，即"义"在外部的意思；"义袭而取之"，即经由"心"而进入内面的"义"与"气"相结合的意思。

梳理至此，陆九渊在解释告子"不动心"时想要凸显什么的意图已经比较明确了。根据陆九渊的解释，告子强调的不是"心"，而是"言"。既然在"心"中找不到道德原则，也不必去找，那么，"心"只是从"言"中获得的道德原则的储藏空间而已。道德性的根源在人的外部，内部不过是个储藏室。相反，孟子强调的是"心"。因为孟子认为，人类没有必要去外部寻找道德原则并使之内化。如果必须这么做，须是把放下的心找回来，即"求放心"之类。因此，这一部分中出现的告子和孟子的对立，可以转化成道德性根源所在的意见差异。告子设定人所具有的道德性根源于人之外的规范或原理，相反，孟子反对这一观点，认为人具有的道德性根源于内心。

如此看来，陆九渊虽然没有对《告子上》中告子的主张进行说明，但是不难推测，他对杞柳之喻、生之谓性、性无善无恶、仁内义外等是如此理解的。根据他的观点来解释，告子会认为人的本性不具备任何道德性（性无善无恶），所以作为动物学的生命（生之谓性），应该同杞柳因外力而栖栳一样，使本性与外部存在的各种规范和理念结合，并加以变化。

上述陆九渊的解释在当时是独创的、史无前例的。他的解释不仅与注疏迥异，而且与朱熹不同。后世的王守仁和黄宗羲在说明告子"不动心"时继承了这一观点。那么朱熹对这种解释有所了解吗？在《朱子语类》中，朱熹

① 《陆九渊集》卷十七，《与邓文范》篇："人诚知止，即有守论，静安虑得，乃必然之势，非可强致之也。此集义所生与义袭而取之者之所由辨，由仁义行与行仁义者之所由分；而曾子、子夏之勇，孟子、告子之不动心，所以背而驰者也。"《语录下》又问养气一章，先生云，"此又当求血脉，求要理会'我善养吾浩然之气'。当吾友适意时，别事不理会时，便是'浩然'，'养而无害，则塞乎天地之间'，'是集义所生者，非义袭而取之也'。告子之意：'不得于言，勿求于心'，是外面硬把捉的。要之亦是孔门别派，将来也会成，只是终不自然。孟子出于子思，则是涵养成就者，故曰'是集义所生者'。集义只是积善，'行有不慊于心则馁矣'，若行事不当于心，如何得浩然？此言皆所以辟告子"。

屡次对陆九渊理解的"不动心"加以批判，可知他相当在意陆九渊的解释。然而《朱子语类》只对陆九渊的解释进行了简略的介绍和批判，没有像上文那样列出并分析他的主张。尽管如此，笔者认为，《四书或问》所收录的问答中，有一条显示了朱熹对陆九渊的解释非常了解。

> 曰："或者以为言者，名义之云也。告子之学，先求诸外，而后求之于内，如此，必先得仁之名，而后求诸心以为仁，必先得义之名，然后求诸心以为义。若孟子则先得诸心，而所行自无不合于仁义，不待求之于名义之间也，信乎？（《四书或问》卷二十八）

上述引文中提问者说这一问题不是自己的，而是别人的（或者）。依提问者而言，有人（或者）认为，告子重视外面，从外面的"文字"中找寻可靠的原则以求"不动心"；而孟子则在心中获得道德性以求"不动心"，因而不必依存于外。尽管朱熹只写道"或者"，但笔者看来，"或者"是陆九渊或陆九渊门人的可能性极大，理由如下。第一，"或者"的见解在内容上与陆九渊的解释相似，在陆九渊之前无人提过类似的见解。第二，根据相关记录可知，二人对双方的解释都非常了解。在接下来的内容中，朱熹批判道，提出该解释的人否定所有寻求"文辞义理"之事，近乎禅宗。[①] 而朱熹多次批评过陆九渊的"不动心"理解与禅宗无二。第三，朱熹在反驳上述解释的过程中，主张"不得于言"的"言"和"知言"的"言"相同，这说明了朱熹认为"或者"将两处"言"进行了不同的解释。后文会证明，陆九渊确实将两处"言"放在不同的脉络上理解，这正是陆九渊解释的重要特征。参考以上三点，可以认为，《四书或问》中该部分措意的极有可能就是陆九渊乃至他的门人。

（三）"知言"与"格物"

陆九渊对《知言养气章》的解释其重要特征之一就是将"知言"与"不动心"、"养气/义外"区分开来。陆九渊在说明"不动心"和"养气"时，

---

① 《四书或问》："为是说者，求之文辞义理，而验以躬行之实，无一可者，若从其说，则是变圣门博文约礼之教，为异端坐禅入定之学也，岂不诬前哲而误后来之甚乎？"（《四书或问》卷二十八）

论述了人的道德性起源于何处，道德主体性如何确立，但在"知言"的相关论述中没有涉及这些主题。相反，他对"知言"的接近方式与"不动心"和"养气"全然不同。

> （1）皋陶明道，故历述知人之事。孟子曰"我知言"。夫子曰，"不知言，无以知人也"。（《陆九渊集》卷三十五，《语录下》）

> （2）正人心，息邪说，诋诐行，放淫辞，未见其如孟子之长于知言而有以承三圣也。（《陆九渊集》卷一，《与侄孙濬》）

> （3）道之行不行，固天也，命也。至于讲明，则不可谓命也。知言者，亦何必俟其效之着而知其所到哉？此心本灵，此理本明，至其气禀所蒙，习尚所梏，俗论邪说所蔽，则非加剖剥磨切，则灵且明者曾无验矣。（《陆九渊集》卷十，《与刘志甫》）

陆九渊所说的"知言"大致有两种活动。如（1）所见，"知言"是得以"知人"的基础。"知人"以了解人的"德"为目标，而不是去了解人所表现出的行为。[①] 如（2）所见，以明确地把握和批判世上错误理论和行为为目标。综合以上两点可以看出，陆九渊所理解的"知言"似乎是这样的意思：孟子原文中所列举的发出四种错误言论（诐辞、淫辞、邪辞、遁辞）之人，其内心有何缺陷，是可以掌握的。

然而，这两种行动与"不动心""养气"一样，与道德主体性的确立相隔甚远。要么如（1）所述，已具有"明道"，要么如（3）所述，在做了大量的工夫之后，才成为可能，所以只有已具备德性的人才能做到。因此，"知言"是养"浩然之气"而"不动心"之后才能做到的事情。

既然"不动心""养气"和"知言"性格迥异，那么，"不得于言，勿求于心"的"言"和"知言"的"言"其含义也自难呼应。"不得于言，勿求于心"的"言"是在论述道德性根源于何处时提出的"言"。因此，这里的"言"以及与"言"相关的活动都具有否定意义。相反，"知言"的"言"是有德之人判断他人有德与否、世上学术对错与否的对象，因此有时候"言"

---

① 《陆九渊集》卷三十五，《语录下》：皋陶论知人之道曰，"亦行有九德，亦言其人有德，乃言曰'载采采'"。乃是谓必先言其人之有是德，然后乃言曰，"某人有某事，有某事"。盖德则根乎其中，达乎其气，不可伪为。若事则有才智之小人可伪为之。故行有九德，必言其人有德，乃言曰"载采采"，然后人不得而庚也。（p. 403）

可以具有肯定的意义，与"言"相关的活动也相当于积极发挥自身的"善"的行动。

同上所述，区分"不动心"和"知言"的工作还具有其他蕴意。如（3）所见，"知言"相当于"讲明"，对陆九渊来说，"讲明"相当于《大学》的"致知""格物"，《中庸》的"博学""审问""慎思""明辨"等。① 对外部存在的他人之言、他人之德、世上各种思想等进行判断对错，并纠正错误之事，也属于格物致知。这种格物致知在针对外部对象的一点上与朱熹的格物致知看似相类。然而，这只是在把格物致知孤立起来理解时相似而已，实际上，对陆九渊来说，作为工夫方法的格物致知，与朱熹完全出于不同的脉络。当然，陆九渊并没有明确地说明自身格物论和朱熹格物论的差异。然而，反观朱熹的话语，却可以找到理解二者差异的线索。

> 可学谓："若不于穷理上作工夫，遽谓心正，乃是告子不动心，如何守得？"曰："然。"又问："旧看'放心'一段，第一次看，谓不过求放心而已。第二次看，谓放心既求，仅当穷理。今闻此说，乃知前日第二说已是隔作两段。须是穷理而后求得放心，不是求放心而后穷理。"曰："然。"（《朱子语类》卷五十九）

上述对话中朱熹及门人郑可学认为，未经穷理的"求放心"等同于告子的"不动心"，"求放心"以后"穷理"也不是正确的方法，主张通过"穷理"而"求放心"。然而陆九渊的想法截然相反。虽然他也将"不动心"看成"求放心"，但他认为应该是"求放心"之后"穷理"。在他的视角之下，朱熹将"穷理"前置的"求放心"才近于立足"义外说"的告子"不动心"。因此，朱熹与陆九渊的格物论虽然在外观上极为相似，但二人对格物论的理解方式大相径庭。

至此，有必要重温一下陆九渊将"不动心"视为"三十而立"的工夫的观点。陆九渊认为，只有于"不动心"之后，不再对世上多种思想产生疑惑，才能到达"不惑"。以此类推，陆九渊的"知言"和"格物致知"也可以说

---

① 《陆九渊集》卷十四，《与赵咏道二》篇："为学有讲明，有践履。《大学》致知、格物，《中庸》博学、审问、慎思、明辨；《孟子》始条理者智之事，此讲明也。《大学》修身正心，《中庸》笃行之，《孟子》终条理者圣之事，此践履也。《学说》博学、审问、慎思、明辨，是格物之方。"

是在"求放心""不动心"之后，为实现"不惑"而设定的工夫。

（四）陆九渊对告子理解的主要特征

陆九渊对告子的解释有如下几个特征值得注意。第一，告子不像道家或禅宗那样弃道德而不顾，而是要求拥有道德性的思想家。第二，告子提出的拥有道德性的唯一方法是接受"心"以外的规则。对告子来说，"心"自身只有认知功能，不具备道德性，因此为了拥有道德性，只能依存于外部对象。在这一点上，比起道家和禅宗，告子与荀子、墨家更为接近。第三，与告子相反，孟子认为，拥有道德性不是从外部导入一个什么，而是将放下的心找回来（求放心）。第四，"知言"相当于"格物"，是"不动心"之后的事情。

以上四条均与朱熹的解释相矛盾。朱熹认为告子是接近道家或禅宗的人物。根据朱熹的解释，告子不在乎道德性，并不试图将道德导入内心。当然，朱熹尽管也同意"学问"就是"求放心"的主张，但采取了通过"格物穷理"来"求放心"的立场。

上述特征不仅仅是对告子的解释的差异，更为重要的是，这些特征与陆九渊对朱熹的批判在内容上是一致的。陆九渊眼中的朱熹如是：朱熹也主张人应该成为道德主体。然而朱熹认为"心"原本不具备道德，只具有认知外部对象的功能，因此"心"要从外部接受道德性。也许，陆九渊经由告子，画出了朱熹的肖像，后世继承了陆九渊解释的学者也采取了相似的立场。

（五）陆九渊解释的传人：王守仁和黄宗羲以及现代研究者

陆九渊全盘否定《孟子·告子上》中出现的告子的主张，与之相反，王守仁同意"生之谓性"，因而与陆九渊对告子的解释不同。然而对"不动心"，他似乎接受了陆九渊的看法。

> 尚谦问："孟子之不动心与告子异？"先生曰："告子是硬把捉着此心，要他不动。孟子却是集义到自然不动。"又曰："心之本体原自不动。心之本体即是性，性即是理。性元不动，理元不动。集义是复其心之本体。"（《传习录》上）

> 晦庵谓人之所以为学者心与理而已。心虽主乎一身，而实管乎天下

之理：理虽散在万事，而实不外乎一人之心。是其一分一合之间，而未免已启学者心、理为二之弊。此后世所以有"专求本心，遂遗物理"之患，正由不知心即理耳。夫外心以求物理，是以有暗而不达之处：此告子义外之说，孟子所以谓之不知义也。（《传习录》上）

虽不是详细的分析，但也可以看出王守仁接受了陆九渊的主要观点。王守仁同样认为告子勉强把捉此心，使其不动摇，并将"心"与"义"一分为二，认为"义"在"心"之外，试图寻找"心"外之理。而孟子"集义"，即"养气"，因而自然"不动心"，孟子的"不动心"是通过"集义—养气"而达成的。王守仁也像陆九渊一样，认为认识外部规范并将其作为内心原则的告子与朱熹类似。

王守仁并没有像陆九渊一样将"不动心"和"知言"联系起来论述。尽管如此，正因为王守仁没有专门论述"知言"的篇章，所以也不能断言他是将二者分开理解的。对陆九渊来说，"知言"相当于"格物致知"，王守仁似乎并不同意陆九渊"格物致知"的理解[1]，而是提出了自成一派的"格物致知论"，考虑到这一点，可以推测，他在对"知言"的理解上并不完全等同于陆九渊。

继承了王守仁学问的黄宗羲在《孟子师说》中对告子"不动心"进行了较为详细的说明。

"不得于言，勿求于心，不得于心，勿求于气"此四句，是告子一生学问。"言"者，天下之义理也。告子以为义理散于天地万物，心之所有者惟知觉，故不以义理求之于心；心既空无所有，则一切行事靠我之气，不得须求理于天地万物，故勿求于气。气者，知觉运动也。（《孟子师说》）

告子义袭，依仿义理迹象，求之于外，而中心枯槁，与中庸"衣锦尚綗"相反。不特告子，凡天下自为为人，如杨、墨、淳于、慎到之徒，学术或异，其致饰于外则同，故曰"天下之不助苗长者寡矣"。（《孟子师说》）

---

[1] 《王阳明全集》，《与席元山》篇："象山之学简易直截，孟子之后一人。其学问思辩、致知格物之说，虽亦未免沿袭之累，然其大本大原断非余子所及也。"

根据黄宗羲的理解，对告子来说，心不过是不具备"义理"的、空无所有的知觉能力而已。"气"也不过是"知觉运动"，因而"气"中也没有"义理"的存在。因此，没有必要在"心"与"气"中寻找"义理"。"义理"仅仅含于"言"中。在对"义袭"的说明中可以看出，告子试图将"言"中所具"义理"导入内心。像陆九渊的解释那样，黄宗羲也将"不得于言，勿求于心"以近乎"得于言，求于心"的方式来解释。既然以相同的方式来理解告子，那么，他对告子"不动心"的评价也与陆九渊如出一辙。对告子来说，伦理法则的唯一来源就是"言"。在这层意思之下，可以认为告子想从"言"中获得"义"而实现"不动心"。黄宗羲认为告子的"义外"就是这种意思，他引用了陆九渊对朱熹的批判。

> 故象山云，"读书讲求义理，正是告子外义工夫"。亦已深中其病。而朱子谓其静坐澄心，却是外义，恐未必然也。（《孟子师说》）

黄宗羲在"不动心""义外"等方面与陆九渊的解释几乎一致，但对"知言"的解释却采取了略微不同的说明方式。

> "知"者气之灵者也。气而不灵，则昏浊之气而已。养气之后，则气化为知，定静而能虑，故"知言"、"养气"是一项工夫。（《孟子师说》）

他不认为"知言"是"不动心"之后的工夫，他将"知言"和"养气"看成是一项工夫，这一点在外观上似乎与陆九渊的解释不同。然而，观察他所提出的工夫顺序，可以知道他的解释与陆九渊的解释相当接近。根据他的解释，"养气"以后"知"才能"虑"，"知言"是"养气"之后的事，可以说，这是先后关系非常明显的"一项工夫"。然而，他对"养气"进行了相当详细的说明，对"知言"的说明却相对简略。也许是因为，他觉得"养气"之后，"知言"是自然而然的事情。

王守仁、黄宗羲对告子"不动心"的解释，大致在三方面与陆九渊一致。首先，他们都像陆九渊一样，认为告子是试图通过认知外部对象来获得道德性的思想家。即，试图将得于"言"之物导入"心"，出于这一目的，将"不得于言，勿求于心"用接近"得于言，求于心"的方式来解释。而且，对孟子"不动心"的解释也与朱熹"养气"优先于"知言"、以"不惑—知言—穷理"衔接的解释不同。最后，二者在说明告子"不动心"时，基于上述论点，得出了朱熹哲学与告子相近的结论。

陆九渊开创的解释，在现代也有学者继承，代表人物是唐君毅。唐君毅先生在《中国哲学原论：原道篇》中将告子视为与墨家类似的思想家。① 根据他的说法，对告子"不动心"可以做出如下理解。墨家所说的"义"是外在的"公义"，告子所说的"义"也是相同的意思。《墨子》中，"言"多以"义"的意思使用，告子的"言"也是如此。这样看来，告子所说的"不动心"，就是寻找并把捉"心"外之"义"，使内心不动摇。如此实现的"不动心"就像盲目听从政治集团的理念或宗教教义之人，遇到任何危险都不惧怕、不退缩。从唐君毅先生补充了年轻人有可能像这样陷入盲从这点可见，他认为，可以料到，告子到底是如何先于孟子而实现"不动心"的。

唐君毅先生的解释着眼于墨家和告子之间的关系，除了将告子"不动心"与政治或宗教的盲从相提并论这一差别之外，提供了与陆九渊一脉相当类似的解释。李明辉先生接受了唐君毅先生的解释，更为积极地推进了陆九渊使用的方法论。他为中文读者做注时，将"不得于言，勿求于心"的句式改读为"除非得于言，勿求于心"的现代中文句式。即，除了从"言"获得的情况外，不能从"心"中寻求之义。这种解释与将"不得于言，勿求于心"理解为"得于言，求于心"的陆九渊极为接近。而且，与唐君毅先生一样，他认为这种告子"不动心"是与墨家的立场同一的，与政治或宗教迷信相同。② 英语圈研究者 David S. Nivison 也采取了类似于唐君毅先生的解释。他认为，告子受墨家的影响，对墨子和告子来说，"言"是教理（doctrine）的意思，告子在"心"外即"言"中寻找并获取这种教理，从而实现了"不动心"。③

三　结论：告子的两张肖像画

虽然《孟子》最初的注者是赵岐，但他对告子"不动心"的解释暴露出很多问题，后世很少有注者和研究者沿用他的注释。与之相反，到现代为止，

---

① 唐君毅：《中国哲学原论：原道篇》，台北：学生书局，1976，第6章第9节。
② 李明辉：《〈孟子·知言养气章〉的义理结构》，李明辉主编《孟子思想的哲学探讨》，中研院文哲所，1995，第134页。
③ David S. Nivison, The Ways of Confucianism: Philosophical Argument in Ancient China, La Salle, Il linois: Open Court, 1989, chapt. 8.

朱熹一脉和陆九渊一脉的解释发挥了极大的影响力。现将他们之间的主要论争整理如下。

如前所述，双方主要在对告子"不动心"前半部分的解释上出现意见分歧。（1）双方立场的差异以对"性无善无恶说"和"义外"的评价分歧为背景。"性"或人的内心不存道德，道德性是外在的，这一主张在实践上具有两种含义。其一是维持本来状态。即由于"性"或内心的变化会伤害到本来状态，所以要将外在的"义"置之度外。其二是将外部的"义"导入，将内心加以变化。对两者来说，"义"都是外在的，但其对策却是相反的，朱熹采取前者的立场，而陆九渊采取后者的立场。（2）再将此应用于告子和孟子，他们对"言"也采取不同立场。根据朱熹一脉的解释，"言"是在与他人的论证中自身的主张或世间存在的诸多谈论。告子对此置之不理，而孟子却试图在心中反复回味。再看陆九渊的解释，"言"是"义"，即某种理念或教理的意思，告子接受了外部理念或教理而实现"不动心"，反之，孟子不在外部而在内心寻找道德原则。（3）因此，双方理解告子和孟子"不动心"的方法也全然不同。虽然双方都认为告子是勉强把捉内心而"不动心"，而孟子是自然而然地"不动心"，但说明的方式正好相反。根据朱熹的见解，告子是使"心"不受"言"和"气"的影响，通过消极的方法实现"不动心"，孟子则采取了较为积极的方法。陆九渊反其道而行之，他认为，告子接受和把捉外部理念或教理实现"不动心"，孟子则既不是以"言"，又不是以"气"，而是以"心"本来具有的道德性为根据实现"不动心"。（4）这种差异与对"不动心"自身的理解差异有关。朱熹将"不动心"理解为"不惑"，强调"知言""穷理"；陆九渊认为"不动心"相当于"三十而立"，强调"养气"。

由此可见，双方的解释都瞄准了对方。朱熹将告子描述为近乎道家乃至禅宗的人物，并以此对准陆九渊；陆九渊将告子描述为近乎墨家或荀子的人物，再以此对准朱熹。双方都在描绘自己的告子肖像画，并将自己创作的告子肖像视为对方的鼻祖。可以说，这种对立使双方的学问差异暴露无遗。

也许会有人问这两种诠释孰是孰非的问题。实际上，虽然现代研究者的解释大部分并不标明解释的来源，但可以看出支持哪一方的倾向。不能否认，为回答这一问题而做研究是多么重要和必要的事情。然而，笔者认为这两种解释的对立本身，也具有被尊重的价值。在王夫之、丁若镛、王守仁、黄宗羲等古代学者以及徐复观、唐君毅、D. S. Nivison 等现代学者的解释中可见，他们的解释是对不同时代、不同哲学背景下的思想的继承发展。例如，丁若镛尽管具有强烈的反朱子学倾向，但接受了朱熹的解释，并与自身的哲学相融合；唐君毅、D. S. Nivison 采取了与陆九渊相似的解释，提出了对儒学内部的哲学论争及其展开过程极具洞察力的见解。因此，若说两种解释的展开和发展过程本身造就了历史，也并非言过其实。笔者想做的评价是，两种解释的对立也是哲学史内部蕴含的宝贵遗产。

从胡宏到张栻：南宋湖湘学的演变和发展

吴亚楠

摘　要：张栻的工夫论曾经有过前后期的变化，由此对于胡宏的工夫体系做出了调整，这已经成为学界的共识；但是如何理解这种调整的意义，现有研究则颇见分歧。本文认为，张栻后期的工夫主要包含两种不同的意涵，即察识端倪而涵养本心，以及涵养习心以显发和体认本心；两者之间相互交织。而他与胡宏的不同则可以归纳为两点：一者，通过涵养为端倪之发和察识端倪奠定基础；二者，在胡宏之外，补充静中用功和涵养习心的必要性。张栻并无背弃师说，从工夫分类上来看二人同归"逆觉体证"中的"渐教"工夫，但张栻较胡宏之说则更加完备无偏。这是张栻调整师说的真正意义所在，也是他对于湖湘学的重要推进。

关键词：察识　涵养　顿渐　逆觉体证

作　者：吴亚楠，南开大学哲学院副教授。

张栻作为与朱熹、吕祖谦并称的"东南三贤"之一，也是南宋湖湘学派的实质创始人胡宏最为重要的弟子。但是张栻从教胡宏之日尚浅，加之与朱熹的长久的交往和相互影响，以及对自我思想和学风时弊的反思，所以他的工夫论曾经发生过前后期的重要转变。大体来说，前期中他主要受到胡宏的影响，主张先察识后涵养；后期则变更师说，强调察识涵养并重而涵养为主。对于如何理解这种变化的意义，学界观点呈现出严重分歧。最有代表性的，比如牟宗三先生认为张栻"对于其师之根本义理未有了解"，在许多问题上，"随朱子脚跟转而已耳"，"可谓愧对其师"①；而向世陵先生在对张栻的评价上则回归黄宗羲的立场，强调湖湘学正是由于张栻的学术造诣和讲学传道活

---

① 牟宗三：《心体与性体》（中），上海古籍出版社，1999，第392～400页。

动才得以发扬光大，进入鼎盛阶段[①]；朱汉民等学者亦认为牟论有片面之处；等等。故而本文从考察张栻的察养工夫入手，通过细致的文本解析，分析从胡宏到张栻，湖湘学转变和演进的本质，以期为这个具有重要意义又充满争论的理论问题提供一种新的回应。

一 "察识"的四种含义

察识、涵养并提，已经成为概括湖湘学、闽学等工夫论的一种习惯性表述；不过作为由胡宏首先明确并逐渐扩大影响的一种工夫模式，如果细致考察"察识"一词的用法，可以发现，其实胡宏本人从未用过"察识"这样一种表达，包括与此相近的概念，比如省察、体察，也都从未出现在他的文本之中。而在张栻的概念使用中，"察识"出现了两次，"体察"出现了十一次，"省察"出现了二十一次；所以"察识"也并非张栻所使用的典型表达。实际上，它是一个更多为朱熹所习惯使用、但其意义为各家所共识的一个范畴；且在朱熹的使用中，虽然"察识"更多的情况下是指的察识本心，但其意义也包含"博之以文"等其他内容。而在张栻的用法中，则更经常的是用"体察"和"省察"来表达识取端倪和体认仁体的工夫，不过后两者的意义范围又不止于此。在这种情况下，故而本文中所出现的对于张栻"察识"工夫的分析，将同时包含其对于"省察""体察"的讨论。通过文本的梳理，我们可以将其含义概括为四种主要的情况：

其一，反思行为和内心。这是"察识"最基本的含义之一，相关于此的用法，张栻留下了许多比较典型的概括，比如他在给吴晦叔的书信中写道："如三省四勿，皆持养省察之功兼焉"[②] 等。这里暂不讨论这句话中提到的持养和省察的关系，至少它已明确"三省四勿"都属于省察工夫的范围；而推其源头，二者皆来自《论语》，前者为曾子所说："吾日三省吾身，为人谋而不忠乎？与朋友交而不信乎？传不习乎？"（《论语·学而》），后者则是弟子对孔子的记述："子绝四：勿意、勿必、勿固、勿我"（《论语·子罕》），由此而知，曾子的反省更侧重行为的层面，而孔子的"无之甚者"则深入到心

---

① 向世陵：《善恶之上——胡宏·性学·理学》，中国广播电视出版社，2000，第 250～253 页。
② （宋）张栻：《南轩先生文集》卷二十八《与吴晦叔》，（宋）张栻撰，杨世文点校《张栻集》，中华书局，2015，第 1201 页。

意的层面。所以，张栻此处所说之察识即同时展现了对行为和内心两个方面的反省。

其二，察过。这是前述第一层含义具体落实的表现之一，即所谓的反省行为和内心，其中一个重要的目的就在于于二者之中察识一己的过失所在；而反过来说，省察自己的过失，也就不仅仅停留在表面的或者外在的行为，而是需要深入到意念之微而严格地检省自己。其实"三省四勿"中亦已包含上述两意，不过，张栻还有其他的各种相关发明，比如："能见其过而内自讼，则惩创之深，省察之力，其必能徙旧而新是图，若是则进于德也孰御？"①，他认为省察己过是日新道德的前提，所以也就是君子进德的必要条件，由此突出了察过在整个工夫体系中所居有的地位。

其三，格物致知。张栻的"省察"工夫，其对象不仅包括自己，亦可包括外事、外物；就后者而言，这时的省察工夫其实也就成为"格物致知"之一种。"程子曰：行之而不著，谓人行之而不明晓也；习矣而不察，谓人习之而不省察也。如爱亲敬长慈幼乡间之人，皆能行之，而莫明晓其理也。夏葛冬裘，饥食渴饮，人皆朝夕习于其间而莫省察其然也。在人虽不著不察，然道实未尝离，终身由之而不知其为道之所存，如是者多矣。故曰众也。是故大学之道以格物致知为先"②，这句话本出自张栻对于《孟子》"行之而不著焉，习矣而不察焉，终身由之而不知其道者，众也"一句话的解释，对于此中的"察"，程子解为"省察"，张栻引用程子之语则显然认同程子此处的解释，同时他进一步将此发挥为"省察其然"。事实上，从上下文来看，包括同时参考朱熹对这句话的注解③，这里所说之"然"，毋宁理解为"所以然"更为合适，这也切合下文的"格物致知"之说。所以此处之省察工夫实质是穷格物理之功。

其四，省察本心。除了前述的三重含义，张栻对于"察识"工夫的说明还有另一种更为典型的意义，与本文主要讨论的问题关系也更加密切。《克斋铭》中有一段话："圣有谟训，克己是宜，其克伊何，本乎致知，其致伊何，格物是期，动静以察，晨夕以思，良知固有，匪缘事物，卓然独见，我心瞰

---

① （宋）张栻：《南轩先生论语解》卷第三《公冶长篇》，《张栻集》，第 142 页。
② （宋）张栻：《南轩先生孟子说》卷第七《尽心上》，《张栻集》，第 589 页。
③ "著者，知之明；察者，识之精。言方行之而不能明其所当然，既习矣而犹不识其所以然，所以终身由之而不知其道者多也"。（朱熹：《四书章句集注》，中华书局，1983，第 350 页）

日，物格知至，万理可穷，请事克己，日新其功。"① 从这段话的原文来看，张栻将《大学》中作为入手的工夫"格物致知"直接解释为察识良知本心，这不仅直接肯定了察识本心的工夫，而且也充分突出了它在整个工夫过程中的优先性。不过，《克斋记》大约是张栻早期的作品，因为它既讲"先察识"，又不甚推重涵养的意义。那么问题的关键在于，察识本心的工夫仅仅是张栻前期的观点，还是即使他后期工夫思想有所调整之后，也一以贯之的观点呢？它在张栻的整个工夫格局中处于怎样的位置呢？这两个问题的分析对于解答张栻于胡宏工夫论的变化具有重要意义。

二 张栻后期察养工夫的本质

张栻前期的工夫继承胡宏的观点，主张先察识后涵养，并以此观点一定程度上影响了朱熹早期的工夫论。但是后者经过三至四年时间的工夫实践和理论反思，到乾道五年己丑（1169）已深悟前说之非并重新确定了先涵养后察识的工夫路径，并将此新见迅速告知张栻。在同年朱熹给林择之的书信中，我们还可以看到张栻对此的态度是"但先察识、后涵养之论执之尚坚"②，但是在此之后，他的观点就开始逐渐发生变化。比较早见的两处材料，比如：

> 材料一：诚能起居食息主一而不舍，则其德性之知，必有卓然不可掩于体察之际者……③
> 材料二：栻曰：必待识仁之体而后可以为仁，不知如何而可以识也？学者致为仁之功，则仁之体可得而见识其体矣，则其为益有所施而亡穷矣。然则答为仁之问宜莫若敬而已矣。④

以上两段材料的时间，分别是乾道六年庚寅（1170）和乾道七年辛卯（1171）。这两段材料可以同时为我们提供两个信息：其一，在朱熹己丑之悟

---

① （宋）张栻：《南轩先生文集》卷三十六《克斋铭》，《张栻集》，第 1307 页。
② （宋）朱熹：《晦庵先生朱文公文集》卷四十三《答林择之》，朱杰人、严佐之、刘永翔主编《朱子全书》第 22 册，上海古籍出版社、安徽教育出版社，2010，第 1965 页。
③ （宋）张栻：《南轩先生文集》卷三十三《通书后跋》，《张栻集》，第 1273 页
④ （宋）朱熹：《宋朱熹胡子知言疑义》，胡宏：《胡宏集·附录一》，中华书局，1987，第 33 页。

最多两年之后，张栻受到朱熹的启发，对于工夫论的观点已经有所变化，此时他已经明确反对胡宏以来"先识仁之体"的为仁路径，强调工夫的重心当在于"主一而不舍"的为仁之功；其二，以此主一之功为基础，即以持敬涵养为重而"致为仁之功"，其效果和目的则在于更有效地体察"德性之知"①或者说"得而见识"仁之体。也就是说，张栻后期的工夫论虽然调整了胡宏当初对于察识和涵养之先后与轻重的规定，但是却并未完全更变"察识"的内容和内涵，工夫调整的目的只是为了更有效地实现察识本心的目标，所以它依然是属于逆觉体证的本体工夫的一种。关于这一点在张栻的另外一则材料中也有比较清晰的呈现：

> 材料三：不知苗裔，固未易培壅根本，然根本不培，则苗裔恐愈濯濯也。此话须兼看。大抵涵养之厚，则发见必多；体察之精，则根本益固。未知大体者，且据所见自持（如知有"整衣冠，一思虑"，便"整衣冠，一思虑"。此虽未知大体，然涵养之意已在其中——自注），而于发处加察，自然渐觉有功，不然都不培壅，但欲省察，恐胶胶扰扰，而知见无由得发也。②

这段材料取自张栻给吴晦叔的一封书信，虽然具体时间现在尚难完全确认，但是显然至少是在己丑之后。对于吴晦叔为维护师说而对他与朱熹工夫论之新观点而提出的质疑："若不令省察苗裔，便令培壅根本，夫苗裔之萌且未能知，而遽将孰为根本而培壅哉？此亦何异闭目坐禅，未见良心之发，便敢自谓我已见性者？"③张栻从察识与涵养相互关系的角度做出了反驳和分析，但是却并没有否定或者取消"省察苗裔"的工夫。而这段话中尤其有价值的

---

① "德性之知"的概念在张栻现存的文献中出现过两次，另一处见于其对孟子"君子深造之以道，欲其自得之也"的注解："学贵乎自得，不自得则无以有诸已，自得而后为已物也。以其德性之知非他人之所能与，非聪明智力之所可及，故曰自得"。张栻虽然未曾对"德性之知"做清晰地界定，但是他明确地说明了"德性之知"的特点，即"非他人所能与"和"非聪明智力所能及"。相关于此，张栻有另一段话正可以辅助此处的理解："然则其在人也，本安在乎？仁是也。仁，人心也。人皆有是心，放而不知求，则其本不立矣。本不立，则其知也，闻见之所知而已；其为也，智力之所为而已，岂不有限而易竭乎？"所以结合以上三段话，我们似乎可以把"德性之知"理解为由每个人固有的本心仁体所发，不同于有限的闻见之知和智力所为的"良知"。

② （宋）张栻：《南轩先生文集》卷二十九《答吴晦叔》，《张栻集》，第1207页。

③ （宋）张栻：《南轩先生文集》卷二十九《答吴晦叔》，《张栻集》，第1207页。

正在于张栻对于与"涵养"为重而相对的"察识"或者"省察"工夫的具体落实和所指做出了明确地说明，即虽然我们在张栻的很多其他文本中，可以看到他对于"察识"工夫更加多样化的解释，但是在这里，它最主要的和典型性的意涵依然是指察识"苗裔"，也就是本心仁体随处发现的端倪。

综合上文所说，张栻后期对于胡宏的"先察识"说有所调整，但是调整后的工夫论中，似乎其内部仍然可以区分为不同的情况。其一，材料一和材料二既以涵养为本心显发之基础，则此时之涵养并非以察识端倪为前提的本心涵养之工夫，故而此处实是以涵养习心为本而察识端倪和体认本心；其二，材料三明确肯定了察识本心端倪的工夫，而"不知苗裔固未易培壅根本"，则说明了察识端倪之后，尚须加以涵养之功，只是这时的涵养已属于本心工夫之范围，从而与前说有别。不过虽然有以上两种不同的情况，但是前者的思路在于以涵养而成就体认仁体的目的，后者则直接与胡宏之说相近，故而如果借用牟宗三先生的概念来表达的话，两者实际上仍然同属逆觉体证之工夫。

而张栻的这样一种观点，大约也正是他在后期始终坚持而未再做调整的成熟之见，相关于此，来自《孟子说》的几段文本可以支持这样的一种判断：

> 孟子告齐王，未尝不引之以当道，王岂无秉彝之心乎？则其端倪亦有时而萌动矣。①

> 保民之道虽甚大，而其端则不远，患不能体察扩充之耳。故孟子引见牛之事以告，使知不忍之心已实有之，反而推之也。②

> 盖大体言之，必尽心知性，而后存养有所施焉。然在学者则当求放心而操之。其操之也，虽未能尽其体，而体亦固在其中矣。用力之久，则于尽心之道有所进，而存养之功寖得其所施矣。③

虽然朱熹认为《孟子说》并非张栻成书，但是此书毕竟历经多次修改，且据《年谱》所载，至少到淳熙五年（1178），即张栻去世的前两年，仍然"修改得养气数段"。对于这样一部作品，当相同的观点在不同语境中被反复陈述和说明时，似乎更可以支持我们将此理解为张栻最后的观点。而在这三

---

① （宋）张栻：《南轩先生孟子说》卷第六《告子上》，《张栻集》，第551页。
② （宋）张栻：《南轩先生孟子说》卷第一《梁惠王上》，《张栻集》，第323页。
③ （宋）张栻：《南轩先生孟子说》卷第七《尽心上》，《张栻集》，第586页。

段材料中，第一段材料，明确肯定了秉彝之心的存在及其端倪时而萌动的特点，其实质在于间接地肯定由察识端倪而体认本心仁体的工夫；第二段材料，张栻再次直接肯定了"体察扩充"仁心端倪的必要性，并且他引用了胡宏当初在论述"先察识"工夫时所使用的《孟子》中的经典案例，即齐宣王见牛而不忍杀的例子，张栻在此并不侧重察识与涵养的先后与轻重之别，而是延续胡宏的思路，强调要在类似的情景中去体察"不忍之心已实有"的事实，并且以"反而推之"来概括这种"察识"工夫的特点，这也正是"逆觉体证"的工夫特征；第三条的材料则总共提供了两方面的信息：其一，张栻否定了"先识仁体"的必然性，他虽然承认"大体言之"，在逻辑顺序上当先"尽心知性"即"识得仁体"，然后存养工夫才有所施，但是另一方面，他又主张一种直接的求其放心而加以操存的工夫，经过一定时间的用功用力，自然可以促进"尽心"之道，即体认仁体，如是一来，就重申和证明了他调整师说的具体内容和缘由；其二，按照张栻所说，这样一种察识涵养并进的工夫，在以涵养为本的过程当中，"虽未能尽其体，而体亦固在其中矣"。所以这三则材料，以前两则为一组，第三则为独立的一组，实际上正对应了前文分析的张栻后期工夫论的两种内容。要之，他此时虽然同朱熹都对察识涵养的先后次序在胡宏原有的观点上做了调整，但是不同于朱熹之涵养侧重追求一种心静理明之状态，张栻的涵养从过程到结果，其关注所在指向的都是本心仁体，它依然归属于"逆觉体证"工夫的范围之内。

三　工夫类型与张栻工夫论的意义

一般而言，目前学界比较一致的观点是认为胡宏"先察识"的工夫论是受到程颢以来"学者须先识仁"观点的影响。这种说法大体不错，二者在工夫论的思路上确实显现出很大程度的前后承继关系；但是细致考察二人的表述和说明，会发现二人之间似乎又有一些具体的区分。针对这种同异并在的情形，我们有必要将二人的观点再加以比较：

> 学者须先识仁，仁者浑然与物同体，义礼知信皆仁也。识得此理，以诚敬存之而已，不须防检，不须穷索。若心懈，则有防；心苟不懈，何防之有？理有未得，故须穷索，存久自明，安待穷索？此道与物无对，

大不足以名之，天地之用皆我之用，孟子言万物皆备于我，须反身而诚，乃为大乐。若反身未诚，则犹是二物有对，以己合彼，终未有之，又安得乐？《订顽》意思乃备言此体，以此意存之，更有何事？"必有事焉而勿正，心勿忘，勿助长"，未尝致纤毫之力，此其存之之道。若存得便合有得。益良知良能元不丧失，以昔日习心未除，却须存习此心；久则可夺旧习。此理至约，惟患不能守。既能体之而乐，亦不患不能守也。①

欲为仁，先识仁之体。②

齐王见牛而不忍杀，此良心之苗裔因利欲之间而见者也。一有见焉，操而存之，存而养之，养而充之，以至于大。大而不已，与天同矣。此心在人，其发见之端不同，要识之而已。③

第一段话来自程颢的著名文献《识仁篇》。这段话把工夫的具体实践分为逻辑上的两个环节：第一步，他要求学者"先识仁"，而"仁"的具体表现就在于"浑然与物同体"，也就是张载《西铭》篇中"民胞物与"的境界，这是从仁体的究竟境界的角度上而做出的说明。而且程颢之言说还有另外一个特点，这里隐含了一种"以觉训仁"的论说角度，因为"与物同体"强调的并不是一种智识上的判断，而是仁者内心真实经验到的一种感受；从此出发，故而程颢认为这正印证了孟子所说的"万物皆备于我，须反身而诚，乐莫大焉"，而后者正说明了每个人先天固有的良知良能或者良心的存在。故而所谓的"学者须先识仁"，其真实意涵的最后落实其实是，学者须要先体认到内在于自身的本心固有的与物同体的境界。第二步，在这之后，就要求以"诚敬存之"，这实际上是对上述心境的保任过程。而这种保任的具体工夫就是孟子所说的"必有事焉而勿正，心勿忘，勿助长"，程颢如同孟子一样，并没有再进一步具体解释这究竟是一种怎样具体的过程，不过他的观点依然有自己的特点：他先后指出这种工夫"不须防检，不须穷索"，"以此意存之，更有何事"，"未尝致纤毫力"，"此理至约，惟患不能守"，这样一种表述给人强烈的印象，即这是一种操作上以易简为特征的方式；加之，关于如何"先识仁"，从"反身而诚"到体认到"浑然与物同体"，这中间没有任何具

---

① （宋）程颢、程颐：《河南程氏遗书》卷第二上，《二程集》，中华书局，2004，第16～17页。

② （宋）朱熹：《胡子知言疑义》，胡宏：《胡宏集·附录一》，中华书局，1987，第334页。

③ （宋）朱熹：《胡子知言疑义》，胡宏：《胡宏集·附录一》，第335页。

体的过渡，似乎在程颢那里，这是一个可以一蹴而就的事情。以上两个特点令《识仁篇》读起来颇有王阳明"一悟本体即是工夫"的意味，这当然与程颢一贯圆融的特点有关，不过就《识仁篇》的表达来看，我们虽然可以认为他可能包含了不同形式的逆觉体证工夫于其中，但是他仿佛依然给出了儒家顿教的一种类型。

而到了胡宏这里，他一方面继承程颢"先识仁"的立场，另一方面，对于如何"识仁"，如何"反身而诚"，他借助《孟子》进一步对此做了具体的说明。我们的良心是在日常生活的不同情境中流露和显示其具体作用的，我们只要识取此良心之苗裔或者端倪，就可以借此体认仁体的境界；不过二者之间尚有一段过程，"一有见焉，操而存之，存而养之，养而充之，以至于大。大而不已，与天同矣"，那么如何具体存养此苗裔而至于大与天同呢？胡宏此处亦未做具体说明，但是这种扩充至极的说法，仿佛与阳明"致良知"的说法颇见一致之处，二者联系在一起来看可以为我们的理解带来一些启发：按照陈来先生分析，"致良知"有三个要点，即扩充、至极和实行，此处胡宏就良心端倪而言扩充至大，二者本质其实是同一工夫，其指向所在都是在具体的情境中着实而完整地落实此良心良能，将此内在的本体觉知不打折扣地落实于道德行为的实际践行当中，而这一过程，在胡宏的工夫体系中就属于"涵养"的过程；将此与程颢的观点相对比，会发现胡宏之说有两个特点：其一，他已经把程颢"先识仁"的工夫次序具体落实为"先识仁之端倪"，而在此之后所加的"涵养"工夫也被展开为两个阶段两种涵养，一是在从识取端倪到体认仁体之间的涵养，二是体认仁体之后的涵养；其二，胡宏把程颢那里似乎可以直接认取的仁体，具体展开为一个丰富、持续的工夫过程之结果，这也使得他的工夫较之程颢更加清晰、易行，也更加具有渐教的特点。

但张栻对于程颢和胡宏的观点皆有所异议。他后期对于工夫论的看法集中体现在下面一句话的表述当中：

> 顾存养省察之功固当并进，然存养是本，觉向来工夫不进，盖为存养处不深厚（存养处欠，故省察少力也）。①

显然他从两个方面调整了程、胡二人的观点：其一，从先后之序来说，

①　（宋）张栻：《南轩先生文集》卷二十五《寄吕伯恭》，《张栻集》，第1133页。

他不再坚持胡宏的"先察识端倪"说，因为通过实践和理论反思，他认识到"存养处欠，故省察少力"又"根本不培，则苗裔恐愈濯濯"，这样一来，涵养深厚同时成为良心苗裔发见和此苗裔被识取的共同前提；但是张栻亦并非就直接改变为主张先涵养后察识，他主张的是二者"并进"，即强调两者在整个工夫序列当中互为基础、必须同时推进的关系。其二，虽然两者在工夫中需要同步开展和推进，但是从本末的角度来说，存养才是整个工夫的根本，具有更为基础性的地位；这种理解颇相似于佛教中止观双运的实践方法，止观并重，但通常情况下"止"是"观"的前提和基础。所以综合以上两个方面，张栻观点的变化核心即在于强化涵养工夫作为基础的重要意义；但是如上所呈现的，他并非就是简单地在胡宏的工夫之外对涵养的看重，事实上他的具体调整至少带来两个结果：首先，胡宏并非不重视涵养，他的述说中实是察识涵养并重，而张栻则于二者中显示出更重涵养的特点；其次，胡宏以察识端倪为工夫起点，工夫开展只在本心上做，而张栻的工夫则是既有本心之扩充与涵养，也有于习心之涵养中见察本心。所以到现在为止，我们可以把上述三人的工夫论以下面的关系图来概括：

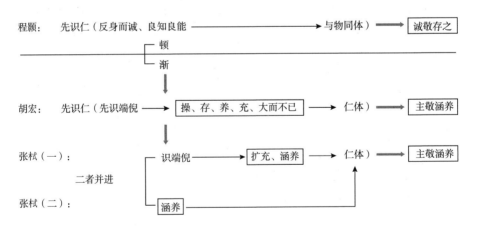

从以上的关系图中，我们可以清晰地得到三个结论：

其一，程颢的工夫本来可以容纳顿、渐两种不同形式，但是从其表达来看，似乎顿教的色彩更浓厚；胡宏的工夫论则是对程颢工夫中渐教一面之可能性的具体展开。

其二，比之于程颢，胡宏和张栻的共同点在于二者同归渐教，他们的涵养工夫不仅体现在保任仁体的过程中，也首先落实在"识仁体"的过程当中；

涵养在识仁过程中的必要性是程颢没有强调的一个方面。

其三，程颢和胡宏都强调识仁的优先性，工夫皆在本心上直接做起；张栻则主张察识涵养二者并进，且更加突出涵养的重要性，而这种涵养工夫实际上也包含着两种情况：一者，察见端倪而后扩充涵养，这种工夫与胡宏的观点并无二致；二者，由涵养而通仁体，这是强调习心的涵养过程中亦可显发本心。从后者来说，这是张栻与程、胡二人工夫的最大不同；也是对于前两者工夫的一个另外补充。那么问题就在于，应该如何理解这种工夫呢？

实际上通过涵养习心而显发本心这样一种工夫路径，李侗、陆九渊亦可同归其中。李侗所继承的龟山门下相传旨诀即在于静坐之中体验未发，象山亦注重静坐以显发本心，而他们的"静坐"，实际上都是针对习心的一种具体控制方法，意图通过这样一种方式可以实现复归本心的目的；不过同属于涵养习心而显发本心的工夫，张栻与他们两者又有所不同，这是因为静坐属于静中用功，而张栻的涵养习心则是无间于动静，且其主要方式不局限于静坐，而是主要发挥主敬的意义。如是一来，我们可以把前述五人的工夫进一步做以下的归纳：

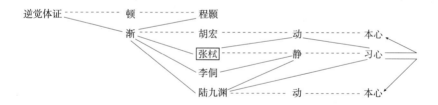

通过上图，我们可以清晰地看到，张栻与胡宏，二人同属逆觉体证中渐教的工夫。如果按照牟宗三先生的宋明理学分系，则二者同属纵贯系统，共归圆教之旨。而两者的不同，一者，张栻不似胡宏偏重动中工夫，而亦兼顾静中主敬的重要性；二者，工夫不仅在本心上做，而且包括涵养本心和习心两种不同的用功情况。所以，综合前文所言，张栻对于胡宏工夫思想的调整，本质上来看可以归纳为两点：一者，在胡宏之外，补充了静中用功和涵养习心的工夫；二者，通过涵养为本为端倪之发和察识端倪奠定了更坚实的基础。所以，张栻之说并非如同牟宗三先生所言背离师教，他一方面并未变易逆觉体证的基本前提，另一方面，实较胡宏之说更完备、更丰富，也更无偏颇。这是张栻调整师说的真正意义所在，也是他对于湖湘学的重要推进。

"知行合一"与"原心定罪"思想逻辑的现代反思

龚建平

摘　要：儒家哲学中知概念的含义模糊，导致对"知行合一"理解含混。王阳明"知行合一"思想，其实是针对道德意识和道德行为而言的。然而，如果不区分道德意识和一般知识的内涵，必将导致对知行关系的曲解。"原心定罪"与"知行合一"本属不同领域的话语主题，但从思想逻辑上看，它们却有内在联系。从现实上看，二者在各自领域内的评价大不一样。以往人们从法律上对"原心定罪"基本上是否定的，而对"知行合一"作为道德实践则以肯定为主，其实这种厚此薄彼是没有必要的。"知行合一"的意思就是，道德不能没有主意，不能将行为与主意分开认识与评价。良知作为是非之心具有两层含义，伦理是判断是非善恶的重要原则，因此，"知行合一"在实践中就是在伦理原则指导下的道德意识和道德行为的一体不二。若承认认知对道德的积极意义，则知与行二者之间有一定张力。如何准确理解二者的关系对于合理认识二者各自的地位具有重要的意义。

关键词：王阳明　知行合一　原心定罪　儒家

作　者：龚建平，西安交通大学人文社会科学学院教授、博士生导师。

儒家哲学中知概念含义模糊，导致对"知行合一"理解的含混。比如，孔子曰："知之为知之，不知为不知，是知也。"所谓"知"就是知识和智慧之意，并无道德内涵。但若将仁、义、礼、智等概念看成儒家伦理的核心，那么，概念之间并不是彼此完全独立的，而是相关的。知就有道德含义。又因礼通常可泛化为伦理，则所谓知就是具有伦理道德含义的，是道德意识，如果仍与普通知识混为一谈，将可能导致理解上的一些误差。

一 "知行合一"的含义再思

王阳明"知行合一"说无论是在他的时代还是后世都不断受到质疑。及至今日,对"知行合一"在社会上的影响与其本意的理解仍存一定分歧。一般理解"知行合一"基本上是就知行分做两件事情,知乃一般所谓学问思辨,行乃行为工夫,二者合一是强调知行统一不可分割。如其云:"行之明觉精察处,便是知;知之真切笃实处,便是行。若行而不精察明觉,便是冥行,便是'学而不思则罔',所以必须说个知;知而不能真切笃实,便是妄想,便是'思而不学则殆',所以必须说个行;元来只是一个工夫。凡古人说知行,皆是一个工夫上补偏救弊说,不似今人截然分做两件事做。某今说知行合一,虽亦是就今时补偏救弊说,然知行体段亦本来如是。"① 应该说,这里表达的是其思想核心,他不仅强调了知行的工夫性质,也表明了二者不可分割,还说明"知行合一"原则上就是一个"补偏救弊"的说法。这是王氏的同代人包括他的弟子们所普遍认同的观点。但王氏"知而不行,只是未知"②,"一念发动处便即是行"的说法却导致一些质疑。当然,知甚至可进一步被理解为对于事物的知见、知识等,而行则被当作行为实践等。诸如《尚书·说命中》所云"非知之艰,行之惟艰",以及《左传·昭公十年》所谓"非知之实难,将在行之"。王阳明"知行合一"观念有特定内涵。"知"是"良知","良知之外,别无知矣"。③ 故其知行概念是针对道德意识和道德行为而言的,④ 故人们认为其对于当前道德教育仍有积极意义。⑤ 而从"一念发动处便即是行",说明"一念"是作为良知意识的"一念",⑥ 王氏虽融合三教,但本质上还是儒者,而儒家是以伦理道德作为核心的。同时,王氏的思想,若简单地区分为"知行合一"与"致良知"两大思想丛集,那么,前者只能看

---

① 《王阳明全集》上,上海古籍出版社,第208页。
② 《王阳明全集》上,上海古籍出版社,第4页。
③ 《王阳明全集》上,上海古籍出版社,第71页。
④ 蒋国保:《王阳明"知行合一"说的思辨逻辑》,载《阳明学研究》第三辑,人民出版社,2018,第123页。
⑤ 潘小慧:《王阳明"知行合一"说在道德建设中之意义》,《孔学堂》2016年第4期。
⑥ (清)黄宗羲:《明儒学案·姚江学案》,《黄宗羲全集》第七册,浙江古籍出版社,2005,第201页。

成后者的必要阶梯。因此，理解"知行合一"的真义，在一定程度上需要从"致良知"思想出发，才能得到正解。

"知行合一"思想首先受到王氏同时代人的诘难。比如，友人问："自来先儒皆以学问思辨属知，而以笃行属行，分明是两截事。今先生独谓知行合一，不能无疑。"① 这个疑问是有依据的。《中庸》提出"博学之，审问之，慎思之，明辨之，笃行之"，是明显将学问思辨与行相互区别的，那为何阳明要倡"知行合一"呢？这个问题将传统知的概念的含混性撇在一边，而对"合一"的问题提出质疑，明示知行概念各有不同的所指，不可混淆。《中庸》还说："成己，仁也；成物，知也，合外内之道也，故时措之宜也。"《中庸》还是分别内外的。

对王阳明"知行合一"的理解，黄宗羲是很有影响的人物。但总体上，黄氏是针对现实上存在着知行脱节的现象来理解王氏具有"补偏救弊"特色的"知行合一"的。他说："以知识为知，则轻浮而不实，故必欲以力行为工夫。良知感应神速，无有等待，本心之明即知；不欺本心之明即行也，不得不言知行合一。此其立言之大旨。"② 将"本心之明"作"知"，"不欺本心之明"作"行"的确有把知行分为有先有后之嫌，难以和程朱的知行先后说区分开来。然而，这并非就完全不合王阳明本意。因王阳明屡次申明他的"知行合一"说的提出，就是为了要"补偏救弊"。然而，即使所谓偏弊，王氏强调要改变的一是"懵懵懂懂的任意去做，全不解思惟省察，也只是个冥行妄作"③；二是纠正那些"徒拘泥于古，不得于心"的"冥行"④，这同样是"行不著而习不察"者。从这个角度说，王氏的"知行合一"试图要"补偏救弊"的是没有付诸实践的知见，脱离实际。所以，他强调的是要"诚心实意"⑤，其所谓身心之学，本质上也就是"行著习察，实有诸己者也"⑥，这就是孔门学问，亦即《大学》所谓"诚意"。如此可以理解"一念之发动处便即是行了"。

正是基于"知行合一"思想中存在的诸多歧义和在常理上明显还存在着

---

① 《王阳明全集》上，上海古籍出版社，第 208 页。
② 《王阳明全集》上，上海古籍出版社，第 208 页。
③ 《王阳明全集》上，上海古籍出版社，第 4 页。
④ 《王阳明全集》上，上海古籍出版社，第 202 页。
⑤ 《王阳明全集》上，上海古籍出版社，第 205 页。
⑥ 《王阳明全集》上，上海古籍出版社，第 75 页。

难以服人之处，王夫之对其进行了批评。他说，"若夫陆子静、杨慈湖、王伯安之为言也，吾知之矣。彼非谓知之可后也。其所谓知者非知而行者非行也。知者非知，然而犹有其知也，亦惝然若有所见也。行者非行，则确乎其非行，而以其所知为行也，以知为行，则以不行为行"，由此判定阳明"知行合一"难免"以知为行""销行以归知"①。这个批评，得到学者的认同②。针对阳明知行概念不明晰的特点，王夫之还说："行可以兼知，而知不可以兼行。"作为看见社会剧烈变动的王夫之而言，单纯个体内在的体段工夫，其地位可能并没有那么高。

其实，王阳明自己的有些说法也是容易引起歧义的。比如他说："知是行的主意，行是知的功夫。知是行之始，行是知之成。"这里，显然只能理解为知行相互依赖，是统一而非合一的。那么，究竟应在什么意义上理解"知行合一"呢？

其实，"知行合一"只是"致良知"或"见体"的工夫。首先，王阳明"知行合一"其实是就个人的工夫修养上，道德认识与道德行为对于道德境界而言是同时进行的，是针对认识与价值观上的同时深造自得而言的。这是说"知行之体本来如此，知行工夫本不可离"。③ 其次，"知行合一"提出的重要意义在于指明道德判断的基本原则，只有"知行并在"才符合儒家道德的标准。

王阳明的所谓行并不突出现实地改变对象世界的特征，而主要是改变行为的价值意向，克制所谓私欲的内在意念活动，然后才是由意念、意向所支配的活动。钱穆说："讲王学的人，只要真认识那些隔断本体的私欲，自然能会得他所说'知行合一'的本体。"④ 但"知行合一"作为道德评价原则，会产生不当的后果。换言之，知行是不可分割开来的，脱离知，冥行不具有道德评判价值；反过来，没付诸行，单纯意念很难成为道德评价的对象。因此，不能认为，从知的角度，知的深度和水平，决定着行的效果；行的作用和影响，体现了知的高度与深度。这种理解易导致误会。"知行合一"作为工夫以及人们对它的理解和运用可能各有不同之处：它只能是建构"万物一体之仁"

---

① （清）王夫之：《尚书引义·说命中二》。
② 丁为祥：《王阳明"知行合一"的本意及其指向》，《孔学堂》2016 年第 3 期。
③ 蔡仁厚：《王阳明哲学》，九州出版社，2013，第 45 页。
④ 钱穆：《阳明学述要》，九州出版社，2015，第 62 页。

和"致良知"的工夫，而非一种对象性的要求。否则，既不能排除成王败寇，也不能避免不择手段的行为。因"知行合一"原则上难以对象性地实证，它也没正面承认认知的积极意义。

诚如前述，王氏并没在一般意义上使用知行概念，他的知行概念是狭义的，决定了所谓"知行合一"的特定内涵。以此而论，王阳明"知行合一"的本旨其实就是作为修养工夫的"仁礼一体"。其背后是天人合一的思想背景，是能建构宇宙人生的道德意义的。由此体现了儒家的道德并非仅仅是如何做到不伤害他人，而且最根本的是完善自己，提升自己和改善自己的生命世界。学者认为王阳明是从道德形上学角度讲知行合一，是有道理的。不过，这个道德形上学是儒家心学式的。它具有道德观、价值观、伦理观乃至认识论的一体性质。

王阳明"知行合一"思想本身有一个完善的过程。他最初说的"知是行的主意，行是知的工夫，知是行之始，行是知之成"，这个说法易使人误会，会以为知是人们一般行为的动念、意向、知识、计划，等等，行则是上述知的实现或展开。如果他这样讲"知行并在"，必遭到诘难。王阳明讲"知行合一"是讲道德意识和道德行为的合一，当然是为了克服单纯知或行可能的诸多问题。知是价值上的深造自得，是道德境界；而行是可现实地实现价值的。单纯知不可能有真的现实，而单纯的行则往往是没有自觉性的。本来，道德意识应该内在地包含着道德认识的能力和水平，但若承认了道德意识和道德行为的相互印证，结果可能导致将其看成是静态的东西。比如，王阳明说："只说一个知，已自有行在；只说一个行，已自有知在"。知行虽相互促进，其实也是彼此限制的。道德认识能力与水平制约着行为；道德行为也决定着认识。

二　从事实与价值的区别看"知行合一"

事实判断与价值判断的区分虽在伦理学与政治哲学领域已有人质疑，但这种区分对于澄清概念的含义、分析判断的真义还是有积极意义的。"知行合一"是王学著名思想之一，其所以会有不同评价，根源可能在于从事实和价值不同立场观察的结果。从事实看，不仅可以认为它"销行以归知"，模糊知行边界，其所谓"知行的本体"在他人看来，既"非知"也"非行"，还可以判定它是"错误的、荒谬的";① 而从道德修养角度,它却是"致良知"的必经途径。

对于不认同儒家价值观甚至对于儒家内部不同派别而言,"知行合一"很难是事实描述,也就难成为事实判断。程朱、王夫之等都属于此种情况。孔子曰:"知及仁守",也是承认二者即使同时并进,相得益彰,但也不能否认其中的张力。从阳明"知行合一"的本意可理解为是要求不能落于"妄想",也不能流于本能习性,而是主张知的可行性(真切笃实)及行的自觉性(明觉精察)二者的"合一并进",而非一概归结为"一念发动"就是"行"。

知行原本相互区别,自古以来都认知作知,认行为行,但因中国古代思想中概念使用的含混性,知的含义丰富,不局限于道德意识或道德知识的范畴,相对应的行的含义也是一样。而在王氏这里,知行的内涵相对清晰很多,它们就是道德意识和道德行为。因"致良知"的道德实践是其根本目标,故"知行合一"在王氏这里其实是价值判断,即"一念"之知与行就是一体的。但从阳明的论证方式上看,他却试图将"知行合一"的价值命题,同时讲成事实命题。如他说:"故《大学》指个真知行与人看,说'如好好色,如恶恶臭'。见好色属知,好好色属行。只见那好色时已自好了,不是见了后又立个心去好。闻恶臭属知,恶恶臭属行。只闻那恶臭时已自恶了,不是闻了后别立个心去恶。"② 并且,他还将见好色与好好色两种活动比附孝悌等道德实践,这样,其实也就是认为"知行合一"本来就是事实。

如果"知行合一"果真是事实,而从智识上又是可以将知行区别开来的,那么,从"知行合一"或所谓知行"同时并在"的内涵就可以推论知行是可以相互印证的,"知行合一"就是一条衡量和判断人们道德的普遍原则了。但这样一来就出现了悖论:如果知行事实上合一或本来就是"一时并在",那么王氏要纠偏救弊的就只是人们对知行关系的不当理解,无改于知行关系本身;而如果王氏果真要补偏救弊,那就一定是在实践上出现了知行不能合一的状况。这样,其所谓"知行合一"的要求原则上与知行统一并没有本质的不同。如果非要强调知行的"一时并在",或者说从价值论或应然角度来讲,那么并没有比要求知行统一产生更多的实际意义。因此,强调二者的"一时并在"

---

① 姜国柱:《中国认识论史》,武汉大学出版社,2013,第451页。
② 《王阳明全集》上,上海古籍出版社,第208页。

一定是暗示知行的必然的相互印证。然而，问题是，人们无法真的从知行的相互印证来说明人们的道德生活。因为，从主体自身来看，个人之知即使属于道德意识，但有时因认知或客观条件限制，导致知行不能合一。这是孔子自己也不愿承认他是圣贤的根本原因。何况，"自认知的心与知识的物理而言，心与理不一，知与行亦不一"。① 此外，还有一个原因在于，道德修养和道德评价之间也存在张力。从评价者角度，行为主意是无法直接观察的，故孔子很少称许他人为仁者，而认为其仁不可知也。事实上，对于同样的事实，不同的人对于其意义的认识往往不同。

对"知行合一"的理解，还可以从儒家法律思想中的"原心定罪"得到一定的启示。

"原心定罪"又称"论心定罪"。"原心定罪"是"《春秋》决狱"的一条总原则，又为董仲舒所明确阐释。他说："《春秋》之决狱也，必本其事而原其志，志邪者不待成，首恶者罪特重，本直者其论轻。"② 在这里，董仲舒坚持"事"和"志"相应的基础上，特别凸显主观意志对于定罪量刑的重要性，并以之为原则对犯罪做了不同类型的区分，相应给予不同刑罚。之后，《盐铁论》又进一步发挥了这一思想，将其概括为"论心定罪"，即"《春秋》之治狱，论心定罪。志善而违于法者免，志恶而合于法者诛"③，这就明显是以动机作为判罪的基本原则了。所谓"腹诽"罪名与"诛心"的指斥，由此产生。

实际上，"原心定罪"产生的根源在于儒家以刑辅教和以礼入法的政治法律思想，可以看成"知行合一"思想在法律上的表现，二者具有同样的思想背景。第一，它们都是在稳定封闭的熟人社会中如何能够完成道德教化或如何处理复杂案件进行判决的具体方式；第二，伦理道德和伦理法服从同样的思想原则，行为自觉性起着关键的作用。"原心定罪"的法理基础就是"志"、"心"或"知"与"事""行"的合一，甚至有突出主观性的"志"、"心"或"知"而忽略客观的"事""行"的倾向。在儒家看来，礼治教化与刑治、法治不同之处在于，前者是纠正于未刑之前，而后者则是惩咎于既往之后。这无疑指明，动机对于行为性质的认定具有决定意义。道德是有层次

---

① 蔡仁厚：《王阳明哲学》，九州出版社，2013，第46页。
② 苏舆：《春秋繁露义证》，中华书局，1992，第92页。
③ （汉）桓宽：《盐铁论》，诸子集成本8，上海书店，1986，第57页。

分别的，"仁有数，义有长短大小"，"仁者安仁，知者利仁，畏罪者强仁"。（《礼记·表记》）客观上看，要在人心里建构道德观念固然十分不容易，而要改变其原有的意念则更加困难。"君子之于不善也，身勿为能也，色勿为不可能也；色也勿为可能也，心思勿为不可能也。"（《大戴记·曾子立事》）意思是说，人可以强制自己不做不善之事，但"不可强制于中也。故为学必克己复礼，而观人必察其所安"①。《大学》虽将"修身为本"，但是治心才是关键。

从正面看，根据动机判罪的目的不仅在于解决法律问题，关键还在于以劝善和敦风化俗的方式，实现德治的理想；从反面看，定罪就可能游离于客观要件而有很大程度上的随意性。应该说，近代以来，对传统专制政治的批判很大程度上就是这个原因。

虽然"原心定罪"和"知行合一"本属于不同领域的话语主题，却同样产生于儒家伦理的社会大背景，但近代以来对其评价则不一。比较而言，人们对前者基本是否定的，而后者则各执一词。如何准确理解二者的关系对于合理认识二者各自的地位和意义具有重要的作用。此处将二者进行比照的目的，在于更深入地理解"知行合一"的真义。如果不拘泥学科差别，对二者的认识不应厚此薄彼。何况，王氏那句著名的"破山中贼易，破心中贼难"的感叹在理路上与"原心定罪"一脉相承。然而，欲"扫荡心腹之寇，以收廓清平定之功"，② 只能是自我修养，但若用于他人，就难免和"诛心"划不清界线。过分贬低"原心定罪"而褒扬"知行合一"是不必要的。

如果跳出特定的思想局限，可以认为王氏明确地将道德实践的先验条件与直接经验（亲知）均看成知，而忽略间接经验、理论知识的重要性。事实上我们不能否认知识参与了道德，近代以来的阳明研究都有模糊价值和事实差异的倾向，这种泛化不能避免从知行互证的角度来做判断的倾向。解决这个问题的方法，只能将王阳明的思想看成一个在不断发展和完善的过程。也就是说，要补偏救弊的是社会上知行脱节的分离现象，而王氏提出"知行合一"以后则发现它也可以解释道德生活中的某些现象，特别是对道德行为的道德评价。但是，道德评价是很难以对象性认识的念头或主意进行的，道德

---

① （清）王聘珍：《大戴礼记解诂》，中华书局，1983，第 77 页。
② 《王阳明全集》上，上海古籍出版社，第 168 页。

意识和行为的相互印证也就难免落空。

他还明确地认为《中庸》所谓德学问思辨本身就是"行"，他说："凡谓之行者，只是着实去做这件事。若着实做学问思辨的工夫，则学问思辨亦便是行矣。"① 反过来说，凡是行业就是去实实在在地做学问思辨。王氏还认为"思"其实就是"知""学"其实就是"行"。如云："'学而不思则罔'所以必须说个知；知而不能真切笃实，便是妄想，便是'思而不学则殆'，所以必须说个行；元来是一个工夫。"这不是直接将孔子所强调的"学"，孟子所强调的"思"一并纳入"行"的范畴了吗？

王阳明之所以会认为"一念发动处便即是行"，不仅是由于善念与善行之间的关系，最根本的还在于道德认识与判断本身。他说："必有欲行之心，然后知路，欲行之心即是意，即是行之始矣。路歧之险夷，必待身亲履历而后知，岂有不待身亲履历而已先知路歧之险夷者邪？'知汤乃饮，知衣乃服'，以此例之，皆无可疑。"② 道德认识与判断不能脱离主意单独完成，但主意或意念是无法直接观察的，其内在性决定了它本身的决定性作用。以此而论，"知行合一"的意思就是，道德不能没有主意，不能将行为与主意分开认识与评价。因此，所谓将"行"的概念扩大，其实是没有将一般认识和道德认识区别开的结果。可见，道德意识不能直接等于赖尔的能力之知，根本在于道德问题涉及人际关系，而不是孤立的个体行为能力问题。它与个人对道德的认识与判断有关，个体是有差异的，而不同社会，道德传统亦有区别。当然，这种"心外无理"的思路至少忽略了王夫之已深刻认识到的不由个体决定的"势"的问题。不可否认，王阳明承认亲知的重要意义，但这种重视，并不仅只是指对亲知本身，且包括对知行"同一并进"过程可能有的曲折变化而言。

这样，如果说将"知行合一"理解为"知行的一时并在"是成立的话，那么，其立足点就在于行为的道德评价是必然取决于道德意识和认知水平的。然而，我们知道，事实与价值毕竟有区别，我们今天能够看到很多事实，不一定都能有充足理由对其做出价值判断。有些看起来很像是价值判断的东西，其实却于事无补，没有实际意义。

---

① 《王阳明全集》上，上海古籍出版社，第208页。
② 《王阳明全集》上，上海古籍出版社，第42页。

三 "知行合一"在心学修养论中的地位

王阳明明确地说:"良知只是个是非之心。"这一思想具有两层含义:一是从抽象意义上说,作为本体的良知从认识的意义上看,就是那个无论何时何地都能切中事情本身分辨是非善恶之心;二是作为儒家,良知也同时是不违背具有时空特点的伦理原则。因为,在儒家那里,伦理是判断是非善恶的重要原则。因此,"知行合一"在实践中就是在伦理原则指导下的道德意识和道德行为的一体不二。然而,这并不意味着"知行合一"就是儒家伦理中可以否定其他命题的最后定论,也不意味着"知行合一"的理解可以离开个体自身的道德修养。"知行合一"就是以良知的自我实现为目的。[①] 如果不区分道德意识和一般知识的内涵,必将导致对知行关系的曲解。如果以曲解的"知行合一"作为道德认识与评判原则,可能导致荒谬的结论。

"知行合一"思想的提出,显示王氏凸显了悟道的跳跃性质,消解了外在世界的外在性。"良知之外,别无知矣。"他扬弃了自身的成长历程,而着重于价值观飞跃的重要意义。突破一点,排山倒海,不仅解答了一直存于胸中的疑问,且对诸多来自儒书的观念、思想,一通百通;另一个重要的方面是解答了王阳明生活中的困惑,其"万物一体"的宇宙观逐步形成和成熟起来。

龙场悟道前,面对人生逆境:"自计得失荣辱皆能超脱,惟生死一念尚觉未化,乃为石棺自誓曰:'吾惟俟命而已!'"龙场悟道标志阳明从人生道场一跃而成超越生死的悟道之士。他说:"悟后六经无一字,静余孤月湛虚明。"(《送蔡希颜诗》)这里的悟,某种意义上是儒释道三家思想的同时皆悟。这里不仅提到儒家经典,而且用了道家特别重视和佛教也常用的静与虚。静是修养工夫,而虚是工夫也是悟后境界。所谓"孤月"的所指,可以泛指儒释道三家各自的最高境界的核心。王阳明用"孤"字形容"月",当然一方面说明这种境界独一无二,另一方面也说明体认到这种境界的修养者本人的生命形态。但单纯孤寂的心并非是宇宙实在的根本究竟,它同时必然是生成一切的基础,是"万物一体之仁",是形上本体与价值的根源。又说:"无声无

[①] 吴震:《作为良知伦理学的"知行合一"论——以"一念动处便是知亦便是行"为中心》,《学术月刊》2018 年第 5 期。

臭独知时，此是乾坤万有基。"（《咏良知四首示诸生》）"独知"之"独"不仅表明了悟道者只能是个体性的，诚如孔子所谓"知我者其天乎？"又表明是对"宇宙万物"之"独知"。所谓"良知"，就是"独知"。"所谓人所不知，而己所独知者，此正是吾心良知处。"① 这是一种自由自在的对良知的体悟。王阳明认为作为宇宙乾坤之前提的只能是"独知"。就儒家而言，这个乾坤万有基础是本心良知，就佛教而言是般若智慧，就道家而言是太虚。它是三家皆通的，根本在于心灵的解脱与重生，是观念、价值、生命最高体验的超越与重建。他说："夫惟有道之士，真有以见其良知之昭明灵觉，圆融洞彻，廓然与太虚同体。太虚之中，何物不有？而无一物能为太虚之障碍。"② 在太虚之中一切世俗所谓的富贵、贫贱、得失、爱憎乃至生死等表象，虽往来变化无穷，却无伤太虚之体分毫，此心可以如如不动，而生锦绣华章；也可以无入而不自得，自由自在。因为本心自为主宰，是心决定一切，而非那些变化之物决定本心。王阳明说："人者，天地万物之心也；心者，天地万物之主也。心即天，言心则天地万物皆举之矣，而又亲切简易。"③ 心达到什么地方，宇宙就在什么地方。心有多大，世界就有多大。心里凡夫俗人一个，被欲望本能充满，一定是杂草丛生，荆棘密布，如何能够静而朗现孤月与虚明，只能是一团漆黑而已。心所达到的高度，决定了生命的高度。因为，"心即理也。学者，学此心也；求者，求此心也"④。圣人和愚夫愚妇都具有此心，不过圣贤能"求其放心"，愚夫愚妇不能也。而这是有赖"知行合一"学说的修养的。因为，在王阳明的学说当中，"知行合一"与"致良知"是最具独创性的学说，前者是方法论的典型，后者则是其学说的核心，于此，我们看到了王阳明的"知行合一"说对于他的"致良知"说的重要地位。

王氏消解了外在世界的外在性，而将儒学概念都还原为内在的观念、意识、意念等。"格物者，格其心之物也，格其意之物也，格其知之物也。致知者，致其物之知也。此岂有内外彼此之分哉！理一而已。"⑤ 在这里，所谓外在之物统统不存在，存在的也都不过是同一个理的显现。而谓之性，谓之心，

---

① 《王阳明全集》上，上海古籍出版社，第119页。
② 《王阳明全集》上，上海古籍出版社，第211页。
③ 《王阳明全集》上，上海古籍出版社，第214页。
④ 《王阳明全集》上，上海古籍出版社，第51页。
⑤ 《王阳明全集》上，上海古籍出版社，第76页。

谓之意，谓之知，抑或谓之物，都只是一个事物，只是角度不同。"以其主宰之发动而言，则谓之意；以其发动之明觉而言，则谓之知；以其明觉之感应而言，则谓之物。"① 其中关键，则是所谓"心即理"的思想。从这个角度，所谓格物，不过是格心，所谓致知，不过是尽心而已。因此，求知也就必然是向内心去用力，以达到对所谓宇宙根本究竟的认识。

向内下手去完成对宇宙之所以成其为宇宙的根本的认识，必然不会是枝节的、破碎的认识，是不能来自感觉经验的。然而它也不是一种神秘的认识，而是基于道德修养之上的。因此，所谓格物、格心从方法论上一定是"知行合一"的，是道德观、价值观与认识论统一的。王阳明"万物一体之仁"，若没有"知行合一"的工夫修养，当不可能呈现。然而，"万物一体之仁"是内心的道德宇宙，是一个主观的价值世界，与王夫之反清复明所需要的客观力量乃至他所具有的历史视野都是有莫大区别，即使是与普通人顾此失彼的生活实践也不是一回事。

因此，"知行合一"之"知"，是道德意识，或所谓德性之知，"致良知"则是良知的自我发现与自觉活动。"行"是指这种道德意识或天德良知对世俗价值观的根本改变，或是道德意识对自然宇宙观的根本改观，是道德形上本体的自觉建构。当然，又因王氏仅是从道德境界或"内圣"活动角度来看待身、心、意、物等一系列范畴及其关系的，导致所谓"知行合一"其实只是修养工夫，而非事实判断。

总之，"知行合一"作为"补偏救弊"之论，是阳明心学的道德修养的工夫，而非观察对象的方法和进行道德评价的原则；它是道德主体价值创造的必然，但却与客观大势与历史规律无涉；虽然它很难单纯看成价值判断或事实判断，但总体上还是作为价值判断较有说服力；既然如此，在认知介入道德生活的当今，对"知行合一"的理解应增进时代色彩。

---

① 《王阳明全集》上，上海古籍出版社，第77页。

图书在版编目（CIP）数据

儒学评论. 第十三辑／罗安宪主编. -- 北京：社
会科学文献出版社，2019.11
ISBN 978 - 7 - 5201 - 5805 - 3

Ⅰ.①儒…　Ⅱ.①罗…　Ⅲ.①儒学 - 文集　Ⅳ.
①B222.05 - 53

中国版本图书馆 CIP 数据核字（2019）第 256792 号

儒学评论（第十三辑）

编　　者／中国人民大学孔子研究院
主　　编／罗安宪

出 版 人／谢寿光
组稿编辑／袁清湘　张馨月
责任编辑／张馨月　赵怀英

出　　版／社会科学文献出版社·联合出版中心（010）59367202
　　　　　　地址：北京市北三环中路甲 29 号院华龙大厦　邮编：100029
　　　　　　网址：www. ssap. com. cn
发　　行／市场营销中心（010）59367081　59367083
印　　装／三河市龙林印务有限公司

规　　格／开　本：787mm×1092mm　1/16
　　　　　　印　张：15　字　数：243 千字
版　　次／2019 年 11 月第 1 版　2019 年 11 月第 1 次印刷
书　　号／ISBN 978 - 7 - 5201 - 5805 - 3
定　　价／89.00 元